_삼성언론재단 총서

초판1쇄 인쇄 2011년 7월 1일
초판1쇄 발행 2011년 7월 5일

지은이 한용걸
펴낸이 이영선
펴낸곳 서해문집
이 사 강영선
주 간 김선정
편집장 김문정
편 집 허 승 임경훈 김종훈 김경란 정지원
디자인 오성희 당승근 안희정
마케팅 김일신 이호석 이주리
관 리 박정래 손미경

출판등록 1989년 3월 16일 (제406-2005-000047호)
주 소 경기도 파주시 교하읍 문발리 파주출판도시 498-7
전 화 (031)955-7470 | **팩스** (031)955-7469
홈페이지 www.booksea.co.kr | **이메일** shmj21@hanmail.net

ISBN 978-89-7483-474-6 03340
이 도서의 국립중앙도서관 출판시도서목록(CIP)은 e-CIP홈페이지(http://www.nl.go.kr/ecip)와
국가자료공동목록시스템(http://www.nl.go.kr/kolisnet)에서 이용하실 수 있습니다.(CIP제어번호: CIP2011002489)

삼성언론재단 총서는 삼성언론재단 '언론인 저술지원 사업'의 하나로 출간되는 책 시리즈입니다.

워싱턴을 움직인
한국의 로비스트

스트리트

한용걸 지음

서해문집

2007년 7월. 미국 워싱턴에서 한국과 일본 간 한바탕 전쟁이 치러졌다. 미국 의원들을 움직이려는 싸움이었다. 양국 외교관들이 전투의 제일선에 섰다. 한국은 동포들을 동원했고, 일본은 전직 의원들을 로비스트로 고용했다.

이슈는 일본군이 태평양전쟁 때 부대에서 운용했던 종군위안부의 인권 문제였다. 한국은 미 의회가 일본군의 여성 인권 유린을 규탄하고 책임을 물도록 요구해야 한다는 논리를 폈고, 일본은 미국이 간섭할 일이 아니라고 반박했다. 일본은 한 걸음 더 나갔다. 미국이 개입하면 미일 간 외교 관계가 악화될 것이라며 협박했다. 미국이 우물쭈물하자 백악관 앞에서 여성 인권 운동가들이 시위를 벌였다.

미국 언론들이 양국의 싸움에 주목하기 시작했다. '일본인은 세련되고 예절 의식이 강하다'는 인식을 하고 있었던 미국인들은 일본군이 아시아 여성들의 인권을 집단적으로 유린했다는 것을 알고는 경악했다. 한국의 논리에 동조하는 세력이 점차 커져갔다. 미국에 살고 있던 필리핀, 중국, 대만, 인도네시아 사람들이 가세했다. 그달 말 미 하원에서 종군위안부 결의안이 통과됐다. 일본의 역로비를 뚫고 처음으로 미국에서 한국이 외교적 승리를 거둔 것이다. 이 전쟁의 막후 주역은 외교관들이었다.

2010년 9월. 외교관들이 궁지에 몰렸다. 유명환 전 외교통상부 장관의 딸 부정 취업과 관련해 그동안 베일에 가려져 있던 외교부의 실상이 낱낱이 드러났기 때문이다. 외교부를 벗기는 데 앞장섰던 것은 언론과 행정자치부, 그리고 국회의원들이었다. 유 전 장관 딸의 부정 취업은 SBS가 처음 보도했고, 이어 신문들이 후속 보도를 하면서 경쟁에 불이 붙었다. 여기에다 일부 국회의원이 의혹을 제기하면서 기름을 끼얹은 격이 됐다. 외교통상부 청사 관리 등의 문제로 외교부와 불편한 관계에 있던 행정자치부가 대통령의 명을 받아 외교부의 인력 채용 시스템을 조사했다. 조사 결과를 발표하자 의혹이 더욱 확산됐다.

일각에서는 외교관들에 대해 '그들만의 리그'라며 조롱했다. 외교관들이 해외 체류 기간이 길고, 업무 속성상 베일에 가려져 있기 때문에 의혹은 더욱 커졌다. 논란이 한창 일고 있던 9월 중순쯤 한 전직 대사를 만났다. 그의 아들이 대를 이어 외교부 공무원으로 일하고 있었기에 그 역시 주변의 시선에 편하지 않았다.

외교부 공무원의 입사 방식은 1부와 2부로 나뉜다. 1부는 외무 고시로 그야말로 정통 코스이다. 2부는 외교부가 필요로 하는 전문직 인력 충원 과정으로 주로 외국어 특기자 선발이다. 이 전직 대사의 아들도 2부 출신일 것이라는 오해가 따라 다녔다. 그러나 그의 아들은 서울대 외교학과를 졸업하고 1990년대 말에 치러진 외무 고시에서 1등으로 합격했다고 한다. 이어 군에 입대했는데 국방장관의 통역관으로 뽑혀 일하다가 청와대에 파견 근무를 나갔다. 대통령 통역을 하게 된 것이다. 이러한 경력에도 불구하고 이 전직 대사와 함께 근무했던 직원조차 그의 아들이 특혜로 입사한 2부 출신일 것으로 추정하고 있었다.

청와대에서 외교부로 복귀한 이 젊은 외교관이 외교부에서 비교적 잘 나가는 부서에 근무하고 있다는 것도 논란이 되었다. 기피 지역에 지원해 갔다가 순환 보직에 따른 인력 재배치로 인해 미주 지역 담당으로 근무하고 있는데도 오해가 따라 다녔다.

한때 해외에서 1급지에 근무하던 외교관들이 1급지만 돌아다니면서 근무한 적이 있었다. 업무의 연속과 언어의 특성상 그렇게 했다고 한다. 외교부는 논란이 일자 이 같은 관행을 뜯어고쳤다. 1급지에서 3급지로, 3급지에서 1급지로 교차 근무토록 한 것이다.

그렇지만 이 전직 대사는 주변에서 발생하는 이 같은 오해를 해소할 수 있는 방법이 없었다. "나는 그렇지 않다"고 일일이 떠들고 다닐 수 있는 여건이 아니었다. 외교부 전체가 집단 매도당하는 상황이었기 때문이었다.

한국에서 일반인들이 외교관들에게 접근하는 것은 쉽지 않다. 만나기 쉽지 않을 뿐더러, 그들이 어디에 있는지조차 모른다. 외교관들은 수시로 해외에 나가고, 한번 나가면 수년씩 돌아오지 않는다. 그리고 일의 성격상 일반 국민들과는 접촉할 일이 거의 없다. 이들이 하는 일은 국가의 대외 정책, 안보와 관련돼 있어 홍보가 되지 않는다. 떠벌리면 떠벌릴수록 경쟁 국가 외교관들에게 약점이 되기 때문이다.

이 책은 이러한 속앓이를 하는 외교관들의 이야기를 담았다. 내가 2005년 말 이후 워싱턴에서 특파원으로 근무할 때 외교관들과 부대끼면서 체험했던 내용들이다. 외교관들은 그들의 업무를 취재하려는 기자에게 "쉬쉬" 하면서 보안을 당부했다. 경쟁 관계에 있었던 다른 나라 외교관들에게 정보가 새어 나가지 않도록 하기 위한 요청이었다. 워싱턴의 한국 특파원들은 국익과 관련된 사안에 대해서는 외교관의 요청을 대부분 수용했다고 본다. 하지만 이제 어느 정도 시일이 지난 시점이어서 뒷이야기를 기록하고 세상에 드러내야 할 때라고 생각했다.

알려진 것과는 달리 미 의회에서 채택됐던 '종군위안부 결의안'의 배후 조종자는 외교관이었다. 독자들이 교포들의 힘으로 그 결의안이 통과됐다고 알고 있다면 이는 언론에 보도된 일부 정보만 접한 것이다.

외교관들은 미국에서 불거졌던 독도 영유권 표기 논란 때에는 조지 부시 대통령과 담판해 문제를 풀어내는 해결사 역할을 했다. 또 미국의 해외 무기 판매와 관련해 한국이 일본과 동등한 대우를 받기 위해 로비스트를 고용해 이들을 배후 조종한 것도 외교관들이었다. 이 뿐만이 아니다. 한국인들의 미국 방문이 편리하도록 비자 면제 지위를 받기 위해 미국 유권자인 교포들을 동원해 로비하고 심지어 법을 개정토록 한 것도 외교관들이었다.

그러나 당시 워싱턴에서 근무했던 외교관들은 자신들이 벌인 이러한 어마어마한 일들에 대해 함구하고 있다. 상부의 지시 때문이기도 하거니와 몸에 밴 근무 수칙 때문이다.

나는 워싱턴에서 취재했던 내용을 정리하면서 당시 관계자들을 수차례에 걸쳐 다시 만났다. 그리고 확인을 거듭했다. 심지어 국방 장관 및 외교 장관을 지낸 뒤 국회의원이 된 인사들을 인터뷰하면서 당시 드러나지 않았던 진실에 접근할 수 있었다. 그래서 하나 확신을 갖게 된 게 있다. 전문적으로 훈련을 받고 로열티가 넘치는 외교관들이 뛰도록 여건을 조성하고 고무하면 한국 외교관들이 국제 무대에서 승리할 수 있다는 것이다.

워싱턴에서 한국 외교관들이 가장 많은 일을 성취한 시기가 6·25전쟁 혼란기를 제외하면 2006년부터 2009년까지가 아닌가 생각한다. 이전에 외교의 막후에서 일어났던 일들에 대한 접근이 어려워 정확한 비교가 어려운 측면이 있지만, 최근 5년간 미국에서 이룬 한국의 외교적 성취는 눈에 띄게 크다.

내가 겪은 외교관들은 조직적이고, 노련하게 일을 처리했다. 그리고 깔끔하게 손을 털고 나왔다. 무엇보다 신뢰가 가는 점은 스스로를 내세우지 않았다는 것이다. 이 책은 그러한 일들을 다루고자 한다.

한 가지 주목할 게 있다. 이 시기에 외교관들이 일을 추진하면서 전문 로비스트를 여러 차례 고용했다는 것이다. 박동선 씨 사건 이후 로비스트 활용에 알레르기 반응을 보였던 한국이 워싱턴을 다시 보기 시작한 것이다. 일이 성사되도록 하기 위해서 어떻게 해야 하는지 깨달은 것 같았다. 로비스트와 교포 인력을 어떻게 움직이고, 조직해야 할지를 체득했다. 그리고 이러한 문제에 대해 진지하게 접근하기 시작했다.

미 법무부의 외국에이전트등록법FARA 신고 자료에 따르면 한국이 계약한 로비 회사가 매년 증가하고, 비용도 불어나고 있다. 2010년에는 한미자유무역협정FTA의 미의회 비준 로비와 관련해 그 이전보다 훨씬 큰돈을 투입했다.

한국이 미국에서 로비를 위해 쏟아붓는 돈은 한미 관계가 복잡해질수록 커지고 있다. 한국에서 흘러나가는 이러한 비용의 효율성을 높이기 위해 워싱턴에서 해야 할 일이 하나 남아 있다. 효율성의 극대화를 위해 동포들이 나서야 한다는 점이다. 여러 갈래로 나뉘어져 있는 교포 단체들을 엮고 힘을 모을 필요가 있다. 작은 조직들이 유기적으로 묶여 있어야 큰일이 발생했을 때 일사분란하게 대응할 수 있다. 현재처럼 사분오열돼 있으면 큰 목소리를 낼 수 없다. 그뿐만 아니라 미 연방 정부와 연방의회에 한국 교포들의 요구를 수용토록 압력을 넣을 수 없다.

미국 의원들은 유권자의 조직적인 힘과 돈을 제일 무서워한다. 미 연방 의원들의 호의를 받으려면 그들이 선호하는 조직력과 물리력을 갖추어야 한다. 그렇게 하기 위해 큰 단체의 결성이 필요하다. 한 전직 외교관이 이러한 필요성을 절감하고 이를 위해 노력을 기울인 적이 있다. 하지만 정부의 지원이 뒷받침되지 못해 결실을 거두지 못했다. 미국 내 한국 교포들이 자발적으로 해야 할 일이라는 게 당시 지원 거부의 논리였다. 그게 과연 그럴까.

이스라엘은 미국에 있는 미·이스라엘공공정책위원회AIPAC를 통해서 로비한다. 이 단체를 이스라엘의 정보 기관 모사드가 의지하고 활용하고 있다. 미국 거주 유태인들이 순수하게 민족적 단합을 위해 AIPAC에이팩을 만들었다는 주장은 어디에도 없다. 이스라엘 정부와 정보 기관이 미국 정계 핵심 인사들의 힘을 빌리고, 때로는 그들을 활용하는 데 AIPAC이라는 조직을 이용하고 있다. AIPAC의 돈 씀씀이가 워낙 크고 응집력이 강하다 보니 미국의 유력 대선 후보들은 이 단체의 초청을 거절하지 못한다. 빌 클린턴 전 대통령은 대선 후보 때 AIPAC의 행사에 초대받아 연설했다. 그의 딸 첼시는 유태계 출신 월스트리트 금융가와 결혼을 했다. 버락 오바마 대통령도 대선 후보 때 유태계 행사에 참석해 이스라엘과의 우호적 관계 유지를 약속했다.

이 같은 정치력을 가진 한국계 단체의 출현을 위한 분위기 조성에 한국 정부가 음양으로 도와줄 필요가 있다. 이러한 단체를 통해 미국에서 살고 있는 동포들이 그동안 미국 정부에 요구하지 못했던 것을 할 수 있게 되고, 누리지 못했던 권리를 찾을 수 있다. 요구하지 않는 바람에 사라져버리는 많은 혜택들을 교포 사회가 얻을 수 있다. 교포 사회는 큰 조직이 갖는 힘을 이용해 더 많은 이익을 얻을 수 있다. 이러한 단체가 정부의 후원으로 만들어지게 되면 해외 교포들에 대해 정부가 책임을 일부나마 완수한 것으로 해석될 수도 있다.

이 책을 한국의 대미 로비에 새로운 장을 열었던 이태식 주미 대사, 김은석 의회 담당 참사관, 김동석 한인유권자센터 소장을 생각하면서 썼다. 미국에서 한국의 로비 가능성을 보여주었던 위안부 할머니들에게 이 책을 헌정한다.

2011년 6월
한용걸

미국의 로비 세계

한국 정부와 단체가 2006년부터 2010년까지 미 의회와 행정부 등에 대한 로비와 홍보 비용으로 94억 6100여만 원을 사용했다. 미 법무부의 외국에 이전트등록법FARA에 따른 신고 자료에 의하면 주미 한국대사관과 청와대, 한국무역협회KITA는 이 기간에 글러버 파크 그룹, 애킨검프, '스크라이브 스트래티지스 & 어드바이저스' 등 23개 로비 회사와 계약해 한미 자유무역협정FTA의 로비와 홍보, 위안부결의안 로비, 비자 면제 프로그램 로비, 해외 무기 판매 지위 격상 로비 등을 펼쳤다. 로비 비용을 연도별로 보면 2006년 171만 달러, 2007년 96만 2000달러, 2008년 81만 5000달러, 2009년 148만 5000달러다. 특히 한미 FTA 재협상이 추진된 2010년에는 로비와 홍보 비용으로 343만 6000달러38억 6500여만 원, 달러당 1125원으로 계산를 사용했다. 한국이 2005년에 사용한 로비 비용이 26만 달러에 불과해 대조적이다. 이전에는 로비스트를 거의 활용하지 않았다. 박동선 사건 이후 로비에 대한 부정적인 시각과 미국의 정치적 환경 때문이었다.

한국은 2010년 한미 FTA 비준안의 미 의회 상정을 예상해 민주당 전문 로비 회사인 '파븐 팜퍼 스트래티지스' 등 10개 회사와 계약해 전방위적인 로비 활동을 펼쳤다. 주미 한국대사관은 7~12월 애킨검프와 로비 계약을 하고 26만 8000달러를 지불했다. 또 8~12월에는 의회 공화계 의원들에 대한 로비를 위해 '피어스, 이사코비츠 & 블라록'과 계약을 하고 20만 달러를 지불하는 등 하반기에 로비력을 대폭 강화했다. 하지만 이중 상당수 로비 계약은 한미 FTA 비준안의 의회 상정이 늦춰짐에 따라 제대로 된 로비를 펼쳐볼 기회를 잃고 돈만 날린 셈이 됐다. 정부가 이처럼 많은 로비 회사와 계약을 하고 거액의 예산을 집행한 것과 관련해 국회의 조사나 감사원의 감사가 이뤄진 적이 없다. 2010년 11월 외교통상부의 FTA정책기획과가 '최근 5년간 FTA 협상 관련 자문 일지, 담당 로펌, 법률 자문 비용, 자문 내용, 자문 결과 보고서'를 박주선 의원실에 제출했으나 많은 계약 내용이 누락돼 있었으며 구체적 내용이 보고되지 않았다. 이는 로비계약과 관련해 효율적인 관리가 되지 않고 있음을 보여주는 단면으로 지적되고 있다.

도요다 사장

일본 도요타자동차가 만든 렉서스를 타고 가던 미국 경찰 일가족 4명이 2009년 8월 고속도로에서 전원 사망하는 사고가 발생했다. 캘리포니아 고속도로 순찰대 소속인 이 경찰관이 사고 직전 911 신고 전화에 남긴 긴박한 목소리는 유투브를 타고 전파됐다.

"페달이 전혀 움직이지 않고 걸려 있다. 시속 120마일이다. 브레이크가 작동하지 않는다. 교차로가 가까워지고 있다."

이 렉서스는 교차로에서 다른 차량을 들이받고 길가로 굴러 화염에 휩싸였다. 이 사건을 계기로 도요타자동차의 브레이크 결함으로 추정되는 사고가 잇따라 신고됐다. 이전에 발생했던 사고도 브레이크 결함 때문이 아니었는지 의심을 받게 됐다. 언론의 고발 보도가 폭주하면서 미 전역이 들썩거렸다. 처음에 머뭇거리던 도요타는 잇따라 리콜 조치를 발표했다.

미 의회는 도요타 차량에 대한 리콜 파문이 커지자 청문회 개최를 논의했다. 미 정치권에서 청문회를 개최하는 것으로 가닥이 잡혀가는 와중에 도요타자동차의 도요다 아키오 사장은 미국 방문 의사를 밝혔다. 그의 이같은 의사 표명은 미국 정치권에 대한 협조적인 자세로 받아들여졌다. 월스트리트 저널은 도요다 사장도요다 가문이 창업한 자동차 회사의 이름은 도요다가 아니라 도요타다. 초대 회장 도요다가 1936년, '국산 도요타 대중차 완성 기념 전람회'를 개최하면서 상호명의 어감을 강하게 하기 위해 마지막 글자를 타로 고쳤기 때문이다. 영어는 Toyota로 쓴다이 청문회 출석을 요청받을 것이라고 제일 먼저 보도했다.

하지만 도요다 사장은 청문회 증인대에 서지 않을 생각이었다. 그는 로비팀을 강화했다. 민주당 전문 로비 회사 '글러버 파크 그룹'의 로비스트들을 고용했다. 글러버 파크 그룹은 빌 클린턴 대통령 재직 시 백악관 대변인을 지냈던 조 로크하트와 클린턴 대통령 선임 자문관이던 조엘 존슨이 로비스트로 활동하고 있는 회사이다. 도요타는 또 민주·공화 양당에 영향력을 갖고 있는 '퀸 길레스피 & 어소시에이츠'와도 계약했다.

이들뿐만이 아니었다. 도요타의 정치 후원 단체인 '걸프스테이츠 도요타'를 위해 일하고 있는 기존 로비스트 32명도 가세했다. 도요타의 로비스트 가운데는 미국 의회 관계자 8명과 전직 NHTSA미 도로교통안전국 직원도 포함돼 있었다. 이렇게 3개 그룹에서 모여든 최고의 로비스트들이 팀을 구성해 로비 활동에 착수했다.

도요타는 그 이전 5년간 2500만 달러를 로비 자금으로 사용했다. 〈워싱턴포스트〉는 도요타 청문회와 직접 관련된 하원 정부개혁감독위 등 3개 위원회 소속 의원 125명 중에서 40퍼센트가 과거 10년 동안 도요타로부터 선거 자금을 후원13만 5000달러받았다고 보도했다. 의원 12명은 도요타 주주였다.미국 로비업계에서 국가별 로비 및 홍보 자금의 규모는 일본이 아랍에미레이트연합, 영국에 이어 3위를 차지하고 있다. 외국 정부가 로비 자금을 많이 사용한다는 것은 국가 간 이해관계가 많이 얽혀 있다는 의미인데, 각국 정부 산하 무역 대표부와 상공 회의소 등이 지불하는 비용도 이 계산에 포함돼 있다.

로비팀이 전열을 가다듬은 뒤 가장 먼저 나온 것은 도요다 사장의 청문회 불출석 선언이었다. 당초 청문회는 2010년 2월 10일, 열릴 예정이었으나 워싱턴의 폭설로 인해 2월 24일로 연기됐다. 도요타 일본 본사는 2월 18일 도요다 사장이 미 의회에서 개최되는 청문회에 출석하지 않을 것이라고 공식적으로 발표했다.

이 보도를 접한 미국 내 여론이 급속히 악화돼갔다. 사고 책임을 회피하기 위해 청문회 출석을 거부하고 있다는 비난이 눈덩이처럼 불어났다. 비난 여론이 거세지자 도요다 사장은 기자회견을 자청했다. 그는 사고는 유감이지만 자동차에는 문제가 없다고 강변했다. 그가 고개 숙인 모습은 한국 언론을 비롯해 전 세계 신문의 1면을 장식했다. 회견 뒤 자동차 문제가 아니라면 운전자의 잘못이냐는 분노 섞인 비난이 들끓었다. 일본 정부가 더 난리를 쳤다. 미국 여론도 악화됐다. 중국과 유럽에서도 도요타자동차의 리콜이 급속히 증가되면서 전 세계적으로 도요다 사장의 처신에 비난이 일었다. 그동안 최대 광고주인 도요타의 눈치를 보며 비판적인 보도를 자제하던 일본 언론들도 변하기 시작했다.

도요다 사장은 결국 미국 청문회 위원장의 정식 출석 요청을 받고, 일본 정부의 압력에 못 이겨 백기를 들었다. 그는 청문회 출석 직전 〈워싱턴포스트〉에 해명성 글을 기고했다. 도요타 미국 지사에 미국인 근로자가 많다는 점을 강조했다. 도요타가 문을 닫으면 이들이 졸지에 실업자가 될 것이라고 경고했다. 공장 폐쇄 등 최악의 상황을 가정함으로써 실업률 떨어트리기에 목을 매고 있는 미국 정치권을 압박해 거래하려는 계산이 읽혀졌다.

로비의 힘이 나타나기 시작했다. 도요타자동차가 플랜트를 갖고 있는 4개 지역의 주지사들이 백악관과 의회에 진정서를 제출했다. 켄터키 주지사 스티브 베셔, 인디애나 주지사 미치 대니얼스, 미시시피 주지사 헤일리 바버, 앨라배마 주지사 밥 라일리는 의회에 편지를 보내고 성명을 발표했다. 이들은 도요타가 연방 정부로부터 합당한 대접을 받아야 한다고 주장했다. 뒤집어 보면 도요타가 부당한 대우를 받고 있다는 항의였다. 이들은 연방 정부가 구제 금융이라는 형태로 GM과 크라이슬러에 투자해 최대 주주가 됐는데, 이 회사들이 도요타의 경쟁사라고 지적했다. 미국 정부가 도요타를 몰아세우는 것은 GM과 크라이슬러 봐주기가 아니냐는 논리였다. 주지사들은 비록 미국인이지만, 도요타의 이익을 지키기 위해 미국 정부의 치부를 까발린 것이다. 주지사들은 또 도요타가 미 전역에서 17만 2000명을 고용하고 있다며 실업률 줄이기에 안달이 난 오바마 정부의 급소를 찔렀다. 고용 인력 숫자는 도요타 사장이 〈워싱턴포스트〉에 보낸 기고문에서 거론된 것과 동일했다.

도요타 공장 근로자들은 눈길을 뚫고 워싱턴으로 몰려가 로비했다. 폭설이 쏟아져 의원들이 의정 활동을 중단했는데도 이들은 보좌관들을 만나고 기자들의 옷소매를 붙잡았다.

2010년 2월 24일, 도요다 사장이 미 의회 청문회장에 증인으로 출석했다. 세계 최고의 기술을 자랑하는 일본의 글로벌 기업체 대표가 미국 의원들의 공격적인 질문에 쩔쩔맸다. 미국 의원들은 도요타가 최대 시장인 미국에서 자동차를 팔면서 소비자들의 안전을 도외시했다고 몰아쳤다. 도요다 사장은 청문회가 끝난 뒤 미국 공장을 찾았다. 그곳에서 그는 통한의 눈물을 흘렸다. 전 직원들이 모인 자리였다.

그의 할아버지가 겪었던 자존심의 상처가 재발한 듯했다. 그의 할아버지는 60년 전 굽신거리며 미국 포드자동차에 견학하면서 신기술을 익혔다. 도요타자동차의 최고 기술자였던 도요다 에이지 회장은 1950년 포드자동차를 방문하기 위해 신청했던 여권을 받고는 깜짝 놀랐다. 여권의 인종 표기란에 '몽골리안'이라고 적혀 있었다. 그리고 그 밑에는 그냥 '일본인'이 아니고 '연합군 최고사령관의 명령 ××호에 의거한 일본인'이라고 길게 적혀 있었다. 에이지는 자서전 《결단》에서 연합군 점령 아래에서는 일본인이 사람 취급도 받지 못하는 셈이라고 통탄했다도요다 에이지, 《결단》, 136쪽.

이것이 2010년 2월에 미 의회에서 벌어졌던 도요타의 대 의회 로비의 한 단면이다.

미국에서 로비의 의미

우리가 일반적으로 생각하는 로비의 사전적 의미는 호텔에 있는 긴 복도를 말한다. 용어 자체는 영국 하원의 복도에서 의원들에게 접근하는 것을 묘사하는 데서 시작됐다. 청탁 활동을 포함하는 것으로 어의가 확장된 '로비'라는 말은 워싱턴 백악관 옆에 있는 윌라드 호텔에서 파생됐다. 이 호텔은 몰몬교의 실력자 윌라드 메리어트가 세웠다. 메리어트 호텔체인은 그의 이름에서 따온 것이다. 남북전쟁 때 북군을 이끌고 승리한 율리시스 그랜트 대통령은 이 호텔 레스토랑에 들러 시가와 브랜디를 즐겼다. 업자들이 이를 알고 대통령을 만나려는 목적으로 호텔 로비에 모여들었다. 이들은 대통령에게 직접 민원을 제기하고 해결책을 구했다. 그러면서 로비라는 단어가 '청탁 활동'을 포함하는 말로 의미가 확장됐다.

미국에서 로비는 청원권에 따른 시민 권리의 하나다. 의회에서 법이 제정될 때 이해관계에 있는 사람들집단이 의견을 제시하고, 지역 대표의원에게 자신들의 이익이 반영되도록 요구하는 것은 주민의 권리이다. 따라서 주민의 이익을 입법 활동에 반영하려는 노력로비은 당연한 권리로 받아들여진다. 하지만 한국에서 로비는 부패, 정경 유착과 동의어로 사용된다. 국가 설립 단계가 근본부터 다른 미국 사회에서 통용되는 뜻과는 전혀 다른 것이다.

미국은 1946년 로비 행위를 제한하는 법을 만든 이후 1995년 '로비공개법Lobbying Disclosure Act'에 따라 로비스트들의 활동 보고를 강화했다. 의원과 연방 공무원들을 접촉해 로비하는 사람들은 의무적으로 '등록'하고 연간 2회에 걸쳐 보고를 하도록 규정했다. 법무부에 에이전트로 등록돼 있다는 것은 로비스트임을 의미한다. 로비공개법을 어기면 범죄행위로 고발되고 가혹한 처벌을 받게 된다. 일부에서는 이 같은 규정이 제1차 개정 미국 헌법이 보장하고 있는 청원권을 침해하고 있다며 규제를 완화해야 한다고 주장하고 있다. 로비 활동 보고 등을 하지 않고 의원들을 자유롭게 만날 수 있어야 한다는 것이다. 주민들이 집단적으로 의원들을 만나 이해관계에 대해 의견을 제시하는 활동을 미국에서는 '풀뿌리 운동'이라고 한다. 이는 법률적 의미에서의 '로비'와는 다르다.

내가 취재한 바에 따르면 미 연방의회에서 로비의 힘은 어느 정도 뜸을 들인 뒤 효과가 나타나기 시작한다. 로비 때문에 예정됐던 청문회 일정이 갑자기 취소되거나 채택됐던 정책이 뒤집어지지는 않는다. 시간이 흐르면서 주목을 끌었던 사건이 기억의 망각 속으로 접어들 때쯤 되면 반전이 시작된다. 돈을 받은 정치인들이 그냥 꿀꺽 삼키지 않기 때문이다. 차기 선거를 준비해야 하는 의원들은 정치자금을 대주는 로비스트들의 요구를 기억해둔다. 여론이 악화된 상황에서는 침묵을 지키고 있다가 시간이 흐른 뒤에 정치인들은 상황 변화에 따른 논리를 전개한다. 의원들의 대정부 질의와 법안 발의 등 곳곳에서 로비의 영향을 엿볼 수 있다.

로비스트와 정치인의 관계를 파헤쳐보면 우리가 상상하는 이상의 치부가 드러난다. 정치인들에게 정치자금을 끌어주는 게 로비스트의 주 역할이다. 로비 회사 직원은 선거 때가 되면 아예 의원 후보 사무실에 파견을 나가서 일한다. 그곳에서 선거 자금 담당 국장 또는 재무 담당 자리를 꿰차고 일을 한다. 로비스트는 선거 자금을 끌어 모으기 위한 전략을 짜고 모금 행사를 개최한다. 자금을 어느 정도로 모으냐에 따라 로비스트의 역량이 평가된다. 로비스트는 자신과 아내, 아들, 딸, 며느리, 삼촌, 조카 등 주변 친지 이름으로 정치자금을 내놓는다. 돈의 출처는 로비 회사다. 정치 자금 기부 상한선 규제 때문에 이같이 주변 인사들을 기부자로 동원한다. 미국은 정치자금과 관련된 기부자 명단소액 기부자 제외을 모두 공개한다. 따라서 특정 정치인에게 선거 자금을 낸 사람들의 성last name과 주소 생년월일 등을 추적하면 이들이 로비스트와 어떤 관계인지 파악할 수 있다. 선거 후보가 당선되면 이 로비스트는 회사에 사표를 쓴다. 그리고 자신이 선거 때 도와주었던 의원의 보좌관으로 의회에 등록한다. 이때부터는 로비스트가 아니라 의회 공무원이 된다. 그리고 그는 자신이 원래 속했던 로비 회사와 긴밀하게 연락하면서 활동한다.

의원들은 로비스트 출신 보좌관이 짜놓은 치밀한 계획에 따라 법안 또는 예산안에서 '이어마크Earmark'를 통해 각종 이권 단체들의 요구를 반영한다. 이어마크란 입법 및 예산안에서 특정 단체 또는 사업에 정부 자금을 지원토록 하거나, 특정 회사단체의 세금을 감면해주는 면세 조항을 집어넣는 것을 말한다.

K 스트리트

미 연방의회의 의원들을 배후에서 움직이는 로비스트 사무실이 즐비한 곳이 워싱턴 'K 스트리트'다. 그래서 미국 언론들은 때때로 K 스트리트와 로비 활동을 동일시하기도 한다.

K 스트리트는 백악관 북쪽에 있는 도로 이름이다. 서쪽으로 가면 한강

과 비슷한 포토맥 강을 만나게 되고 동쪽으로 가면 연방 정부 의사당과 마주치게 된다. K 스트리트에는 동쪽의 의사당과 남쪽의 백악관에서 근무하는 정치인들을 상대로 활동하는 로펌과 컨설팅 회사, 회계 회사, 싱크탱크가 포진해 있다.

이곳에서 로펌 간판을 내걸고 있는 회사들은 대부분 로비 회사이다. 아렌트 폭스, 대니얼 J 에덜먼 등 많은 로비 회사들이 이곳에 진을 치고 있다. 로비 회사의 고객은 뉴욕의 금융회사와 포드자동차 등 민간 기업, 프레디 맥 등 미국 정부 투자 기관, 달라이 라마 등 세계적인 종교인, 한국 정부, 중국 정부, 일본 정부, 이스라엘 활동 단체 등 범위를 가늠할 수 없을 정도로 다양하다. 미국의 노조도 로비 회사를 이용한다.

백악관 주변은 건물을 지을 때 고도 제한을 받는다. 그래서 K 스트리트에는 높은 건물이 없다. 백악관 앞 대형 잔디밭 광장에 우뚝 솟은 '연필탑' 원래 이름은 '워싱턴모뉴먼트'인데, 연필을 깎아서 세운 것처럼 보여서 관광 가이드들이 연필탑이라고 부른다 만 예외일 뿐 모든 건물이 고도 제한에 걸려 있다.

낮게 누워 있는 회색빛 빌딩들 속에 웅크리고 있는 로비스트들은 좀처럼 움직임이 노출되지 않는다. 사실 로비스트들은 K 스트리트에서 다소 떨어진 의사당 인근에서 주로 활동한다. 로비 회사들이 의사당 주변의 오래된 2층짜리 단독주택을 구입해 사용하기 시작한 것은 그리 오래되지 않았다. 수년 전 대형 로비스캔들이 터지면서 발생한 새로운 풍조다. 로비스트들의 새 보금자리는 빅토리아풍의 외관을 그대로 보존하고 있으며, 건물 내부는 고급 레스토랑처럼 꾸며놓았다. 거실에는 붉은 색이 감도는 목재 내부 장식에 고급스러운 앤틱 가구들이 배치돼 있다. 형광등 같은 직접

Traffic More... **Map** Satellite Earth

Report a problem

4th St NW 4th St NW 4th St NW
N St NW M St NW L St NW
5th St NW 50 1 5th St NW 5th St NW
6th St NW 6th St NW 6th St NW
Sixth & I Historic Synagogue
1 50 1

Mt Vernon Sq 7th St-Convention Center
Henley Park Calvary Baptist Church
7th St NW 7th St NW 7th St NW
Washington Convention Center Chinatown
Gallery Pl-Chinatown
8th St NW
Smithsonian American Art Museum
Archives-Navy Memorial-Penn Quarter
9th St NW

K St NW L St NW M St NW
International Spy Museum
National Archives and Records Administration

11th St NW 29 11th St NW
Grand Hyatt Washington, G Pl NW
10th St NW

Thomas Circle 12th St NW 12th St NW
Metro Center
Pennsylvania Ave NW

13th St NW 13th St NW 13th St NW
St NW 29 I St NW
Federal Triangle

14th St NW 14th St NW 14th St NW
The Willard Washington DC
Donovan House
National City Christian Church
15th St NW 15th St NW 15th St NW

Rhode Island Ave
McPherson Square
White House Council on Environmental Quality

Washington DC National Geographic Society
The Hay-Adams Lafayette Square
Wash ngton DC
Haupt Fountains

16th St NW 16th St NW
Farragut North
Topaz Renaissance Mayflower
Cathedral of Saint Matthew the Apostle
17th St NW 29 17th St NW 17th St NW

Farragut West Smithsonian Institution
Corcoran Gallery of Art
D St NW 50
DAR National Headquarters
Constitution Ave NW

Connecticut Ave/ K Street
18th St NW 18th St NW 18th St NW
World Bank InfoShop
G St NW F St NW

K St NW L St NW M St NW
19th St NW 19th St NW 19th St NW
Constitution Ave NW

George Washington University
20th St NW
Virginia Ave NW

West End Pennsylvania Ave NW
21st St NW 21st St NW 21st St NW
F St NW E St NW
Galvez (Bernardo De) Park
Federal Reserve Board 50

New Hampshire Ave N
22nd St NW 29 22nd St NW 22nd St NW
Foggy Bottom-GWU Schenley Hall

The Ritz-Carlton
23rd St NW 23rd St NW
Albert Einstein Memorial

K St NW M St NW N St NW
George Washington Hospital
Columbia Plaza

Pool West End

000 ft 00 m 50

©2010 Google - Map data ©2010 Google, Sanborn - Terms of Use

조명은 구경할 수 없고 스탠드 등 간접조명이 럭셔리한 분위기를 돋우고 있다. 인터넷 등 통신 수단을 갖춘 사무실과 휴식용 침실이 있다. 로비스트들은 의원들과 보좌관들을 이곳으로 초청한다. 의원들이 시내에 있는 대형 고급 음식점에서 로비스트를 만나는 것을 기피하는 이유는 여러 사람들 앞에서 은밀한 거래를 하는 듯한 장면을 노출하고 싶지 않기 때문이다. 그래서 로비 회사들이 전문 요리사까지 둔 '안가'를 운영하기 시작했다. 송아지안심스테이크와 랍스터, 철갑상어알 등의 요리와 와인으로 무통로쉴드, 라피트 등을 준비해놓고 있다. 미국에서는 정부 기관들도 사무실 외에 접대용 또는 파티용으로 별도 건물을 활용하고 있어 로펌들이 이같은 로비용 별관을 운영하는 게 이상한 것은 아니다.

로비스트들은 이런 곳에서 의원 및 의회 전문 위원, 보좌관 등 정치인들을 만나서 식사를 하고 손님들에게 잠깐 눈을 붙일 수 있는 공간으로 제공하기도 한다. 일반인들의 눈에 띄지 않고, 의사당과 가까워서 긴급 호출이 떨어질 경우 신속하게 움직일 수 있으며, 휴식을 취할 수 있어 일석삼조다.

선거 시즌이 되면 이런 곳은 후보의 선거 사무실로 바뀐다. 로비스트와 보좌관, 후보가 구수회의를 하고 선거 전략을 짜는 비밀스러운 공간이 된다. 로비 회사는 기꺼이 후보들에게 이곳을 제공한다. 선거 자금 모금을 위한 펀드레이징파티도 이러한 곳에서 열린다. 공화당과 조지 부시 대통령은 정치자금을 모으거나 전국의 재정 담당 책임자들을 소집할 때 버지니아 주 그레이트 폴스에 있는 개인 저택을 이용했다.

미국의 이익 집단들은 정치적 목적을 달성하기 위해 로비스트를 고용하고, 거액의 돈을 정치권에 뿌린다. 정치권은 이 자금을 이용, 선거를 치

백악관 뒤에 위치한 로비스트들의
거리 K 스트리트. 미 행정부와 의회
를 상대로 로비를 하거나 고객들을
위해 홍보와 법률 자문을 하는 로펌
과 로비 회사들이 진을 치고 있다.

르고 권력을 장악해 이익집단의 요구를 입법과 정책에 반영해 혜택을 준다. 이것이 로비와 정치권력의 순환 고리다.

〈워싱턴포스트〉는 등록된 로비스트 수가 2000년 이후 두 배로 늘어나서 2005년, 3만 4750명을 넘어섰고 의뢰인들로부터 받는 수임료도 100퍼센트 증가, K 스트리트를 '부_富를 거머쥐는 길'이라고 소개했다. 책임정치센터_{CRP}는 2010년 워싱턴에 등록된 로비스트가 1만 1140명이라고 밝혔다.

로비스트 붐이 인 것은 9·11테러 사건 이후 정부의 급속한 비대화와 공화당의 백악관 및 의회 동시 장악, 전문 로비스트에 대한 기업들의 인식 변화 등 3가지 원인 때문이라고 한다.

의회나 부시 행정부에서 보좌관 등으로 활동하면서 최상의 커넥션을 확보한 로비스트의 경우 임금이 연봉 30만 달러에 달했다. 이 때문에 한때는 별 인기가 없던 로비스트 자리가 이제는 공직에서 물러나 민간 부문으로 말을 갈아타는 고위직 인사들이 선호하는 직업이 됐다. 전직 의원들 중 절반 정도가 로비 회사에 취직하고 있는 것으로 조사됐다〈워싱턴포스트〉 2006년 3월.

능력 있는 로비스트는 많은 정치자금을 끌어들여 의원들에게 전달해 자신의 커넥션을 견고하게 만들고, 이를 통해 영향력을 확대한다. 이 과정에서 부패의 고리가 형성되는데, 2006년에 워싱턴에서 폭발한 잭 아브라모프 로비스캔들이 그 대표적인 예다. 아브라모프 사건으로 공화당 원내대표가 물러나는 등 미국 정치권이 소용돌이에 휘말렸다. 한화그룹 김승연 회장이 워싱턴에서 만들었던 한미교류협회도 아브라모프 스캔들의 회생양이 됐다. 한미교류협회는 로비 회사 알렉산더스트래티지 그룹에 운영과 자문을 맡겼는데 활동 신고 과정에서 미국 법률을 위반한 사실이 드러나 문을 닫았다. 미국 법을 잘 모른 데서 불거진 운영 실패로 규정되고 있다.

로비스캔들의 소용돌이에 '바꿔Change!' 열풍이 불면서 미국에서 사상 초유의 흑인 대통령이 탄생했다. 정치가 더 이상 백인들의 전유물이 될 수 없다고 유권자들이 표로 확인해주었다. 아브라모프 스캔들이 불거지면서 미국 정계는 로비 자금 근절과 깨끗한 정치를 외쳤지만 여전히 로비스트의 손아귀에서 벗어나지 못하고 있다.

〈워싱턴포스트〉는 버락 오바마 대통령이 선거공약으로 로비스트들의 영향을 축소시키겠다고 공언했음에도 불구하고 정치 기부금 모집에 로비스트들이 여전히 주도적인 역할을 하고 있다고 보도했다2010년 5월 31일.

정치 기부금 모집 방법 중에서 이른바 '번들링Bundling'이라는 것이 있는데 이는 로비스트나 정치 기부금 모금자가 기부금을 개별적으로 모아 의원이나 정당에 뭉텅이 돈으로 일괄 기부하는 방식이다. 이는 개인 기부한도 규정을 피할 수 있어 로비스트들이 애용하는 방식이다. 새 연방선거위원회FEC규정은 번들링으로 1만 6000달러 이상을 기부할 때 신고를 의무화했지만 신고 사항만으로 기부자가 누구인지를 확인할 수 없다. 이런 허점 때문에 결국은 모금된 자금을 정치권에 전달하는 로비스트의 역할이 부각되고 있으며, 이는 정권을 잡은 민주당 쪽으로 돈이 집중되는 결과를 초래했다.

〈워싱턴포스트〉가 FEC의 규정에 따라 분석한 자료에 따르면 2009년 정당이나 연방 선거 입후보자들을 위해 모금 활동을 벌인 등록 로비스트는 모두 160명이다. 이들은 적어도 900만 달러의 정치자금을 거둬들인 것으로 집계됐다. 이중에서 4분의 3이 권력을 잡은 민주당으로 흘러 들어갔다. 민주당 하원선거위원회DCCC로 들어간 돈이 240만 달러로 가장 많았다. 민주당 상원선거위원회에는 110만 달러가 들어갔다. 반면에 전국 공화당 상원위원회NRSC에는 87만 달러, 공화당 전국위원회NRCC에는 52만 달러가 들어갔다.

가장 많은 번들링 자금을 모금한 로비스트는 벤 반스로 민주당 하원 선거를 위해 64만 달러를 모금했다. 또다른 '슈퍼 로비스트' 토니 포데스타 부부는 민주당을 위해 50만 달러를 모금했다.

성공한
비자면제프로그램VWP
가입 로비

미국 비자를 받기 위해 서울 광화문에 있는 주한 미국대사관 담벼락에서 줄 서본 적이 있는 한국 국민들은 미국 가는 게 얼마나 번거로운지 안다. 지난 수년간 한국 외교관들은 국민들이 비자 없이 미국을 방문할 수 있도록 하기 위해 발이 부르트도록 뛰어다녔다. 9 · 11테러 사건 이후 강화된 미국의 비자 면제 조건에 한국이 자격을 갖추도록 안간힘을 썼다. 심지어 미국 의회가 제정해놓은 법을 개정하도록 시도해 마침내 성공했다. 미국 의원들은 한국에 대해 비자 발급 요건을 완화해주지 않기 위해 별의별 조건을 다 내세우고 시비를 걸었다. 미국 정치 현장에 뛰어든 외교관들은 약소국의 서러움을 절절히 맛보아야 했다. 그들은 미국 정치인들이 자신들을 공격했던 일본에 대해서는 비자 없이 드나들 수 있도록 문호를 개방하면서 형제 국가라는 한국을 차별한 이유를 도대체 알 수 없었다.

이태식 대사 부임

이태식 주미 대사는 2005년 9월, 안양 베네스트골프클럽에서 열리는 환송 모임에 나갔다. 대사 부임을 축하하는 이 자리에서 김재철 무역협회장과 이희범 산자부장관은 이 대사에게 두 가지 문제를 간곡히 당부했다. 한국이 비자면제프로그램VWP에 가입토록 하고 한미 자유무역협정FTA이 이뤄지도록 하라는 것이었다. 이 대사는 한국의 위상을 높이고 다른 나라와 동등한 대우를 받는 토양을 마련하겠다는 꿈을 품었다. 그는 2007년 말 워싱턴에서 열린 한 사적 모임에서 "조국을 위해서라면 미국 놈 ×구멍도 빨겠다"며 결의를 보였다. 그가 이 말을 할 때 참석자 중에서 어느 누구도 웃지 않았다.

2005년만 하더라도 미국 비자를 받으려는 면접 대기 인파가 여름철마다 서울 광화문 주한 미국대사관을 에워싸고 있었다. 당시 한국에서는 여름방학 때가 되면 미국행 항공기 표 가격이 올라갔다. 부모들이 유학 보낸 자식들을 보기 위해 앞 다퉈 미국행 비행기 표를 구입했기 때문이었다. 미국 서부 캘리포니아와 동부 뉴욕 등 패키지 관광 상품은 방학 때가 되면 날개 돋친 듯 팔려나갔다. 한국은 미국행 유학생 1위 송출국이었다. 부모들은 미국 비자를 받기 위해 광화문 주한 미대사관 담벼락에 길게 줄을 서서 기다려야 했다. 비가 오는 날에는 우산을 펼쳐든 모습이 장관을 이루었다. 이런 모습은 마치 식민지 주민들이 본국으로 가기 위해 입국 허가권을 쥐고 있는 말단 영사에게 운명을 송두리째 맡긴 채 1, 2시간 불평 한마디 못하고 순서를 기다리는 '영혼이 없는' 열등 국가의 비애로 묘사되곤 했다. 진주만을 습격했던 일본 사람들이 비자 없이 미국을 방문하는 것과는 대조적인 모습이었다.

2004년 한국인의 미국 방문객수는 82만 9031명. 영국, 멕시코, 일본, 독일, 프랑스에 이어 6위였다. 한국보다 미국 방문객이 많은 영국, 프랑스, 독일, 일본 등 4개국은 미국 비자 면제국이다. 멕시코는 미국과 국경을 접하고 있으며, 국경을 넘어 미국으로 출퇴근하는 근로자들의 경우 통행증을 갖고 있어 사실상 비자 면제국이나 다름없었다. 까다로운 비자 발급 절차를 거쳐야 하는 국가 중, 미국 방문객으로는 한국이 가장 많았다. 한국인 방문객이 미국에 쏟아붓는 돈도 엄청난 규모였다. 2001년 미국을 방문한 한국 관광객들은 8억 달러를 썼으며, 한국 유학생들은 1999년 17억 달러를 사용했다. 한국 관광업계는 까다로운 비자 발급 절차를 이용해 비자를 대신 받아주는 방법으로 돈벌이를 했다. 비자 발급 절차 때문에 미국에 가는 것을 포기하거나 꺼리는 사람들도 많았다.

이 때문에 한국은 물론 미국의 재계협의회와 상공회의소가 한국에 비자 면제국 지위를 부여해야 한다고 줄기차게 요구했다. 전경련은 미국의 비자면제프로그램WVP의 가입을 위해 2003년 한미재계회의 내 비자분과위원회를 설치하고 여론을 조성했다. 미상공회의소는 비자 발급 절차가 까다로워서 미국을 방문하려는 한국 관광객들이 유럽으로 발길을 돌리고 있다고 목소리를 높였다. 한국 정부와 업계는 비자 면제국 리스트에 한국을 포함시키기 위해 수차례 노력했지만 허사였다.

미국은 1986년 동맹국과 관계를 개선하고 미국의 경제적 이익을 위해 VWP 제도를 도입했다. 여러 국가가 이 프로그램에 가입하기를 원했지만 1999년 이후 신규 가입 국가는 없었다. VWP는 미국 정부가 지정한 국가의 국민에 대해 관광과 일반적인 방문 목적에 한해 최대 90일간 비자 대신 전자 여행 허가를 받아 미국을 방문할 수 있도록 한 제도다. 한국이 VWP에 가입하게 되면 관광·상용 비자 발급을 위한 서류 준비와 인터뷰 대기 등에 따른 불편이 해소되고 연간 1000억 원 이상의 비용 절감 효과가 발생할 것으로 추정됐다.

첫 로비스트
고　　　용

워싱턴에 부임한 이태식 대사는 미국 의원들을 일일이 만나면서 로비스트 고용의 필요성을 느꼈다. 이 대사가 의원들을 만나려고 할 때 중간에서 일정을 잡아줄 매개체가 절실했다. 주미 대사관의 김은석 의회 담당 참사관은 미국을 온통 뒤흔들어놓고 있는 아브라모프 로비스캔들을 지켜보면서 로비스트의 중요성을 실감했다.

주미 대사관은 '스크라이브 스트래티지스 & 어드바이저스'의 한국계 로비스트 토머스 김김성훈을 고용해 2005년 10월부터 3개월간 시험 기간을 거치기로 했다.

토머스 김의 테스트 기간에 미 하원에서는 비자면제프로그램 법안의 초안이 마련됐고, 민주당 짐 모랜 의원이 조지 부시 대통령에게 한국의 비자 면제 가입을 촉구하는 서한을 보냈다. 국제관계위원회 소속 댄 버튼 의원은 전체 의원들에게 한미 동맹의 중요성을 강조하는 '동료 의원 전상서 Dear Colleague Letter'를 보내기도 했다. 조 바이든 상원 의원은 한국의 미국 비자 면제 필요성을 제안했다. 로비 덕분에 의회 내에서 한국을 VWP에 가입시켜야 한다는 여론이 처음으로 일기 시작한 것이었다.

뉴욕에서 태어난 한국계 미국인 토머스 김은 빌 클린턴 행정부에서 의회 활동을 시작했다. 2004년 민주당의 대통령 후보를 지낸 존 케리 상원의원을 지원하면서 상원 외교위원회에서 의회 업무를 익혔고, 미 무역대표부USTR의 샬린 바셰프스키 대표를 보좌했다. 존스홉킨스대와 조지타운대 대학원에서 수학했다. 토머스 김은 한국 기업과도 인연이 있었다. 그는 현대중공업에서 근무했고, 1996년 월드컵 유치 당시 대한축구협회에서 정몽준 축구협회장을 보좌, 월드컵 유치를 위해 뛰었다. 토머스 김은 주미대사관의 로비를 맡으면서 동포 사회에서도 알려지게 됐다.

주미 한국대사관이 VWP가입을 위해 시동을 건 지 얼마 되지 않은 2005년 11월, 조지 부시 행정부는 미국 비자 면제국에 대한 재심사 결과를 발표했다. 미국은 기존 면제국 27개국 가운데 심사가 끝나지 않은 2개국을 유보하고 25개국을 재지정한다고 발표했다. 영국, 프랑스, 독일 등 대부분 서유럽 국가들과 아시아 태평양 지역에선 일본, 싱가포르, 호주, 뉴질랜드가 다시 포함됐다. 이탈리아와 포르투갈이 심사지연으로 유보됐다이들 국가는 나중에 VWP 가입국에 포함됐다. 기존의 미국 비자 면제국들이 재지정됐을 뿐이었다. 신규 가입을 기대해온 국가들은 하나도 면제국에 진입하지 못했다.

한국은 또다시 미국 비자 면제국의 문턱을 넘지 못했다. VWP가입과 관련한 로비 기간이 너무 짧았던 데다, 전략적 경험이 없었던 대사관 지휘부는 이 결과에 허탈감을 느꼈다.

한국은 미국이 요구했던 기본적 요건을 충족시키지 못했으면서도 비자 면제국에 가입되기를 바랐던 것이다. 미국 비자 면제국으로 지정되기 위해서는 비자 발급 거부율이 3퍼센트 미만이어야 했다. 2004년 10월부터 2005년 9월까지 한국민의 미국 비자 거부율은 3.2퍼센트로 집계됐다2005년 10월부터 2006년 2월까지 5개월간 거부율은 간신히 3퍼센트에 턱걸이했다. VWP가 입국이 되기 위해서는 2년간 비자 거부율 3퍼센트 미만이어야 한다는 첫 번째 요건을 충족시켜야 하는 동시에 불법 체류율이 낮아야 하는데 한국은 그 어느 것도 지키지 못했다. 미 정부는 미국을 방문하는 한국인들 가운데 합법적인 체류 시한을 넘겨 눌러앉은 불법 체류자 비율이 높다고 판단하고 있었다. 한국은 또 기계 판독 여권 프로그램을 도입해야 하고 여권 불법 사용 방지 조치를 취하는 등 보안 시스템을 강화해야 했다.

9·11테러를 겪은 미국은 2002년 5월 국경비자강화개혁법을 도입해 비자 면제 지정 대상국을 2년에 한 번씩 심사했다. 따라서 한 번 고배를 마신 한국은 이후 2년간 미국 비자 면제국 리스트에 들어갈 수 없게 됐다. 로비스트까지 고용해가며 의욕을 보였지만 기대가 좌절되자 주미 한국대사관 직원들은 침울해졌다.

한국은 2005년 12월 개최된 한미 사증 워킹 그룹 회의에서 비자 면제 로드맵 초안을 미국 측에 제시하면서, 신발 끈을 다시 조여 맸다. 대사관 직원들은 2006년 새해가 밝자마자 여론 몰이에 착수하는 등 본격적으로 뛰기 시작했다. 2년 앞을 보고 스퍼트에 들어간 것이다. 테스트에서 합격 판정을 받은 토머스 김은 2006년 1월 주미 한국대사관과 비자면제프로그램 로비를 위해 1년간 15만 달러에 계약했다. 이와는 별도로 토머스 김은 한미 양국 간 동맹과 관련한 전반적인 일General Bilateral Alliance을 로비하고 컨설팅하는 조건으로 주미 한국대사관과 월 1만 7500달러에 1년간 계약을 체

결했다_{연간 21만 달러.}

토머스 김은 이렇게 해서 한미 간에 벌어진 외교 전선의 중심에 들어서게 됐다. FARA에 신고된 계약서를 보면 스크라이브는 주미 한국대사관에 조언, 카운슬링, 전략적 컨설팅 제공, 미디어와, 홍보 등 업무를 담당했다. FARA는 Foreign Agents Registration Act로 외국 로비, 홍보 회사들이 의회와 행정부를 상대로 벌인 활동과 접촉자, 계약 금액 등을 미 법무부에 신고토록 한 법을 말한다. FARA에 보고된 로비 회사와 맺은 계약 관계는 인터넷에 공개되고 있다. 토머스 김의 계약료는 2007년에는 월 2만 달러, 2008, 9년에는 월 4만 달러로 올라갔다.

이태식 대사는 '2007년말 이전 해결'이라는 타깃을 정해놓고 직원들을 독려했다. 주미 한국대사관과 한국 정부는 우선 비자 거부율을 낮추기 위해 비자가 거부되지 않을 사람들에게 비자 발급 신청 캠페인을 벌였다. 총 신청량을 늘리고 유효 발급자를 늘려서 거부율을 낮추려는 전략이었다.

이준규 외교통상부 재외동포영사국장은 2006년 3월 17일 〈KBS〉 1라디오에 출연, "비자 거부율을 3퍼센트 미만으로 유지하는 것이 필수적"이라며 "미국의 회계연도가 끝나는 9월말 이전에 미국행 비자를 적극 신청, 비자 거부율을 떨어뜨리는 긍정적인 역할이 필요하다"며 홍보했다. 지금 들으면 정부 관리가 이런 캠페인까지 했다는 것이 우습지만 당시 한국으로서는 미국 비자 면제국에 드는 것이 절실한 문제였다. 이 국장은 "비자가 거부될 가능성이 있는 분들이 신청하면 오히려 비자 거부율을 높일 수 있다"며 결격 사유가 있는 사람들에 대해 비자 신청을 자제해줄 것을 당부하기도 했다. 국민 정서에 호소한 것이다. 그는 또 "미 의회나 미국 내

비정부 기구, 주 정부 등을 통해 한국의 VWP 가입을 위한 분위기를 조성 중"이라고 밝혀 로비 활동이 진행되고 있음을 시사했다.

대사관은 국토안보, 외교, 법사 등 비자 면제 결정에 영향력이 큰 상·하원 3개 위원회를 중심으로 설득 작업에 들어갔다. 이태식 대사는 상·하원 의원 150여 명을 잇따라 만났다. 이 대사는 영향력 있는 미국 정계 인사들의 모임에도 얼굴을 내밀었다. 골프장으로 관계자들을 초청하는 경우도 있었다. 대사관이 멤버십을 확보하고 있는 골프장메릴랜드의 우드모어클럽과 버지니아의 LTJ 클럽에서 만난 이들의 얼굴이 환하게 퍼졌다고 한다. 김은석 참사관은 3개 위원회 소속 의원들의 보좌관 27명을 한국에 세 차례 여행시켰다. 이들에게 한국의 출입국 관리 시스템을 확인시켜 주기 위해서였다. 법무부 출입국사무소와 인천공항을 둘러본 보좌관들은 만족할 만하다는 평가를 했다.

이태식 대사와 김은석 참사관은 미국 언론인들도 수시로 만났다. 이들과 인사를 나누고 식사에 초대했다. 워싱턴의 보수적인 싱크탱크인 헤리티지재단은 6월 27일 미국 비자 면제 지정 문제에 대한 토론회를 개최하고 한국에 대한 비자 면제를 촉구하는 여론을 조성했다. 이 토론회에서 미 하원 국제관계위 데니스 핼핀 아태수석전문위원은 미국 내 한인 사회가 지역구 의원들이 한국에 대한 비자면제프로그램을 입법화하도록 정치적 압력을 강화해야 한다고 권고했다. 그는 "미국의 비자 면제국 지정에는 시점도 중요한데 한국의 경우 불운하게도 불법 이민 단속과 국경 안보 강화에 대한 미국 여론이 집중된 시점에 제기돼 쉽지 않은 상황을 겪고 있다"고 분석했다.

이 같은 여론 조성에도 불구하고 의회 소속인 미 회계감사국GAO은 2006

년 7월 미 하원에 낸 보고서에서 한국이 단기간에 VWP에 가입하기는 어렵다고 평가했다. 한국을 비롯해 폴란드, 체코, 헝가리 등이 비자 거부율을 포함한 가입 요건을 충족시키지 못하고 있다는 것이었다. 한국은 7월까지 1년 동안 미국 비자 발급 거부율이 3.5퍼센트에 달해 가입 요건 3퍼센트를 여전히 충족시키지 못하고 있었다. 앞서 GAO는 한국과 폴란드 주재 대사관에 비자 면제 문제와 관련해 감사를 실시했다. 한국과 폴란드가 이라크에 군 병력을 파견하는 등 미국과 긴밀한 동맹 관계에 있다는 점을 고려한 조치였다. 동맹 관계를 감안해 VWP 허용을 검토하기 위한 수순이었다. 국무부 내 친한파 인사인 크리스토퍼 힐 동아태 담당 차관보는 회계감사국 진술에서 한국을 비자면제프로그램에 포함시키는 게 목표라는 말을 했다고 이 보고서는 전했다. 이태식 대사는 한국이 VWP에 가입하기 위해서는 미 행정부가 보증해줄 필요가 있었는데 그 일을 힐 차관보가 해주었다고 말했다.

조지 부시 대통령도 2006년 9월 "한국의 비자 면제 조기 실현에 노력하겠다"고 선언했다. 당시 전경련과 무역협회KITA는 한미 자유무역협정FTA 협상과 관련해 로비업체와 계약을 했는데, 대사관이 이를 활용했다. 전경련은 전직 의원이 세운 회사를 로비 회사로 고용했으며, 대사관 경제과는 로펌을, 홍보공사실에선 홍보 회사와 계약을 했다.

무역협회는 2006년 '피어스, 이사코비츠 & 블라록', '월키 파 & 갤러허'와 계약했다. 대사관의 경제과는 '샌들러, 트래비스 & 로젠버그'와 계약했다. 그리고 대사관 홍보실문화부 소속은 'RJI 거번먼트 스트래티지스', 한미컨설팅KCI과 계약해 홍보 및 로비를 의뢰하고 있었다.

원정 매춘
사   건

비자면제프로그램 가입 노력에 찬물을 끼얹는 사건이 발생했다. 불법 체류 원정 성매매단이 검거됐다. 미 경찰은 2006년 9월 15일 뉴욕, 필라델피아, 워싱턴 D.C. 등 동부 해안 도시에서 영업하고 있던 한국계 성매매 업소들을 급습해 윤락 업주와 여성 100여 명을 체포했다. 한국 여성 외에도 중국 여권을 소지한 여성 70여명 체포되었는데, 업주 31명은 모두 한국인이었다. 체포된 중국인들은 대다수가 연변 등지에서 미국으로 간 중국 동포였다.

　이를 계기로 미 연방 정부는 10월 작전명 '콘도라 A'로 불리는 대규모 단속을 펼쳤다. 한국에서 밀입국해 유흥업소 또는 마사지 가게에서 일하는 불법 체류 여성들이 타깃이었다. 매춘 소탕 작전에는 연방수사국FBI과 이민세관국ICE, 주류수사국ABC 등이 주도하고 각 지역의 경찰이 공조했다. 10월 21일 미국 내 언론 보도에 따르면 불법 매춘에 관여하고 있는 미국 내 한국 여성들은 2000여 명으로 추정됐다. 2004년 한국 정부의 성매매 집결지 단속 이후 갈 곳이 없어진 윤락 여성들이 원정 성매매 바람을 타고 미국으로 몰려간 것이다. 원정 성매매 업소에 대한 단속 작전은 2005년 6

월에도 펼쳐졌다. 이러한 사실은 한국에는 제대로 전해지지 않았다. 창피한 일이어서 특파원들이 기사를 송고하지 않았기 때문이었다.

이와 관련 이태식 대사는 이택순 경찰청장에게 서한을 발송, 한국인 여성 성매매 사건이 한국의 VWP 조기 가입에 부정적 영향을 미칠 가능성이 있다며 우려를 표시했다. 그러면서 그는 한국 여성들의 미국 내 성매매 근절 방안을 수립해주기를 촉구했다. 미국에 매춘 여성이 들어가지 못하도록 한국에서 단속해달라고 부탁한 것이다. 발 달린 사람을 한국에서 붙들어 매달라는, 다소 어이없는 주문이었다.

김은석 참사관은 미국 전역에 있는 총영사관에 공문을 보냈다. 교포들을 통해 지역구 의원들로부터 한국이 비자면제프로그램에 가입해야 한다는 취지의 편지를 받아내라는 주문이었다. 미국 의원들이 한국의 비자면제프로그램 가입을 지지하는 편지를 모아 국무부 및 국토안보부에 제출해 행정적으로 압박하려는 계산이었다. 데니스 핼핀 전문 위원의 충고를 착실하게 이행하려는 것이었다. 이와 함께 교포 단체들에는 좋은 의견을 제안해달라는 부탁도 덧붙였다.

앞서 김 참사관은 비자면제프로그램 가입 등 홍보를 위해 인터넷 홈페이지www.welcome-korea.org를 만들었다. 그리고 4월 3일, '한미비자면제프로그램연합US Korea Visa Waiver Program Coalition'을 발족했다. 한미비자면제프로그램연합은 처음에는 20여 개 단체로 시작했다. 한 달 만에 110개 단체로 몸집이 불었다. 미 상공회의소AMCHAM, 보잉사, 유나이티드 에어라인, 웨스팅하우스, 다임러크라이슬러 등 미국 굴지의 대기업 30여 곳이 가입했다. 알래스카 주 정부 산하의 한국 사무소와 알래스카 국제공항도 가세했다. 조직이

한인유권자센터 소장 김동석 씨

커지면서 이들은 의원들에게 집중적으로 로비 활동을 펼쳤다.

김 참사관은 초여름쯤에 한 교포로부터 전화를 받았다. 뉴욕뉴저지한인유권자센터 김동석 소장이었다. 김 소장은 김 참사관에게 전략을 물었다. 김 참사관이 교포들의 아이디어를 얻기 위해 전국 총영사관을 통해서 홍보했는데 유일하게 반응한 사람이 김 소장이었다고 한다. 김 참사관은 통화를 한 뒤 7월쯤 김 소장을 만났다. 김 소장은 김 참사관과 함께 지역구 의원 스캇 가렛_{뉴저지}의 사무실에 가서 지지 서한을 바로 받아내는 모습을 보여주었다.

김 소장이 앞장서면서 미국 동포들은 2006년 11월 중간 선거를 코앞에 두고 있는 의원들을 상대로 VWP 한국 가입 지지 서한을 적극 요구했다. 미국 내 535개 선거구에서 한인들이 1000명 이상 거주하는 선거구만 236개에 달했다. 한인 동포들은 지역 내 선거구 의원들에게 이메일을 보내거나 사무실을 단체 방문해 비자면제프로그램에 한국이 가입해야 하는 당위성을 알렸다. 김 소장은 동포들에게 유권자 등록을 하고 투표에 참여할 것을 권유했다. 그동안 한국계 미국 시민들의 투표율이 30퍼센트에 불과해 미국 정치인들은 한국 동포들의 목소리를 귀담아 듣지 않았다. 한국계 유권자가 많은 지역은 단체를 결성해 후보들에게 "11월 중간선거에서 한국계의 표심이 중요하다"는 점을 부각시켰다.

한인 단체들이 펼친 풀뿌리 운동이 서서히 먹혀들었다. 동포들은 의원

명의로 미 국무장관에게 한국이 비자 면제 대상국에 포함되어야 한다는 내용의 편지를 써달라고 요청했다. 헨리 하이드 하원 의장 등 여러 명이 지지서한을 써주었다. 선거를 앞둔 한 정치인은 1주일 만에 편지를 보내주기도 했다고 한다.

하원의 경우 행정부에 한국의 VWP 가입 지지 서한을 보낸 의원이 35명에 달했다. '한미비자면제프로그램연합'은 이 과정을 통해 법사위, 국제관계위, 국토안보위 등 관련 3개 상임위 위원장, 간사, 소위 위원장 등을 포함한 12명의 핵심 의원 가운데 7명의 지지를 확보할 수 있었다.

대사관의 전략과 교포들의 노력으로 비자면제프로그램이 이슈가 되자 특파원들은 워싱턴 싱크탱크가 주최하는 각종 컨퍼런스에서 비자면제프로그램에 대해 질문을 던졌다. 나는 한미 재계 모임에 취재하러 갔다가 미국 전문가로부터 충격적인 이야기를 들었다. 한국의 비자 발급 거부율이 낮아지지 않는 이유는 종교계가 신청하는 비자 때문이라는 것이었다. 교단이 순수 종교인이 아닌 사람들에게 비자 발급 스폰서를 하고 있으며, 실사 과정에서 일부 부적격자가 발각돼 귀국 조치를 당하고 있다는 설명이었다. 이 때문에 미국은 종교 단체 스폰서 비자 발급 심사를 까다롭게 하고 있으며 완벽한 조건이 갖춰지지 않은 신청자에 대해서는 입국을 거부한다는 것이었다. 특히 한국에서 비자 발급을 신청했다가 거부된 인사들이 캐나다 토론토, 밴쿠버 등에서 재발급을 신청해 거부당하는 사례가 많다는 설명이었다. 〈세계일보〉는 이 내용을 특종으로 보도했다. 주미 한국대사관 측은 이 같은 내용에 대해 확인을 요청하자 코멘트를 하지 않았지만 고심하고 있는 흔적이 역력했다.

이태식 대사는 11월 2일부터 이틀간 워싱턴 주미 한국대사관에 미국 지역 10개 총영사와 괌 출장 사무소장을 호출해 VWP 가입 대책 회의를 개최했다. 한국에서 비자를 거부당한 한국인들이 캐나다, 밴쿠버 등지로 건너가 비자를 재신청하다 또다시 거부당한 사례가 거의 20퍼센트에 육박한다는 지적이 나오면서 전략을 수정하기로 결론을 내렸다.

로비를 통해
미국 법을
바 꾸 다

비자 발급 거부율을 낮추는 데 한계에 봉착한 주미 한국대사관은 비자면제프로그램에 가입하려는 다른 국가와 공조를 취하기로 했다. 여러 국가가 한 목소리를 내면 목표를 쉽게 달성할 수 있을 것으로 생각했기 때문이었다. 반테러 이념 확산을 기치로 내걸고 있는 부시 정부가 배려해야 할 국가들을 찾았다. 미국이 배려해야 하는 폴란드 등 동구권 국가들이 눈에 들어왔다. 폴란드는 비자 거부율이 10퍼센트가 넘었다. 대사관은 미국 관련법에서 비자 거부율 3퍼센트 미만 조항을 한시적으로 없애는 방안을 추진키로 했다. 폴란드계 의원이 이 문제에 앞장섰다.

폴란드는 레흐 카친스키 대통령이 집권한 뒤 강력한 친미 정책을 펼쳤다. 러시아의 그루지야 침공을 계기로 안보에 불안을 느낀 폴란드는 미국과 가까워지기 위해 다각적으로 노력했다. 나중에 이뤄진 일이지만 카친스키 대통령은 2008년 이란의 잠재적 위협을 제거한다는 이유로 조지 부시 대통령과 폴란드 내 미사일 기지에 요격미사일 10기를 배치하는 협정을 체결했다. 동유럽에서 러시아의 영향력 확대를 견제해야 하는 미국으로서는 폴란드를 우호 국가로 붙잡아놓을 필요가 있었다.

미국 내 폴란드 로비 단체 '폴란드미국대표자모임Polish American Congress'은 이 같은 지정학적 중요성을 강조하면서 VWP 가입 논리를 펼쳤다. 이 단체는 워싱턴의 백악관 뒤, K 스트리트에 있으며 웹사이트www.polamcon.org 등을 통해 정치적 활동을 하고 있다.

지성이면 감천, 하늘도 스스로 돕는 자를 돕는 법. "무슨 일이 있더라도 한국을 포함시키겠다Whatever it takes, Korea will be 'in'." 미국의 베니 톰슨 하원 국토안보위원장민주이 한 말이다. 그를 비롯한 상·하원 의원들은 2007년 초부터 워싱턴의 한국 지인들에게 입버릇처럼 이 같은 말을 했다고 한다.

미 의회는 2007년 비자면제프로그램 관련법에 대한 개정을 추진했다. 911위원회의 권고에 따라 의회는 테러리스트들이 미국에 불법으로 입국할 수 있는 구멍이 있다는 우려가 제기되자 비자면제프로그램과 이민 정책 등 관련법을 전면 재검토한 것이다. 그러면서 테러와의 전쟁에 협조적인 국가들에 비자면제프로그램 가입 혜택을 부여하는 방안을 검토했다.

폴란드계인 조지 보이노비치공화당, 오하이오 주상원 의원은 "2007 안전 여행 및 반테러 파트너십법Secure Travel and Counterterrorism Partnership Act of 2007"이라고 불리는 개정안을 제안했다. 개정안은 테러와의 전쟁에 동참하고 있는 동맹국들에게 비자 면제 여행 특혜를 전면 확대하는 내용을 담고 있었다. 비자 거부율 3퍼센트 이내 조건을 삭제했다.

하지만 캘리포니아 주 샌프란시스코 시장 출신 다이앤 파인스타인 상원 의원은 비자 거부율 조항을 폐지하지 않고 10퍼센트로 상향 조정하는 안을 내놓았다. 매파인 그는 성명을 내고 9·11테러의 공포가 가시지 않은 상황에서 비자 면제국을 늘릴 경우 테러리스트들이 무단 입국할 구멍이 커진다면서 VWP를 더욱 조이는 법안을 제출하겠다고 엄포를 놓았다. 파인스타인 의원은 VWP 가입국이 되려면 비자 거부율 상한선 10퍼센트 미만 규정을 지켜야 하고 연장 체류율도 낮아야 한다고 주장했다.

상원은 타협을 통해 비자 면제 대상 국가를 일단 파일럿실험국가로 지정한 뒤 준비 과정을 실사해 최종적으로 VWP에 가입시키도록 했다. 비자 면제프로그램 신청 국가는 비자 거부율이 10퍼센트 미만이어야 하거나 방문객의 연장 체류율이 국무부와 국토안보부가 정한 상한선 이하여야 한다는 규정이 들어갔다. 비자 거부율 3퍼센트 미만 조항이 10퍼센트 미만으로 상향 조정됐다. 미 상원은 2007년 3월 13일 "9·11위원회 법의 미완의 권고안 실행을 통한 2007년 미국 안보강화법$_{S.4}$"을 통과시켰다.

VWP 가입 요건 중 비자 발급 거부율 상한선을 10퍼센트로 올린 법안이 의회에서 통과된 것과 관련, 워싱턴 인사들은 여러 의원의 지지를 이끌어낸 주미 한국대사관의 노력이 일익을 담당했다고 평가했다. 미 행정부의 한 관계자는 "조지 부시 대통령이 비자 면제 협정을 융통성 있게 운용하는 방향으로 개편하겠다고 밝힌 것은 의회에서 나온 긍정적인 목소리가 행정부에 전달됐기 때문"이라며 로비의 효과를 확인했다.

상원의 개정안은 국무부와 협의를 통해 미국을 도와주는 국가들에 비자면제프로그램을 확대할 권한을 국토안보부에 위임토록 했다. 대상 국가들은 미국의 안보와 법집행에 위협이 되지 않는다고 행정부가 확인한 나라에 국한했다. 이 법은 생체 인식 여권 발급 및 전자 여행 승인 시스템을 통한 여행자 검색, 여행자 정보 교환, 분실 여권에 대한 보고, 공항과 화물 검색 강화 등을 포함시켜 출입국자 관리에 철저를 기하도록 했다.

2006년 3월 10일, 워싱턴 모뉴먼트 앞에서 반이민법을 규탄하는 대규모 시위가 열리고 있다. 집회와 결사의 자유를 보장하고 있는 미국에서 시위는 매우 평화롭게 진행된다. 시위대는 신고한 장소에 모여서 구호를 외치고, 요구를 주장하지만 경찰과 폭력적인 충돌을 하지 않는다. 경찰 또한 시위대 중간에 서서 질서가 잘 지켜지는지를 지켜볼 뿐이다. 말을 타고 있는 경찰은 공원 경찰로 시위대가 공원에서 집회를 한다고 신고했기 때문에 출동했다.

보이노비치 의원은 "그동안 미국 여행을 법적으로 지나치게 제한함으로써 미국은 국제적 선의를 약화시켰고, 수억 달러의 경제적 기회를 잃었다"고 말했다. 보이노비치 의원은 "미국과 동맹국들에게 멋진 뉴스"라면서 "테러와 전쟁을 치르는 데 미국을 도와주는 동맹국들과 강력한 관계를 유지해야 한다고 굳게 믿고 있다"고 말했다.

법안 통과를 주도했던 바바라 미컬스키민주, 메릴랜드 주상원 의원은 "나는 우리 동맹국들이 비자를 받기 위해 길게 줄서서 기다리지 않고 가족을 방문하고 미국에서 비즈니스를 할수 있도록 비자면제프로그램을 확대하기 위해 수년간 투쟁했다"면서 "이 법으로 인해 우리의 동맹이 더욱 탄탄해질 것"이라고 말했다. 미컬스키 의원은 폴란드가 이라크전이 발발할 때부터 미군과 함께 전투를 했으며, 1000여 명의 폴란드 군인들이 전투 지역에 배치돼 있다며 폴란드는 주요 동맹국이라고 강조했다. 그는 "폴란드가 나토 동맹국이고 EU의 회원국인데도 미국의 비자 정책이 폴란드인을 이등 국가 국민으로 취급했다"고 지적했다.

앞서 미 하원은 2007년 1월 9일, 이와 유사한 법안H.R.1을 통과시켰다. 후에 버락 오바마 대통령의 백악관 비서실장이 된 람 이매뉴얼 하원 의원과 로버트 웩슬러 하원 의원민주당, 존 심커스 하원 의원이 주요 스폰서였다. 하지만 하원 법안에는 비자 면제 조항이 담겨 있지 않았다.

비자 면제 대상국을 확대하는 데 공감을 한 상·하원 법사조정위원회는 7월 25일 비자 면제 거부율을 10퍼센트까지 완화하는 데 합의했다. 상원 15명과 하원 45명으로 구성된 조정위는 911위원회 권고 사항 이행안이 담긴 법안 문안을 양측 합의로 작성, 상·하원 전체 회의에 넘겼다.

2007년 8월, '2007년 911위원회추천사안실행법'이 발효됐다. 이 법은 국토안보부에 VWP에 가입하길 원하는 국가들을 위해 요건을 확장하는 것을 포함해 프로그램 개정 권한을 부여했다. 그대신 국토안보부가 보안을 강화하기 위해 특별한 조치를 취할 것을 요구했다. 국토안보부가 비자 발급 거부율이 높은 국가에게 VWP 혜택을 주기 위해 다음의 두 가지 사항을 충족하도록 했다.

1. 국토안보부는 미국 공항에 입국하는 외국인 97퍼센트의 출국을 입증하고, 2009년 7월1일까지 생체 인식 시스템을 갖추어야 한다.
2. 국토안보부는 2009년 1월까지 VWP가입국 국민들이 미국에 입국하기 전 전자 여행 허가 시스템ETSA이 완전 작동토록 한다.

비자면제프로그램에 가입하는 게 오랜 꿈이었던 폴란드의 로비 단체 '폴란드미국대표자모임'은 회원에게 지역구 상원 의원을 접촉해 폴란드가 비자면제프로그램 실험 국가가 되는 법안에 찬성하도록 압력을 넣을 것을 요구하는 등 적극적으로 움직였다.

당시 한미 자유무역협정FTA 협상이 타결2007년 4월된 지 1개월여 뒤 미 무역대표부USTR는 노동 및 환경 관련 분야에서 추가 협상을 요구해왔다. 그 전해 선거에서 의회를 장악한 미국 민주당이 새로운 통상 정책을 발표하면서 FTA 협상에 대해 일부 기준을 강화할 것을 주문했기 때문이었다. 한국의 통상교섭본부는 미국의 추가 협상 요구를 수용해주면서 반대급부를 요구했다. 그중 하나가 비자면제프로그램 가입과 전문직 비자쿼터 상향 조정을 약속하는 미국 대통령의 서한이었다. 미 무역대표부는 이 서한을 2007년 6월 28일, 한국에 보내왔다. 그리고 나서 부시 대통령이 6월 30일, 한국의 조기 VWP 가입 지원 약속을 발표했다. 이날 김현종 통상교섭본부장은 워싱턴으로 날아가서 수전 슈워브 USTR 대표와 한미 FTA 서명식을 했다. 한미 FTA 추가 협상을 미국 VWP 조기 가입을 위해 이용한 것이다.

여건이 조성되자 부시 대통령은 13개 로드맵 국가를 지명했다. 한국은 물론 폴란드도 포함됐다. 그리고 불가리아, 키프러스, 체코공화국, 에스토니아, 그리스, 헝가리, 라트비아, 리투아니아, 몰타, 루마니아, 슬로바키아 등이 지명됐다. 폴란드는 비자 거부율이 10퍼센트 이상이었지만 연장 체류 비율이 낮다는 이유로 비자면제프로그램 가입 고려 대상국에 포함됐다. 엄격했던 규정이 한번 바뀌자 빗장이 계속 풀린 것이다. 국토안보부는 비자 거부율이 10퍼센트 미만인 국가와 양자 협상을 벌였다.

유명환 외교통상부 장관과 마이클 처토프 미 국토안보부 장관은 2008년 4월 18일, 워싱턴에서 비자면제프로그램 가입과 보안조치 강화 등을 위한 양해 각서에 서명했다. 이어 한미 정상은 워싱턴에서 연내 가입을 목표로 VWP를 추진키로 합의했다.

그런 뒤 미 정부 실사단이 서울과 부산을 방문했으며, 여행자 범죄 정보 교환을 위한 한미 협의회가 워싱턴에서 개최됐다. 또 범죄 예방과 대처를 위한 협력 증진 협정 문안을 타결하는 등 행정적인 절차를 마무리했다.

파인스타인 의원과 존 카일_{공화}, 수전 콜린스_{공화}, 조 리버맨_{무소속} 상원 의원은 '2007 911위원회 추천법'에 따라 부시 행정부가 비자면제프로그램에 필요한 보안 조치를 실행하고 있는지 조사할 것과 이에 대한 보고를 요구했다. 미 의회 소속 회계감사원GAO은 2008년 8월 〈비자면제프로그램 : 관리 확대 프로세스와 평가 및 프로그램 위험을 줄이기 위해 필요한 조치들〉이라는 긴 제목의 보고서를 제출했다. 보고서는 라트비아, 슬로바키아, 헝가리, 리투아니아의 비자발급 거부율이 10퍼센트 이상인 점과 여전히 전자 여행 허가 시스템이 갖춰지지 않은 사실을 지적했다.

보고서가 제출되자 파인스타인 의원이 청문회를 소집했다. GAO 보고서에서 지적된 내용을 청문회에서 다루겠다는 것이었다. 그는 상원에서 테러리즘과 기술, 국토안보 등을 다루는 사법소위 위원장이었다. 청문회는 2008년 9월 24일에 열렸다. 파인스타인 의원은 "VWP가 붕괴될 수 있다"며 우려를 표시했다. 그는 "국토안보부가 국가 안보 위험에 대처할 수 있는 조치를 취해놓지 않으면, VWP가 미국의 이민 시스템에서 취약점이 될 것이고, 테러리스트가 미국에 해를 입히기 위해 찾는 매력적인 선택이 되고, 외국 방문객이 이민법을 악용하는 길이 될 것"이라고 지적했다.

의원들의 지적이 쏟아지자 미 행정부는 워싱턴 덜레스 공항에 전신 검색 시스템을 시범적으로 도입하고, 신규 대상 국가에 전자 여행 허가 시스템을 갖추도록 요구했다. 한국은 신규 발급 여권에 전자 칩을 부착했다. 이태식 대사는 파인스타인 의원이 문제를 제기할 때가 가장 험난한 과정이었다고 토로했다.

백악관에
서   다

부시 대통령은 2008년 10월 17일, 백악관에 이태식 대사를 초청했다. 이 대사는 백악관 로즈가든에서 부시 대통령 바로 왼쪽에 섰다. 한국을 비롯해 에스토니아, 헝가리, 라트비아, 리투아니아, 체코공화국, 슬로바키아 등 7개국 대사들이 초대됐다. 부시 대통령은 이들에게 미국의 비자면제프로그램 신규 가입국으로 확정됐다고 발표하면서 축하 인사를 건넸다.

이 대사는 부시 대통령이 비자 면제 대상국으로 한국을 거명하자 눈가가 뜨거워지는 것을 느꼈다. 가슴에 넣어 다니던 임무 리스트에서 항목 하나를 지울 수 있게 된 것이다. 부시 대통령은 "수년간 이들 국가의 지도자는 자국민들이 미국에 있는 가족을 방문하거나 여행을 하기 위해 미국 비자를 받는 데 들이는 비용의 낭비와 줄서서 기다리면서 갖게 되는 큰 좌절감을 설명했다"면서 "이 친구들은 다른 동맹국이 그냥 통과하는 관료주의 울타리를 통과해야 한다는 게 불공평하다고 말했고, 나도 거기에 동의한다고 말했다"고 강조했다.

하지만 유럽에서 부시 행정부의 가장 강력한 동맹국 중 하나이자 이라크전을 강력히 지지하고 가장 먼저 군대를 보냈던 폴란드 대사는 이 행사에 초대받지 못했다. 폴란드는 비자 거부율이 14퍼센트에 달해 최종 관문을 통과하지 못했다.

부시 대통령은 앞으로 폴란드와 그리스, 루마니아, 불가리아, 키프로스, 몰타 등 6개국에 대해서도 VWP를 확대, 적용하도록 의회에 요청하겠다고 밝혔다. 대한항공과 아시아나항공은 한국이 VWP에 가입된 뒤 미국행 항공편을 늘렸다.

국토안보부는 2008년 11월 VWP 가입국을 27개국에서 34개국으로 늘린다고 발표했다. 한국, 체코공화국, 에스토니아, 라트비아, 슬로바키아, 헝가리, 리투아니아 등 7개국이 추가됐다. 이후에 몰타가 가입됐다.

이제 미국을 방문하는 한국인은 미국 비자를 받기 위해 광화문에 있는 주한 미국대사관의 담벼락에 기대서서 기다릴 필요가 없게 됐다.

미국 비자면체 국가 36개국
2009년 5월 미국 비자면제프로그램 가입국 현황

한국	안도라	호주	오스트리아	벨기에	브루나이	체코공화국
덴마크	에스토니아	핀란드	프랑스	독일	그리스	헝가리
아이슬란드	이탈리아	일본	라트비아	리히텐슈타인	리투아니아	룩셈부르크
몰타	모나코	네덜란드	뉴질랜드	노르웨이	포르투갈	산마리노
싱가포르	슬로바키아	슬로베니아	스페인	스웨덴	스위스	영국
아일랜드						

K ST NW
1800

Lobby 02

한일 간 로비 전쟁된
종군위안부 결의안

2006년. 일본은 미 의회에서 종군위안부 문제가 거론되는 데 대해 알레르기 반응을 보였다. 일본 로비스트들은 의회에서 종군위안부 문제가 공개적으로 논의될 경우 미일 간 관계가 어그러질 것이라고 경고했다. 일본 총리까지 나섰다. 이러한 방해 공작을 뚫고 종군위안부 결의안이 미 의회에서 통과됐다. 한국 외교관의 지략과 재미 교포의 정치력이 결합된 승리였다. 국제 무대를 배경으로 벌어진 한일 간 외교 전쟁에서 처음으로 한국이 거둔 쾌거였다. 종군위안부 결의안 통과 이면에 감춰진 진실을 이 장에서 알린다.

에 반 스
의   원

워싱턴의 타이들 베이진Tidal Basin에 벚꽃이 만개하던 2006년 4월, 미 하원 레인 에반스 의원이 종군위안부 결의안을 제출했다. 파킨슨병을 앓고 있던 그는 이로써 의정 활동을 마감하고 정계 은퇴를 선언했다. 그는 결의안 제출을 한국계 연인에게 주는 마지막 선물로 생각한 듯했다. 에반스 의원은 곧이어 일리노이 주 고향으로 내려갔고, 결국 오지에 파묻혔다. 에반스 의원이 제출한 이 결의안의 배후에는 워싱턴정신대문제대책협의회 서옥자 교수워싱턴 바이블칼리지가 있었다.

에반스 의원이 제안한 '하원결의안 759'호는 "일본이 1930, 40년대 한국과 중국, 필리핀, 인도네시아, 네덜란드령 동인도 등에서 군 위안소를 운영하며 강제 동원한 여성들에게 성 노예 생활을 강요했다"며 "일본이 과거의 잘못을 명확히 인정해야 한다"는 것이 골자다.

에반스 의원이 위안부 문제에 관심을 갖게 된 것은 1998년 윌리엄 루핀스키 의원과 함께 일본 정부에 대해 2차 세계대전 피해 배상을 촉구하는 결의문 채택을 추진했던 것이 계기가 됐다. 주일 미국 대사이던 토머스 폴리가 1951년 체결된 샌프란시코 조약에 따라 전쟁 포로는 일본 기업을 상대로 소송을 제기할 수 없다며 일본을 비호했는데, 에반스 의원은 일본 정부가 네덜란드 민간 기업에 몰래 배상금을 주면서 맺은 비밀 합의문을 찾아내 모든 전쟁 포로들이 배상을 받을 수 있는 길을 텄다.

에반스 의원은 2000년부터 위안부 결의안을 의회에 제출했지만 결의안이 한 번도 정식 안건으로 상정되지 못하고 사장됐다. 탄탄한 인맥과 거대한 자금을 동원한 일본의 로비 벽을 뚫지 못했던 것이다. 미 의회는 위안부 결의안이 올라오는 족족 짓밟아버렸다. 당시 한국은 독도의 영유권 문제로 시끄러웠다. 촛불 시위가 벌어지는 등 반일 감정이 극에 달했을 때였다.

주미 한국대사관의 김은석 참사관은 미 의회 인근의 한 스테이크 집에서 로비스트, 토머스 김을 만났다. 김 참사관은 촛불 시위를 떠올리면서 푸념했다. 그는 일본의 억지를 깨부수고 싶다고 말했다. 또 미국 사회에 양식이라는 것이 있는지 물어보고 싶다고 말했다. 그는 위안부 결의안 문제가 한일 간의 이슈가 아니라 한미 간 이슈가 될 수 있다고 판단했다. 그리고 자본주의적 사로고 무장한 채 개인적 이익을 향해 달려가고 있는 미국이라는 거대한 조직의 어느 한 구석에서라도 일본에 치우친 편견을 떨쳐버릴 양식이 있는지 찾아보고 싶었다.

그는 "이것 한번 해볼까"라고 토머스 김에게 물었다. 토머스 김은 고개를 끄덕였다. 두 사람 사이에 위안부 결의안을 미 의회에 통과시켜보자는 의기가 투합됐다. 토머스 김은 인턴을 여러 명 고용해 이들과 함께 의회에 다니면서 의원들의 지지 서명을 받았다. 에반스 의원이 제출한 결의안을 공동 지지Co-sponsor하는 서명이었다. 제법 많은 지지자들을 끌어모았다.

김 참사관은 위안부 결의안의 첫 관문을 통과시키기 위해 전략적 접근을 시도했다. 결의안에서 일본의 의무를 요구하는 강제 조항을 빼고 상·하원 공동 결의 대신 하원 통과만 추진키로 했다. 친일파 의원들의 반발을 최소화하기 위한 우회로였다. 대신 정파를 초월한 모양새를 갖추기 위해 공화당 소속 크리스토퍼 스미스 의원을 끌어들였다. 결의안의 최초 제안자인 에반스 의원은 민주당 소속이다.

데니스 핼핀 하원 공화당 전문 위원이 옆에서 조언을 아끼지 않았다. 김 참사관은 일본의 역로비를 차단하기 위해 하원 국제관계위의 마크업_{표결}일정을 최대한 늦게 공개하도록 핼핀 전문 위원에게 부탁했다.

일 본 의
로 비 력

한국의 움직임을 눈치 챈 일본은 폭풍처럼 거친 역로비를 펼쳤다. 일본은 오랫동안 '호건 & 핫슨Hogan & Hartson LLP'과 '헥트, 스펜서 & 어소시에이츠HSA'를 로비 회사로 고용해 활용하고 있었다. 일본대사관은 '호건 & 핫슨'에 2차 세계대전 관련 역사적 문제를 맡기는 조건으로 월 6만 달러를 주었다. 이곳 소속인 로버트 마이클Robert Michel은 14년간 공화당 하원 원내 대표를 지냈으며, 2차 세계대전 참전 용사로 '대통령 자유의 메달Presidential Medal of Freedom'과 '해외 참전 용사 의회 표창Veterans of Foreign Wars Congressional Award'을 수상했다. 미 법무부의 FARA외국에이전트등록법에 신고된 계약서에 따르면 호건 & 핫슨은 마이클의 로비 업무와 관련해 시간당 최고가인 650달러를 일본대사관에 신청하는 것으로 돼 있다. 마이클은 2차 세계대전 때 일본군에 포로로 붙잡혀 강제 노역을 당했던 퇴역 미군들이 일본 정부를 상대로 배상을 요구하는 소송을 내자 일본 편에 서서 역로비를 펼치기도 했다.

마이클은 2006년 5월 하원 국제관계위 헨리 하이드 위원장을 만나 위안부 결의안이 통과되면 미일 간 동맹 관계가 타격받을 될 것이라고 경고

했다. 마이클은 위안부 문제가 6년 전에 불거졌던 것이라면서 과거사는 과거 속에 남겨놓아야 한다고 설득했다. 마이클은 또 고이즈미 준이치로 총리가 6월말 미국을 예방해 조지 부시 대통령과 함께 엘비스 프레슬리의 저택 그레이스랜드를 방문하는 일정을 전해주면서 위안부 결의안이 통과되면 일본이 충격받을 것이라고 덧붙였다. 엘비스 프레슬리의 팬인 고이즈미 총리는 임기 마지막 여행으로 미국을 택했으며, 부시 대통령은 그를 안내했다. 고이즈미 총리는 아들 신지로를 마이클 그린 전 백악관 NSC국가안보회의 아시아 담당 선임 국장이 책임자로 있는 국제전략문제연구소CSIS의 일본 프로그램에 보내서 수학케 하는 등 워싱턴 인사이더들과는 오랫동안 교분을 유지하고 있었다.

하이드 위원장에 대한 로비는 일본뿐만 아니라 한국 측에서도 진행됐다. 한국 인사들은 하이드 위원장을 지속적으로 접촉하면서 일본의 소극적인 2차 세계대전 전범 처리 문제를 제기했다. 하이드 위원장은 4월 데니스 해스터트 하원 의장에게 서한을 보내 고이즈미 총리가 야스쿠니 신사 참배를 중단하겠다는 약속을 하기 전에는 의회 합동 연설을 해서는 안된다고 주장하기도 했다.

한국은 8월 9~11일, 태평양전 참전 용사인 하이드 위원장과 데이나 로라바커, 에니 팔레오마베엥가Eni Faleomavaega, 멜빈 와트, 제프 플레이크 등 하원 의원 5명을 서울로 초청했다. 노무현 대통령은 하이드 위원장을 만나 한국에서 일고 있는 맥아더 동상 철거 논쟁에 대해 걱정하지 말라며 위로했다고 한다. 하이드 위원장은 2차 세계대전 때 17세의 나이로 맥아더 장군 휘하에서 필리핀 상륙 작전에 참여했다. 그는 그 전해 한국에서 맥아더 동상 철거 논란이 일자 "차라리 미국으로 보내달라"는 서한을 노 대통령에게 보내기도 했다.

하이드 위원장은 8월 15일 고이즈미 총리가 야스쿠니 신사에 참배하는 것을 보고 위안부 결의안을 하원 국제관계위에서 통과시켜야겠다는 확고한 신념을 갖게 됐다고 한다. 하원 의원들을 한국에 초청한 것은 바둑의 포석에 비유된다. 이와 함께 이태식 대사는 하원 외교위에서 영향력을 행사하고 있는 도널드 만줄로 의원을 만나 위안부 결의안에 대한 협조를 받아냈다.

고이즈미 총리의 야스쿠니 신사 참배 1개월 뒤인 9월 13일 에반스 의원이 제출한 결의안은 처음으로 하원 국제관계위_{이후 외교위로 명칭 변경}에서 통과됐다. 일본이 손쓸 틈 없이 순식간에 처리됐다. 위안부 결의안이 첫 의회 관문을 통과함으로써 미국의 여론을 움직이는 각계 인사들이 일본의 과거 죄에 대해 주목하게 됐다. 하지만 결의안 내용은 원문보다 많이 누그러졌다.

결의안은 "젊은 여성의 성노예화에 대한 '역사적' 책임을 일본 정부가 '모호하지 않게' 인정하고 받아들여야 한다"고 요구했다. 원문은 '역사적 책임'이 아니라 '책임'이라고 직설적으로 명시했으며, '모호하지 않게'가 아니고 '공식적으로' 인정할 것을 촉구했다. 위안부 설치 및 운용사실을 '인류에 대한 범죄'라고 규정한 문구는 아예 삭제됐다.

하원 국제관계위를 통과한 결의안의 다음 단계는 본회의를 통과하는 것이었다.

9월 22일 결의안 발의에 공동 서명한 의원 25명은 해스터트 의장과 존 베이너 공화당 하원 원내 대표에게 서한을 보내 11월 선거 이전에 결의안을 표결에 부칠 것을 요구했다. 이 서한은 친한파 의원들이 결의안에 비판적인 친일파 의회 지도부와 정면 대결하겠다는 선전포고와 같은 상징적인 행위였다.

일본 정부는 자국 내 여론이 들끓기 시작하자 대미 로비를 더욱 정교하게 펼쳤다. 일본 로비스트들은 일본이 1995년 아시아여성기금을 설립해 보상금과 함께 무라야마 도미이치 총리의 서명이 든 사과 편지를 위안부 여성들에게 보냈다는 기사와 사진 등 자료를 의원 사무실에 돌렸다. FARA에 신고된 로비 현황에 따르면 '헥트, 스펜서 & 어소시에이츠HSA'는 일본대사관과 2005년 4월부터 2006년 3월까지 월 2만 5000달러에 계약했다. 위안부 결의안 로비가 본격화되는 4월부터는 계약금이 월 3만 달러로 인상됐다. 계약서상에 나타난 HSA의 주업무는 "알맹이가 있는 비밀 보고서"를 일본대사관에 제출하고 일본의 이익에 영향을 끼치는 미국 행정부 관리, 상원 및 하원 의원들, 보좌관들을 만나 로비하는 것이었다. 또 미국 언론과 기업, 이익 단체를 상대로 활동하는 것도 포함됐다.

일본 정부가 위안부 결의안을 조직적으로 훼방한 사실은 〈하퍼스 매거진〉2006년 10월 5일자에서 폭로됐다. 〈하퍼스 매거진〉은 동북아 연구 센터인 아시아폴리시포인트의 설립자 민디 코틀러를 인터뷰해 일본의 로비 활동을 자세히 보도했다.

코틀러는 조지 부시 행정부가 급부상하는 중국을 견제할 아시아 지역 맹주로 일본을 생각하고 있으며 무역 논쟁이든 위안부 문제든 일본을 성

가시게 하는 일을 피하려 하고 있다고 말했다. 9·11테러 이후 미국은 아시아 지역 안정에 일본이 나서주길 희망했으며, 대테러전에서 일본이 적극적으로 역할해줄 것을 주문했다. 미 의회조사국CRS이 발간한 〈일미 관계 : 의회 이슈Japan-U.S. Relations : Issues for Congress〉 보고서2008년 12월 30일자는 부시 행정부가 미일 간 전략적 협력을 확대하기 위한 작업을 펼쳤으며, 일본에 국제사회에서 보다 적극적인 역할을 해줄 것을 권고했다고 밝혀 이 같은 주장을 뒷받침했다. 일본은 9·11테러 직후 처음으로 미군과 연합군을 돕기 위해 아프간에 비전투 분야 지원 군대를 파견했다. 이로써 일본에 군 병력 5만 3000여 명을 주둔시키고 있는 미국은 일본과 더욱 긴밀한 관계를 유지하게 됐다.

〈하퍼스 매거진〉은 또 일본이 거액을 퍼부어가며 로비를 하고 있으며, 부시 행정부가 막후에서 종군위안부 결의안이 좌절되도록 지원했다고 보도했다.

일본 언론들도 일본의 로비에 힘을 실어주었다. 〈요미우리〉 신문은 10월 16일 사설을 통해 연합 점령군의 군인과 장교들을 위한 집장촌이 존재했다면서 미 의회가 균형을 잃고 있다고 비난했다. 이 사설은 "집장촌 시설이 일본 여성에 대한 성폭행을 우려해 일본 정부의 주도로 만들어진 것이다. 하지만 연합 점령군의 지시로 만들어진 것도 있었다. 위안부 결의안에 찬성한 하원 의원들은 이러한 사실을 주의 깊게 살펴보았느냐?"라며 미 의회를 몰아붙였다. 〈요미우리〉는 미 하원 국제관계위가 본회의에 위안부 결의안을 상정하도록 일본의 외무성이 방치한 데 대해 강력히 비난했다. 이 신문은 "이런 실수가 다시는 반복돼서는 안 된다"며 분노했다.

콘돌리자 라이스 국무장관이 10월 18일, 일본을 방문했을 때 주일 미국 대사관은 〈요미우리〉 사설을 라이스 장관에게 보여주었다. 북한을 고립시키는 문제를 논의하고 협조를 구하기 위해 방일한 라이스 장관에게 일본 내 반미 여론을 알림으로써 라이스 장관이 미 의회 내에서 벌어지고 있는 문제를 통제해줄 것을 압박한 것이다.

이와 관련, 〈아시아퍼시픽저널 : 재팬 포커스The Asian-Pacific Journal : Japan Focus〉의 알렉시스 듀던 기자는 "의회에서 위안부 결의안을 봉쇄하려는 미 국무부와 일본 로비의 성공적 결합이 지속되고 있다"고 보도했다. 앞서 미 국무부와 일본 로비스트들은 1951년에 체결된 샌프란시스코조약과 관련해 미군 포로 및 전쟁 피해자들이 의회 입법을 통해 일본 정부에 피해 보상을 요구하자 이를 저지하는 데 성공한 바 있다.

키를 쥐고 있는 하원 의장 데니스 해스터트는 일본 정부 로비스트 마이클의 절친한 친구였다. 그는 정계 은퇴 후 주일 대사로 가고 싶다고 일본에 추파를 던지면서 위안부 결의안이 하원 전체 회의로 올라온 데 대해 불편한 심기를 감추지 않았다.

야당이던 민주당의 원내 대표, 낸시 펠로시 의원이 해스터트 의장에게 편지를 보냈다. "이 문제는 중요하므로 다루자"고 압박하는 내용이었다. 그러면서 표결을 위한 의안 상정을 언제 할지 일정을 물었다. 이는 나중에 하원 의장이 되는 펠로시 의원이 자신의 주도로 위안부 결의안을 처리할 것을 암시하는 복선이 됐다.

표결 일정을 좌지우지하는 공화당 하원 원내 대표 존 베이너 의원실은 10월 초 위안부 결의안이 표결에 부쳐지는 일이 없을 것이라고 전격 발표했다. 이어 미 의회는 11월 중간 선거를 치르기 위해 휴회에 들어갔다. 위안부 결의안의 하원 국제관계위 통과에 이어 최초로 본회의 표결까지 끌고 가려던 한국 관계자들은 무너져 내리는 좌절감을 맛보았다. 현실의 벽을 몸소 느꼈다. 무엇보다 "너희들의 실력은 이것밖에는 안 된다"는 듯이 조롱하는 일본의 외교팀과 로비스트들의 시선을 견딜 수가 없었다. 타이들 베이진을 둘러싸고 있는 벚나무들이 찬바람에도 아랑곳하지 않고 뻣뻣하게 고개를 쳐들고 있는 듯해 보였다.

좌절을 딛고
서   다

일본 로비스트 마이클과 부시 행정부가 해스터트 하원 의장과 베이너 공화당 하원 원내 대표를 꼼짝달싹하지 못하도록 발을 묶었다는 사실이 워싱턴 정가에 퍼졌다. 일간 〈보스턴글로브〉는 "하원 결의안 759의 전설 같은 이야기를 보면 강력한 외국 정부의 로비머신Machines이 어떻게 수십여 미국 의원들의 의지를 꺾고 있는지 잘 알 수 있다"고 보도했다2006년 10월 15일자. 이 기사는 〈뉴욕타임스〉도 전재했다.

하원 국제관계위에서 결의안을 통과시키면서 날개를 단 것처럼 보였던 한국 외교팀은 벼랑 끝에 내몰린 기분이었다. 한해가 저물어가면서 찬바람이 불던 어느 날, 김은석 참사관은 워싱턴 북쪽 외국 대사관들이 밀집한 지역인 엠버시 로우Embassy Row에서 자신의 긴 그림자를 보곤 흠칫 놀랐다. 한국대사관 바로 위쪽에 일본대사관이 있었다. 그쪽으로 자신의 그림자가 조금씩 드러눕고 있었다. 그는 다짐했다.

"때려눕히지는 못하겠지만, 꼬집고 물어주겠다."

그가 겨냥한 타깃은 아베 신조 일본 총리였다.

"주미 한국대사관의 참사관이 아니라, 배달의 피가 흐르는 인격체로서 아베를 물고 싶었다 '김은석 인터뷰', 2009년 9월 16일." 그는 "나의 표적은 분명했는데, 적은 나를 모르고 있다"며 주먹을 쥐었다.

11월 미 전역에서 치러진 중간 선거에서 공화당이 패배하고 민주당이 의회를 장악했다. 본회의 일정을 좌지우지하는 하원 의장 자리가 공화당에서 민주당으로 넘어갔다. 펠로시 의원이 하원 의장이 됐다. 하원 의장은 미국 내 권력 서열이 대통령, 부통령에 이어 3위이다. 상임위원장들도 민주당 출신으로 전원 교체됐다. 위안부 결의안에 반대했던 친일파 의원들이 대거 전면에서 사라졌다. 아브라모프 로비스캔들의 후폭풍이 선거에서 강력하게 몰아치면서 '바꿔' 열풍이 불었다.

일본 정부는 주일 미국 대사를 지낸 민주당 출신 거물 로비스트, 토머스 폴리를 긴급 투입했다. 폴리는 '애킨 검프 스트라우스 하우어 & 펠드AKIN GUMP STRAUSS HAUER & FELD' 소속이다. 폴리는 하원 의원으로 30년간15선 활동했다. 폴리는 하원 의장을 역임하기 전 민주당에서 원내 총무, 원내 대표 등 요직을 두루 거쳤다.

폴리는 1989년 하원 의장으로 선출됐으나 1994년 11월 지역구 선거에서 낙선했다. 하원 의장이 지역구 선거에서 떨어진 건 1860년 이후 처음 있는 일이었다. 빌 클린턴 대통령은 1997년 그를 주일 미국 대사로 지명했다. 그는 2001년까지 일본에 있으면서 정 · 재계 인사들과 두터운 교분을 쌓았다.

폴리는 워싱턴의 미일소사이어티 이사로 활동했으며 1996년에는 미일 관계 증진에 기여한 공로로 일본 정부로부터 훈장The Grand Cordon of the Order of the Rising Sun을 받았다.

중간 선거에 민주당이 압승하면서 정치권 풍향계가 바뀌었지만 일본은 한동안 공화당계 로비스트 마이클에 대한 의존도를 줄이지 않고 있었다. 미국 언론은 결과론적으로 일본이 로비스트 교체 타이밍을 놓쳤다고 지적했다.

2007년 새해 첫날. 김 참사관은 심호흡을 하면서 자신의 방 벽에 붙어 있는 미 의회 주요 인사들의 얼굴 사진을 둘러보았다. 그는 여론을 어떻게 움직일지 계획을 세웠다. 미국에 살고 있는 한국 동포들을 동원하고, 일제의 식민지 정책에 피해를 봤던 중국, 필리핀, 말레이시아, 인도 등 아시아 출신 인사들과 연계하는 방안을 강구키로 했다. 의회에서 이벤트를 마련해 의원들 사이에 공감대를 확산시키고, 반대파 의원들에 대해서는 '풀뿌리 운동'으로 압박하기로 했다. 일본군이 '위안부'로 포장한 것은 사실 '성노예'였다고 폭로키로 했다. 미 언론에는 언론인의 사명감을 자극하고, 공정 보도를 요구키로 했다. 그는 미국 언론이 일본의 역사 조작과 사실 은폐를 파헤치고 진실을 규명할 책임이 있다고 설득할 계획이었다.

김 참사관은 요양에 들어간 에반스 의원을 대신해 위안부 결의안을 제출할 후임자를 물색했다. 아시아 문제를 다룬 적이 있는 의원들을 살펴보았다. 교사 출신인 마이클 혼다 의원이 캘리포니아 주 의원 시절 난징사건과 미군 POW전쟁 포로와 관련된 결의안을 제출한 사실에 주목했다.

1999년 8월 23일, 미국 캘리포니아 주 본회의에서는 마이클 혼다 의원이 상정한 '2차 세계대전 중 일본군이 저지른 전쟁 범죄에 관한 결의안일명 혼다 결의안'이 구두 표결에 부쳐져 만장일치로 통과됐다. 이 결의안은 "일본 정부가 2차 세계대전 당시 일본군이 자행한 잔학한 전쟁범죄에 대해 분명하게 사과하고 일본군에 의해 성적 노예가 됐던 위안부와 난징 대학살1937년 12월~1938년 2월 사건의 생존자 등에게 즉각 배상해야 한다"는 내용을 포함하고 있었다. 그는 2차 세계대전 때 미국 정부가 일본계 미국인들을 강제수용한 데 대해 사과토록 하는 법안을 제출해 통과시켰다. 혼다 의원은 어릴 때 이유도 모르고 수용소에 감금된 이후 두고두고 자신의 정체성에 의문을 가졌다고 한다. 강제수용 피해자였던 그는 일본인 3세였다.

토머스 김은 캘리포니아 주에 있는 혼다 의원의 지역구 사무실을 문지방이 닳도록 방문했다. 왜곡된 역사를 바로잡고 후세에 올바른 역사를 가르쳐야 한다는 설득에 혼다 의원이 움직이기 시작했다. 토머스 김은 혼다 의원을 설득하던 때가 가장 힘겨웠고 바빴다고 말했다. 일본에 절대 불리한 위안부 결의안을 일본계 의원이 주도하도록 한다는 발상은 일본의 허를 찌르는 전략이었다.

김은석 참사관은 뉴욕뉴저지한인유권자센터 김동석 소장에게 SOS를 쳤다. 〈중앙일보〉 남정호 뉴욕 특파원의 소개로 김 소장을 만났던 이태식 주미 대사는 그를 김 참사관과 연결시켰다. 김 소장은 비자면제프로그램 로비 운동 때 의원들의 지지 서한을 받는 작업을 진두 지휘했는데 김 참사관이 그의 수완을 예의 주시했다.

긴급 요청을 받은 김 소장은 의원들을 일대일로 만나 위안부 결의안에 공동 발의자로 참가해줄 것을 설득했다. 결국 혼다 의원 등 7명은 2007년 1월 31일, 새로운 위안부 결의안을 제출했다. 공화당 중진인 크리스토퍼 스미스 의원뉴저지은 뉴저지한인세탁소협회의 요구를 받아들여 공동 발의자로 참여했다.

혼다 의원은 결의안과 함께 제출한 발언록에서 "일본계이면서도 이 결의안 채택을 주도하는 이유는 2차 세계대전 당시 어린 나이에 미국에 살면서도 일본계라는 이유로 미 정부에 의해 강제수용소에 갇혔던 경험 때문이다. 나는 우리가 과거를 망각해선 안 되며, 정부의 행동을 통한 화해가 영속적이라는 것을 직접 경험해 안다"고 밝혔다. 미국은 일본이 진주만을 기습 공격하는 등 뒤통수를 치자 미국에 거주하던 일본계 인사들을 덴버 등 오지에 몰아넣어 행동을 제약했다.

예상치 못했던 곳에서 날아온 일격에 깜짝 놀란 일본은 즉각적으로 대응했다. 아소다로 일본 외상은 "객관적 사실에 전혀 근거하지 않은 것으로 심각히 유감"이라면서 반발했다.

그 전해 제출됐던 위안부 결의안이 하원 외교관계위에서 통과된 뒤 자동 폐기됐는데, 이번에 제출된 것은 일본계 의원이 주도했다는 사실이 나의 눈길을 끌었다. 나는 혼다 의원을 인터뷰하기로 계획했다. 이때까지 혼다 의원 배후에 김은석 참사관이 있다는 사실이 알려지지 않았으며, 나도 전혀 눈치채지 못했다.

2007년 2월초, 혼다 의원을 만나기 위해 사방팔방으로 뛰어다녔다. 이전에 의회에서 그를 만난 적이 있었는데 인터뷰 의사를 타진하자, 그는 보좌관을 가리키며 연락하라고 지시해 반쯤 약속을 받아두었다.

혼다 의원의 공보 비서인 대니얼 콘스에게 수차례 전화를 돌렸다. 이메일도 보냈다. 그는 인터뷰 일정을 잡지 않고 차일피일 미뤘다. 어떤 때는 수일이 지나도록 응답이 없었다. 나는 미국 의원을 둘러싸고 있는 철옹성 같은 '의회 관료주의'에 부딪혀 허탈감을 뼛속으로 느꼈다. 눈에 보이지

위안부 출신 이용수 할머니(가운데)가 2007년 4월 26일 워싱턴 백악관 앞에서 국제사면위원회 회원들과 함께 미 의회에 위안부 결의안 통과를 촉구하면서 시위를 벌이고 있다. 이용수 할머니의 왼쪽은 서옥자 워싱턴정신대문제대책협의회 회장, 왼쪽 끝은 로비스트 토머스 김. 이 시위에 필리핀, 중국 등 다른 아시아 국가 대표들도 참가했다. "위안부 강제 징집이 없었다"고 말했던 아베 신조 일본 총리는 이날 워싱턴을 방문, 조지 부시 대통령과 회담하면서 위안부 문제에 대해 "죄송한 느낌"이라며 이전 발언을 수정했다.

않는 거대한 벽을 실감했다. 의원이 약속했건만 그 보좌관이 중간에 잘라 버리는 이런 경우는 어디 하소연할 데도 없었다.

2월 6일. 아침부터 비가 주룩주룩 내렸다. 어린 아들을 유아원에 자동차로 태워다주고 콘스 보좌관에게 전화를 걸었다. 그는 청문회를 한 뒤 기자들을 만날 예정이고 그때 충분히 이야기할 기회를 마련해주겠다며 양해를 구했다. 전화를 끊었다. 화장실에 앉아서 단독 인터뷰 불발에 대한 분노감을 삭이고 있는데 뇌리를 면도칼로 베듯이 지나가는 단어가 있었다.

'Hearing청문회!'

곧바로 다시 전화를 돌렸다. 한 옥타브 높여서 쏘아붙였다.

"언제까지 기다려야 합니까?"

질렸다는 반응이 나왔다.

"10일내 청문회를 하는데 그때 시간을 내주겠다."

청문회 날짜를 물었지만 2주내 할 것이라는 답변이 고작이었다. 시계를 보니 신문의 최종판 마감 시간이 30분 정도 남아 있었다. 워싱턴은 직장인들이 출근하는 아침 시간이지만 서울은 자정을 훌쩍 넘어 윤전기가 신문의 마지막 판 인쇄를 위해 스피드를 내고 있을 때였다. 마음이 급했다. 기사를 만들기 위해서는 순발력이 필요했다. 위안부 문제와 관련해 알 만한 사람들에게 모두 전화를 돌렸다.

서옥자 워싱턴정신대문제대책협의회 회장과 김은석 주미 대사관 참사관이 먼저 떠올랐다. 서 회장은 레인 에반스 의원과 오랫동안 관계를 유지하면서 이 문제에 천착해왔다. 김 참사관은 주미 한국대사관이 배출한 사실상 첫 의회 전문 외교관으로 의회가 돌아가는 일을 꿰고 있었다. 나는 김 참사관이 청문회 개최 문제에 개입하고 있다는 것을 전혀 모르고 전화했다.

여기저기 취재를 하다가 15일쯤 청문회가 열릴 것이라는 힌트를 얻었다. 김 참사관은 구체적인 일정을 말해줄 수 없다며 버텼다. 서 회장에게 전화해서 자존심을 박박 긁었다. 서 회장은 청문회가 15일 개최되는 것으로 알고 있다고 불쑥 말했다. 수화기 건너편에서 "아차" 하는 탄식이 들리는 듯했다. 위안부 출신 이용수 할머니와 외국인 할머니가 증인으로 채택될 것이라는 사실을 추가로 취재해서 확인했다.

〈세계일보〉는 2007년 2월 7일자에 "미 하원 첫 위안부 청문회 개최" 기사를 특종 보도했다. 뉴스 출처인 콘스 보좌관의 이름을 드러냈다. 혼다 의원 인터뷰 주선에 비협조적인 데 대한 대가였다._{통상 이 같은 기사는 출처를 밝히지 않고} '관계자'의 말로 처리한다. 그는 〈연합뉴스〉 특파원이 전화를 걸어 사실 여부를 확인하자 부인하다가 두 번째 통화에서 확인해주었다고 한다. 한국 언론은 물론이고 〈마이니치〉〈요미우리〉〈니혼TV〉 등 일본 언론들도 앞 다퉈 미 의회 내 첫 위안부 청문회 개최 사실을 보도했다. 이 청문회 개최 보도로 한일 간 외교 전쟁이 수면 위로 떠올랐다.

위안부 청문회 개최 예정 보도가 나간 이튿날 김 참사관은 버지니아 주에 있는 한식당 팰리스에서 특파원들과 마주 앉았다. 그는 청문회 개최 사실을 확인해주었으며, 외국인 할머니도 증인으로 나올 것이라고 말했다. 그러면서 후속 기사를 가능한 한 자제해줄 것을 주문했다. 일본의 역로비를 의식한 협조 요청이었다. 그는 또 자신의 역할에 대해 처음으로 털어놓

왔다. 그는 청문회 개최를 위해 막후에서 움직이고 있었다. 한일 간에 벌어지고 있는 로비 전쟁에 대한 배경 설명을 듣고나오자 길거리에는 첫눈이 소복이 쌓여 있었다.

워싱턴에서
벌어진 한일 간
외교 전쟁

위안부 청문회 개최 일정이 확인된 뒤 증인들의 인터뷰 기사가 쏟아졌다. 나는 호주에 전화를 걸어 위안부 청문회에 증인으로 출석키로 돼 있던 얀 러프 오헤른 할머니와 인터뷰했다. 네덜란드 출신으로 호주에 살고 있던 그는 빵을 사러 나가다 전화를 받았다. 국제전화여서 간간히 수신 상태가 좋지 않았다. 이런 점을 의식한 듯 오헤른 할머니는 천천히 말했다.

"일본군의 잔학한 인권 침해를 고발하고 다시는 이런 악행이 반복되지 않도록 해야겠다는 심정에서 나의 부끄러운 과거를 고백키로 했다. 한국 할머니들이 적극적으로 나서는 용기를 보고 결심했다."

〈동아일보〉도 오헤른 할머니와 전화 인터뷰 기사를 실었다. 미국에서 위안부 문제가 점점 큰 이슈가 돼 가고 있었다. 일본은 청문회 여파를 줄이기 위해 로비를 강화했다.

하지만 미국 언론까지 관심을 보이면서 덤벼들고 있어 여론의 흐름을 다른 곳으로 돌릴 수 없는 상황이 됐다. 일본의 역로비를 우려해 정신대문제대책협의회와 주미 한국대사관은 혼다 의원실이 공식적으로 공표할 때까지 청문회 개최 사실을 덮어두려고 했다.

일본 전문가 민디 코틀러 아시아폴리시포인트 소장이 위안부 청문회에 참석한 오헤른 할머니와 이용수 할머니를 초청하는 창구 역할을 맡았다. 증인들을 미국에 초청해야하는데 미 의회는 여행 경비를 대지 않는다. 그렇다고 주미 한국대사관이 나설 수도 없는 일이었다. 그 빈 공간을 코틀러 소장이 채운 것이다.

오헤른 할머니를 청문회에 출석시키기로 한 것은 청문회가 한국 할머니들만의 한풀이장이 아니라는 것을 확인시켜주면서 객관성을 담보하고 위안부 문제를 국제적인 이슈로 확대시키려는 전략에서 나왔다. 이 과정에서 지역구가 캘리포니아인 낸시 펠로시 하원 의장과 가까운 미셸 리 등이 조언을 아끼지 않았다.

청문회를 앞두고 오헤른 할머니는 캘리포니아의 샌프란시스코에서 비행기를 내렸는데, 이웃 도시 버클리에서 증발됐다. 김동석 소장은 일본 측의 소행이 아닌지 겁이 벌컥 들었다고 한다. 그는 버클리에 있는 한국 학생들을 풀어서 할머니의 행방을 수소문했다.

당시 로스앤젤레스 교민들을 상대로 강연하기 위해 방미했던 김군자 할머니는 처음에는 청문회 증인 명단에 들어있지 않았다. 청문회가 열리기 직전 영화감독 지망생 석태인 씨가 김군자 할머니에 대한 다큐멘터리를 제작, 로스앤젤레스에서 발표하면서 관심을 끌었다. 혼다 의원이 이를 알고 김 할머니를 증인으로 추가 채택했다.

미 하원 외교위 아시아태평양환경소위는 2월 15일, 하원 레이번 빌딩에서 미 역사상 처음으로 위안부 청문회를 개최했다. 한국과 일본 언론들의 취재 경쟁이 벌어졌다. 아시아 특파원들의 경쟁에 〈AP통신〉 등 미국 기자들까지 가세해 청문회가 열린 레이번 빌딩 2172호는 발 디딜 틈이 없었다. 방청석은 역사적인 위안부 청문회를 현장에서 보려는 사람들로 북적거렸다.

한나라당 대권 후보 경쟁 레이스에 뛰어든 박근혜 의원이 김무성 의원을 대동하고 방청석에 앉아서 청문회를 지켜보았다. 한국과 중국, 베트남, 필리핀, 심지어 호주에서 건너온 사람들도 위안부 할머니들의 증언에 귀를 곤두세웠다.

청문회장에는 일본군 위안부로 끌려갔던 할머니들의 피눈물이 뿌려졌다. 가장 먼저 증언을 시작한 이용수 할머니는 한국 나이로 16세미국 나이로 14세때 집에서 일본군에 붙잡혀 기차에 실리고 배에 태워져 전선에 배치됐다며 자신의 과거를 더듬었다.

이용수 할머니는 "일본군들이 배에서부터 강간했다. 너무도 치욕적이어서 죽으려고 했다가 일본군에게 들켜 흠씬 두들겨 맞았다"며 눈물로 참상을 전했다. 이용수 할머니는 "몸은 완전히 망가졌지만 기어코 살아서 일본군의 만행을 알려야겠다는 일념이 생겼다. 집에 돌아와 보니 아버지는 중풍에 걸려 있었고 어머니는 내가 죽은 줄 알고 제사를 지내고 있었다"고 말했다.

17세때 강원도 철원에서 심부름을 나섰다가 일본군에 끌려갔다는 김군자 할머니는 말로 형언할 수 없는 고통을 털어놨다. 김군자 할머니는 "일본군에 끌려 중국 훈춘으로 간 뒤부터 밤낮을 가리지 않고 일본군을 상대했으며 성폭력을 거부했다가 죽도록 얻어맞아 고막이 터졌다"고 피맺힌 한을 토해냈다. 김 할머니는 "위안소에서 하루 평균 20명, 많게는 40명까지 일본군을 상대하는 지옥과 같은 생활을 했다"며 "종군위안부 생활은 인간의 생활이 아니었으며, 일본군들은 인간의 탈을 쓴 늑대보다 더 못한 놈들"이라고 비난했다. 김 할머니는 "우리는 지금 돈을 원하는 게 아니다. 그들이 저지른 인권 유린과 전쟁범죄행위에 대해 치러야 할 죄가 있다는 점을 인식시키려는 것이다"며 울먹였다.

얀 러프 오헤른 할머니는 "일본군의 잔인한 행위를 생각하면 지금도 치가 떨린다"며 입을 열었다. 오헤른 할머니는 "21세 때 인도네시아 자바 섬에서 일본군에 끌려가 2년 반 동안 일본군의 성 노리개 생활을 했는데, 그들은 잔인한 방법으로 끊임없이 나를 짓밟았다"고 말했다. 오헤른 할머니는 "그들이 나의 몸을 더럽혔다. 그런 치욕을 씻어버리기 위해 욕탕에 들어가 씻고 또 씻었으나 분노가 없어지진 않았다"고 절규했다. 오헤른 할머니는 "종전 뒤 남편을 만나 결혼하고 두 딸을 두어 위안부 사실을 감추고 살았으나 지난 1992년 한국 위안부 할머니의 증언을 보고 고백을 결심했다"면서 "위안부 사실을 딸들에게 알렸을 때 끊임없이 눈물이 흘러 티슈 한 통을 다 쓰기도 했다"고 말했다. 오헤른 할머니는 "아베 신조 일본 총리의 공식 사과를 요구한다"며 "미 의회가 종군위안부 결의안을 반드시 통과시켜 이미 세상을 떠난 위안부들의 한을 풀어달라"고 호소했다.

위안부 할머니들은 증언을 하면서 감정이 격해질 때마다 서로 손을 잡으며 위로했다. 일부 의원들은 할머니들의 통곡에도 아랑곳 하지 않고 일본의 편에서 취조하듯 증인들을 몰아세웠다. 일본으로부터 보상금을 받지 않았느냐, 일본 총리의 사과 서한을 받지 않았느냐며 압박했다. 일본이 돈질한 게 그대로 드러나 보여 아찔했다.

데이나 로라바커 의원공화은 결의안에서 요구하고 있는 사과 등 조건을 이미 일본이 충족시켰다며 앞선 세대의 잘못으로 일본의 현 세대가 처벌받아서는 안 될 것이라고 일본 측을 두둔했다. 그러자 이용수 할머니는 내가 눈뜨고 살아 있는데 누가 사과 편지를 보냈으며, 누가 보상금을 주었느냐며 울분을 토했다. 일본 총리가 보냈다는 편지를 한번 가져와보라고 소리쳤다.

종군위안부 결의안을 하원에 제출하고 이 청문회를 주도한 혼다 의원은 단상에서 내려와 증인석에 앉았다. 그는 자신을 증인으로 채택했다. 자신이 겪었던 2차 세계대전 피해 상황을 차분히 설명해나갔다. 혼다 의원은 "일본 정부는 2차 세계대전 당시 어린 소녀들을 납치해 성 노예를 시킨 제국주의적 만행에 대해 분명하고 명확한 방법으로 인정하고 수용하고 사죄해야 한다"고 요구했다. 혼다 의원은 "일본의 반대 로비를 막기 위해서라도 종군위안부 결의안을 하원 전체 회의에서 조속히 통과시켜야 한다"고 강조했다.

가토 료조 주미 일본 대사는 "지난 1996년 이후 하시모토와 오부치, 모리, 고이즈미 총리 등이 직접 나서서 보상금과 함께 서면으로 종군위안부에 대해 진실한 사과를 했다"는 요지의 서면 해명서를 위원회에 제출하는 등 파장을 줄이기 위해 안간힘을 썼다. 그는 "일본이 이미 위안부 문제에 대해 책임을 인정했다"면서 "과거를 잊지 않으면서 우리는 앞으로 나아가길 희망한다"고 주장했다. 그는 또 결의안에 대해 "근거없다"며 "미일 관계에 악영향을 끼칠 것"이라고 경고했다.

내가 워싱턴에서 귀국해 2009년 10월에 만난 김식 씨1929년생는 15세 때 일본 나고야에서 가미카제 특공대 훈련을 받다가 해방이 되어 극적으로 살아남았다. 서울 송파구 가락시장 앞에서 노점상을 하는 그는 훈련병들이 출격하기 직전 위안부와 딱 한 번 동침할 수 있는 특혜를 누렸다고 말했다. 극도의 공포감에 시달렸던 자살 특공대는 위안부와의 동침, 일본 왕이 하사한 담배, 그리고 부대장이 주는 아편으로 위안을 삼았다고 한다. 그는 일본군 연대규모 부대에 위안부 7, 8명이 배치됐는데, 군부대가 이동할 때마다 이들도 함께 움직였다고 말했다. 위안부는 한국, 일본 등 아시아계 여성뿐만 아니라 백인, 흑인 등 외국 여성도 있었다고 한다. 이들이 연대 규모 병사들을 모두 상대할 수 없기 때문에 일부 장교들만 특혜를 누릴 뿐 훈련병들에게는 거의 기회가 없었다고 한다.

이전과 달리 미 의회에서 위안부 결의안이 통과될 가능성이 높아지자 일본은 총리가 직접 나서서 대미 로비 활동을 지휘했다. 아베 총리는 2월 중순 세코 히로시게 홍보 보좌관을 미국에 파견해 학자와 유력 신문 편집 책임자, 정부 관계자들에게 결의안의 문제점을 알리도록 했다. 그는 또 고이케 유리코 안보 보좌관에게도 워싱턴 정가를 돌며 결의안에 대한 우려를 전달토록 했다.

하지만 낸시 펠로시 하원 의장은 2월 말 아시아계 커뮤니티에 보낸 서한 형식의 성명에서 "우리는 과거를 망각해선 안 되며 아시아계 미국인에게 종군위안부 문제는 오랫동안 기다려 온 이슈"라며 결의안 통과에 무게를 실었다. 펠로시 의장은 "군위안부 피해 여성들은 오랫동안 불의에 고통받아왔으며 그들에게 가해진 끔찍한 행위들이 인식되는 것은 오랫동안 지체되어 왔다"고 지적했다. 그는 "지금은 피해 여성들의 목소리에 귀를 기울여야 할 때로 그들의 인권을 보호하기 위한 마이클 혼다 의원 등의 노력에 감사를 표한다"며 "민주당의 지도부가 의회의 주도권을 쥔 지금 우리는 이 이슈가 울려 퍼지도록 확실히 노력할 것"이라고 다짐했다.

김 참사관은 대사관에서 일하던 인턴을 동원해 위안부 결의안 공동 발의 의원을 계속 끌어모았다. 인턴들이 미국 유권자였기 때문에 지역구 주민을 관리해야 하는 의원들이 이들의 요청을 물리칠 수 없다는 것을 염두에 둔 작전이었다. 민주당과 공화당 의원 50여 명이 서명하는 등 공동 서명 의원들이 계속 늘어났다.

선거를 앞두고 정치적 위기를 느낀 아베 총리는 3월 1일 "2차 세계대전 당시 위안부를 강제 동원했다는 증거는 없다"고 전격 발표했다. 그는 "위안부 문제를 사죄한 '고노 담화'도 전제가 잘못됐다"며 이전 일본 정부의 공식적인 담화도 뒤집었다. 위안부 문제를 어느 정도 인정하던 태도에서 180도 돌변한 것이다.

미국 내 여론이 한국 쪽으로 기울고 있는 상황에서 날아든 아베 총리의 발언은 미국 의원들을 분노시켰다. 아베 총리의 발언 직후 결의안 추진을 반대하던 공화당 의원 10명이 찬성으로 돌아섰다. 3월말 결의안 공동 제안자가 69명으로 급격히 늘어났다. 이때부터 미 국무부도 일본 정부에 "솔직하고 책임 있는 태도a forthright and responsible manner"를 촉구하며, 위안부 문제와 관련해 정책 노선을 '일본 감싸기'에서 '중립'으로 수정했다. 〈뉴욕타임스〉와 〈로스앤젤레스타임스〉는 사설을 통해 아베 총리의 망언을 질타했다. 토머스 쉬퍼 주일 미 대사조차 "일본의 일부 지도자가 위안부 문제를 과소평가하는 것은 잘못"이라고 지적했다.

한국 국회에 위안부 결의안을 제출했던 한나라당 소속 국회여성가족위원회 문희 위원장은 3월 워싱턴을 방문했다. 그는 동포 사회에서 위안부 결의안을 한국에서 이슈화하려고 한 데 대해 질책을 받았다. 한국 국회에서 위안부 결의안이 채택될 경우 일본 로비스트들이 위안부 문제를 한일 간 갈등 구도로 포장해 대미 선전에 이용할 수 있다는 게 미국에서 활동하던 인사들의 분석이었다. 이들은 한국 국회에서 위안부 결의안을 채택하는 것을 포기토록 종용했다. 한일 간 갈등에 미국 의회가 개입하고 있다는 자각이 미국 의원들에게 퍼질 경우 미 의회가 등을 돌릴 수 있었기 때문이었다. 문희 의원은 이후 조용히 결의안을 접었다.

한국 동포들에게는 에반스 의원의 결의안을 추진해본 경험이 소중한 자산이 됐다. 이번에는 본회의까지 통과시킬 수 있다는 자신감이 넘쳐났다. 월드컵 때 광화문 광장과 지하철 역사 곳곳에서 보여주었던 열정과 일사분란함이 느껴졌다.

한국 동포들과 대사관, 로비스트가 힘을 합쳐 시민단체 '121연합Coalition'을 구성했다. 이들은 공동 발의 의원수를 꾸준히 늘려나갔다. 결의안에 서명한 의원이 많다는 것은 의회 내에서 공감대가 확산되고 있다는 것을 의미했다. 121은 하원에 제출된 위안부 결의안의 명칭인 H.R.121에서 따온 것이다.

121연합은 위안부 이슈를 2차 세계대전 때 전선에서 발생한 개별적 성폭력 문제가 아니라 '여성 인권 침해 문제'로 이슈를 확대시켰다. 여성 코커스와 인권 코커스 등 여성 인권 문제에 대해 호의적인 의원들을 찾아냈다. 그리고 의원별 성향을 분석해 각개격파 식으로 접근했다.

김동석 소장은 유권자 운동을 본격 가동했다. 뉴욕범동포대책위_{범대위}를 발족했다. 워싱턴에서도 범대위가 만들어졌다. 워싱턴범대위는 서옥자 씨가 이끌고 있던 워싱턴정신대문제대책협의회, 워싱턴DC한인회, 북버지니아한인회, 메릴랜드한인회, 워싱턴체육회 등이 참여했다. 이어 로스앤젤레스에서도 범대위가 구성됐다. 풀뿌리 운동이 미국 전역으로 퍼져 나갔다. 한인 동포들과 직간접적으로 관계를 맺고 있던 중국 동포 단체와 베트남 동포 단체 등 아시아 시민 단체들도 가세했다. 미 전역에서 위안부 결의안 통과를 요구하는 거대한 물줄기가 형성됐다.

고려대 출신으로 삼민투위원장, 열린우리당 청년위원장을 지냈던 허인회 씨도 동포들을 묶는 역할을 했다. 워싱턴에서 연수 중이던 그는 여성 운동가 에나벨 박을 2006년 미국 총선 때 짐 웹 상원 의원 선거 캠프에서 만났다. 캘리포니아에 살고 있었던 에나벨 박은 자원 봉사자로 짐 웹 캠프에 들어갔는데, 이곳에서 자원 봉사를 하던 허 씨를 만났다. 허 씨는 에나벨 박을 워싱턴범대위에 천거한 뒤 그를 통해 자신의 활동 영역을 넓혔다. 허 씨는 한국 정치판에서 몸으로 익혔던 대중 동원 기술을 워싱턴에서 유감없이 발휘했다. 그는 여러 대의 버스를 동원해 백악관 앞에 교포들을 실어 나르는 방식으로 동원력을 과시했다.

미주한인학생총회를 만든 애드리안 홍은 한미연합회, 한국학생회 등 교포 단체를 동원해 결의안 채택 운동을 벌였다. 이밖에도 재미한국청년연합, 한겨레동포연합, 민족학교, 청년학교, 한인교육문화마당집 등 좌우 성향의 많은 단체가 참여했다.

'121연합' 간판 아래 뭉친 한인 동포들은 '위안부 결의안 로비데이'를 정했다. 3월 22일 미 전역에서 한인 동포들이 워싱턴으로 몰려들었다. 이들은 삼삼오오 짝을 지어 하원 의원 사무실을 방문해 위안부 문제를 설명하고 의원들에게 결의안에 대한 공동 서명Co-sponsor을 요구했다. 풀뿌리 운동이 본격적으로 시작된 것이다.

다니엘 이노에 상원 의원하와이 출신 일본계이 결의안을 처리하지 말 것을 촉구하는 서한을 비밀리에 상·하원 의원들에게 전달했다. 이에 혼다 의원이 "아베 총리에게 의견을 진술할 기회를 주기 위해 그가 미국에 올 때까지 기다리겠다. 결의안 표결은 5월에 부쳐질 것"이라고 밝히면서 급속도로 진행되던 결의안 채택 추진 운동에 브레이크가 걸렸다. 이노에 의원의 힘이 작용해 결국 결의안 표결이 미뤄졌다.

결의안 채택 추진이 지연되자 홍보 전문가 서경덕 씨가 나섰다. 그는 〈워싱턴포스트〉2007년 4월 17일자 2면에 마이크 앞에서 눈물을 닦는 이용수 할머니의 청문회 증언 모습을 담은 광고를 실었다. 광고 의뢰는 www.ForThe NextGeneration.com으로 돼 있다.

서 씨는 또 23일에는 결의안 채택 지지를 호소하는 편지와 함께 위안부 할머니 광고가 실린 〈워싱턴포스트〉를 조지 부시 대통령, 콘돌리자 라이스 국무장관, 상·하원 의원 전원, 51개 주의 주지사, 일간지·주간지·방송사 사장 및 편집장, UN, 대학교 동아시아 연구소와 소속 교수들에게 보냈다. 서 씨는 "일본에 진실을 말하도록 하기 위해 미국 인사들에게 편지를 보냈다. 그중 많은 인사들이 결의안을 지지한다는 답장을 보내왔다"고 말했다.

2007년 4월 25일, 아베 일본 총리가 워싱턴을 방문했다. "위안부 결의

이용수 할머니가 2007년 4월 26일, 미 백악관 울타리를 잡고
서옥자 워싱턴정신대문제대책협의회 회장(오른쪽)과 함께 미
의회에 위안부결의안을 조속히 통과시킬 것을 촉구하고 있다.
이날 시위는 〈CNN〉이 동행 취재해 미국 언론에서 위안부 문제
에 관심을 표명하는 계기가 됐다.

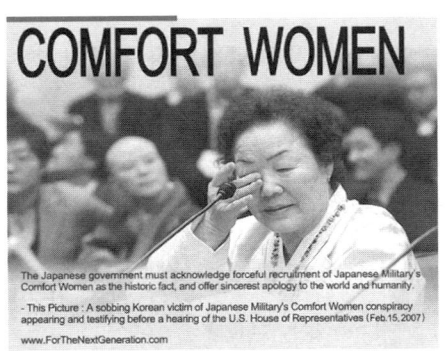

이용수 할머니가 미 하원 청문회에서 눈시울을 붉히고 있는 모
습을 담은 〈워싱턴포스트〉 광고. 서경덕 씨가 2007년 4월 17
일, 〈워싱턴포스트〉 2면에 게재했다

안이 하원에서 통과되는 것을 막기 위한 방문이었다_{김동석 소장 발언.}"

일본의 자민당 극우 정객들이 하늘같이 떠받드는 이노우 상원 의원이 워싱턴 공항에 도착한 아베 총리를 곧바로 의사당에 불러들였다. 민주당과 공화당 지도부와 하원 외교위원장 톰 랜토스, 공화당 간사 일리아나 로스-레티넌 의원이 참석했다.

아베 총리가 자리에 앉자마자 45년간 상원 의원을 역임한 이노에 의원은 하원이 위안부 결의안을 통과시키지 말아야 한다고 주장했다. 그의 말을 듣던 낸시 펠로시 하원 의장의 표정이 굳어졌다.

김동석 소장은 이날 결의안에 공동 발의하겠다고 동의한 의원 100명의 서명을 혼다 의원에게 전달했다. 혼다 의원의 반응이 의외였다. 그는 20명의 서명을 추가로 모아 가지고 오라고 요구했다. 그는 흔들리고 있었던 것이다. 김 소장은 너무나 당혹스러웠다고 말했다_{2010년 6월 4일 인터뷰.}

아베 총리는 조지 부시 대통령을 만난 자리에서는 이전 주장에서 또 입장을 바꿔 위안부 여성들에게 "미안한 느낌_{sense of apology}"을 갖고 있다고 말했다. 부시 대통령은 이 발언을 사과로 인정했다. 하지만 미국 여론은 일본이 진심으로 사과할 뜻이 없다고 평가했다.

일본계 미국인 단체, '일본계미국인시민연맹'은 "일본 정부가 사과하라"는 결의문을 채택했다.

북한은 결의안 채택을 지지하는 서한을 워싱턴정신대문제대책협의회에 보내 왔다. 서옥자 회장은 이 내용을 언론에 알렸다. 하지만 역효과가 났다. 일본 측이 이를 보수 성향이 강한 의원들에게 찔러주었다. 일부 의원들이 발을 빼겠다고 통보했다.

한인 단체들은 4월 26일, 〈워싱턴포스트〉에 광고를 내고 결의안 121의 의회 통과를 위한 단체의 조직을 공개적으로 선포했다. 그러면서 미국 사회가 위안부 문제에 관심을 가질 것을 촉구했다. 4월 27일에는 재미동포 전국연합회가 〈뉴욕타임스〉에 위안부 문제를 제기하는 전면 광고를 게재했다. 광고에는 2차 세계대전 당시 위안부들의 모습과 항의 시위 장면 등의 사진이 실렸다.

〈워싱턴포스트〉의 광고26일자는 워싱턴범대위와 뉴욕범대위가 비용을 공동 부담키로 했다. 하지만 뉴욕범대위는 광고비 3만 8000달러 중 절반을 냈지만 광고 문구에 뉴욕범대위 이름이 실리지 않자 워싱턴범대위에 항의하는 등 불편한 관계가 형성됐다. 광고를 내는 과정에 허인회 씨가 관여했는데, 허 씨는 광고비 부족분 8000여 달러를 사재를 털어 긴급 지원했다고 한다. 또 뉴욕범대위와 LA범대위HR121가주연대는 〈뉴욕타임스〉에 광고를 내는 등 여론 몰이를 계속했다. 의회 전문지 〈더힐〉에도 뉴욕범대위가 4회, LA범대위가 1회 등 모두 5차례 광고를 실었다.

여론이 고조되자 필리핀계와 중국계 시민 단체들이 적극 나섰다. 중국계 시민 단체들은 자체적으로 〈뉴욕타임스〉에 광고를 냈다. 이 광고가 너무 자극적으로 나가는 바람에 김은석 참사관은 역풍을 맞지 않을지 걱정하기도 했다.

한국 동포 유권자들이 의회를 문지방이 닳도록 방문하고, 신문에 광고를 내고, 유권자들의 찬성 서명을 들이대자 의원들이 놀라기 시작했다. 청문회에서 스타가 됐던 이용수 할머니는 여론을 끌어올리기 위해 백악관 앞에서 시위를 했다. 민디 코틀러 아시아폴리시포인트 소장은 역사적 기록을 찾아내 일본의 주장에 대한 반박 자료를 만들어 뿌렸다.

펠로시 의장은 5월 6일, 민주당이 의회를 주도하고 있는 지금 위안부 이슈가 워싱턴에 울려 퍼지도록 해야 할 것이라는 성명을 또다시 냈다. 펠로시 의장이 성명을 낸 것은 김동석 소장이 위안부 결의안에 대한 공개적 지지를 요구하는 서한을 보낸 것이 계기가 됐다고 알려졌다.

김은석 참사관은 미국 언론을 움직이는 막후 작업을 담당했다. 그는 〈뉴욕타임스〉 등 광고주의 뜻에 따라 움직이는 큰 매체보다는 의원들과 보좌관들이 집중적으로 읽는 정치 전문지를 선택, 일본의 로비 활동을 제보했다. 의회전문지 〈롤콜Roll Call〉과 〈더힐The Hill〉은 일본이 위안부 결의안이 의회에 상정되지 못하도록 로비하고 있다는 사실을 폭로했다. 전문지에서 발화된 반일 정서는 큰 매체로 옮겨 탔다.

일본 로비스트들은 의원 회관 사무실을 돌아다니면서 일본이 아시아여성기금을 발족해 위안부 출신들에게 충분히 보상금을 주었으며, 일본 총리가 공식적으로 사과했다는 일본 신문 기사와 번역본을 배달했다. 미국의 거대 언론사들은 친일적 시각을 버리지 않았다. 〈CNN〉은 여론조사를 실시해 일본 입장을 두둔하는 방송을 내보냈다.

일본 측 로비스트는 제프 빙가맨 상원 의원, 아미 클로부차르 상원 의원, 노먼 딕스 하원 의원과 그의 비서실장 및 입법 보좌관, 일리아나 로스–레티넌 하원 의원의 비서실장, 월터 먼데일 전 부통령, 도널드 만줄로 하원 의원, 헨리 왁스맨 하원 의원의 비서실장, 하워드 버맨 하원 의원의 비서실장 및 선임 정책 보좌관, 톰 유델 상원 의원의 비서실장, 제임스 줌월트 주일 미국 대리 대사, 언론인 코린 헤글랜드, 〈LA타임스〉 워싱턴 지

국장 도일 맥마너스, 에릭 립톤 〈뉴욕타임스〉 기자 등을 접촉했다. 또 위안부 결의안 통과에 앞장섰던 에니 팔레오마베엥가 하원 의원 비서실장과 데니스 핼핀 의회 보좌관도 로비 대상으로 삼았다. 짐 색스톤 하원 의원, 크리스토퍼 '키트' 본드 상원 의원, 벤 넬슨 상원 의원도 일본의 로비 그물망에 포함됐다.

미국의 비영리 탐사 보도 전문 기관 프로퍼블리카ProPublica와 선라이트재단이 2009년 8월 20일 공개한 〈2008년 외국의 로비 영향력 추적〉 자료에 따르면 일본 정부는 2007년 9~12월 '호건 & 핫슨'과 '헥트, 스펜서 & 어소시에이츠'에 15회에 걸쳐 71만 9000달러8억 9500만원를 지불했다. 헥트, 스펜서 & 어소시에이츠의 경우 월 3만 달러를 지급했다. 일본과 이들 로비 회사와의 계약은 이전부터 수년째 이어져오고 있었다. 프로퍼블리카 자료에 따르면 '호건 & 핫슨'은 일리아나 로스-레티넌 의원에게 2007년 12월 7일 1000달러를 제공했으며, 헨리 왁스맨 의원에게도 2007년 12월 13일 1000달러를 보냈다. 뉴욕 주재 일본총영사관은 '대니얼 J 에덜먼'과 계약을 하고 〈뉴욕타임스〉 〈월스트리트저널〉 〈워싱턴포스트〉 등 미국 언론에 고이즈미와 아베 총리의 메시지가 잘 전달되고 있는지 살폈다. 일본은 이 회사에 월 5000달러를 지불했다. 일본은 로비 회사를 통해 열심히 여론을 형성하기 위해 움직였다.

김은석 참사관은 일이 한창 바쁘게 돌아가던 와중에 주미 일본대사관의 정무 공사로부터 협박성에 가까운 항의를 받았다. 코너에 몰린 일본 측이 외교 전쟁을 하자는 것이냐며 따져든 것이다. 일본 정무 공사는 〈넬슨 리포트〉의 발행인 크리스 넬슨으로부터 위안부 결의안 통과 추진 배후에 김 참사관이 있다는 말을 전해 들은 것으로 알려졌다. 〈넬슨리포트〉는 워싱턴의 막후 정보를 다루는 정보 전문지로 유료 가입자들에게만 이메일로 한정, 배포된다. 〈UPI통신〉 출신 크리스 넬슨은 일본과 한국 등 아시아 문제에 깊은 관심을 갖고 있으며 한반도 문제를 누가 어떻게 주무르고 있는지 자세한 정보를 종종 제공한다. 오보도 많다.

김 참사관은 한국 정부나 한국대사관이 개입한 흔적이 어디 있느냐면서 반박했다. 일본 외교관 입장에서는 심증은 가지만 물증이 없는 상황이었다. 이태식 대사는 일본과의 외교 전쟁이 시작됐다면서 외교관들에게 위안부 문제와 관련해 함구령을 내렸다.

데니스 핼핀 전문 위원공화과 피터 여Peter Yeo 전문 위원민주은 5월에 위안부 결의안을 외교위에 상정키로 했다. 하지만 〈연합뉴스〉가 이를 단독 보도하면서 외교위 상정이 또다시 좌절됐다김동석 소장 인터뷰 2010년 6월 4일. 상정 일정이 알려지면서 일본이 강력하게 반발했기 때문이다.

6월 14일 〈워싱턴포스트〉에 "사실"이라는 제목의 광고가 실렸다. "위안부 동원에 강압이 없었고, 위안부는 대접을 잘 받았다. 미국도 일본을 점령했을 때 위안소 설치를 요청하지 않았느냐"는 내용이었다. 그 전해 〈요미우리〉의 사설을 그대로 옮겨놓은 이 광고는 일본 의원 40명이 지원했다.

광고는 미국 정부와 의회, 언론을 자극했다. 딕 체니 부통령은 "매우 화가 나는 광고"라며 보좌관들에게 경위 파악을 지시했다. 미 해군은 더 발끈했다. 해군은 "미 해군이 위안소를 일본에 요청했다"는 광고 문구에 대해 "전혀 사실무근"이라며 반박 성명을 냈다. 혼다 의원은 "이 광고가 역효과를 냈다"고 평가했다.

서경덕 씨는 21일 '14일 광고 내용을 바로잡고 국제 사회에 진심으로 사과하라'는 내용의 편지를 일본의 모든 국회의원, 아베 총리 및 정부 기관, 언론사, 대학 연구소 등 800여 곳에 보냈다. 또 미 하원 의원 435명에게도 동일한 편지를 보냈다.

물고 물리는 광고전과 로비로 인해 8월까지 미뤄질 것처럼 보였던 하원 외교위의 결의안 상정이 전격 발표됐다.

홀로코스트 생존자 톰 랜토스 하원 외교위원장이 위안부 결의안을 하원 외교위에 상정하겠다고 선언했다. 그가 위안부 문제를 여성 인권 문제로 인식하는 발상의 전환을 한 것이다. 그의 이 같은 사고 변화에 영향을 끼친 인물은 반기문 유엔사무총장이었다. 랜토스 위원장이 외교위원장으로서 당시 유일하게 만나고 싶어 했던 한국인이 반 총장이었다. 랜토스 위원장은 인권 문제와 관련해 국제사회에서 영향력을 행사할 수 있는 사람이 유엔사무총장이라 것을 알고 있었으며, 이 때문에 반 총장을 만나고 싶어 했다. 랜토스 위원장은 반 총장이 워싱턴을 방문할 때에는 의원 사무실로 초청해 함께 식사를 하기도 했다. 그리고 그가 뉴욕에 갈 때는 반 총장을 만나는 일정을 잡았다. 반 총장은 랜토스 위원장을 만났을 때 위안부 문제가 2차 세계대전 때 유린당했던 여성 인권에 관한 것이라면서 관심을 가져줄 것으로 당부했으며, 랜토스 의원이 이를 진지하게 고려했다고 한다.

한인유권자센터 김동석 소장도 랜토스 위원장을 움직이는 데 기여했다. 랜토스 위원장의 부인 아네트 여사는 의원 사무실에서 자원 봉사자로 일하면서 인권 문제를 관장했다. 김 소장은 핸드백과 강아지 바구니를 끼고 화요일과 목요일에 출근하는 이 할머니에게 접근했다. 랜토스 위원장은 이스라엘 로비 단체인 미국이스라엘공공정책위원회AIPAC 회원이기도 했다. 김 소장도 이 단체의 회원이다. 김 소장은 랜토스 위원장의 주요한 일정을 손에 쥐었다. 2007년 6월 16일, 랜토스 위원장이 라스베이거스에서 열리는 정치자금 모금 행사에 간다는 내용이었다. 랜토스 위원장은 이곳에 참석하기 위해 로스앤젤레스 공항을 경유하기로 돼 있었다. 김 소장은 교포들을 모았다. 그리고 로스앤젤레스 한인 타운에서 랜토스를 위한 긴급 후원회 행사를 개최했다. 3만 7000달러가 모였다. 감격한 랜토스는 이 자리에서 '결의안 121'이 정당한 것이라며 곧 상임위에서 통과시키겠다고 말했다.

교포들은 청문회를 개최하는 데 앞장섰던 에니 팔레오마베엥가 의원에게도 후원금 1만 달러, 위안부 결의안 대표 발의자인 혼다 의원에게도 1만 달러를 모아주었다.

6월 26일 하원 외교위. 위안부 결의안에 대한 표결이 붙여졌다. 39대 2로 통과됐다. 반대자 두 사람은 론 폴 의원과 덴버가 지역구인 의원이었다. 덴버는 전통적으로 일본계 인사들이 많이 사는 곳이다.

낸시 펠로시 하원 의장은 성명을 내고 "일본은 미국의 소중한 친구이면서 중요한 우방이지만 국제사회의 책임 있는 일원으로서 이 점위안부 문제에서는 더 많은 노력이 필요하다"고 강조했다. 성명은 또 "2차 세계대전이 일어난 지 반세기가 더 지났지만 과거의 잘못을 인정하고 잘못된 역사가 되풀이되지 않도록 미래 세대를 교육하기에 너무 늦은 것은 아니다"라고 지적했다.

펠로시 의장은 "일본군에 의해 위안부로 인권을 유린당한 20만 명 중 생존자는 수백 명에 불과하다"면서 "이번 결의안은 일본 정부가 2차 세계대전 중에 있었던, 젊은 여성들을 강제적으로 성 노예로 만든 책임을 분명한 사과 성명을 통해 인정할 것을 요구하고 있다"고 말했다.

랜토스 위원장이 로스앤젤레스 교민 사회에서 인권 옹호자, 친한파 의원으로 부상하자 한인 유권자 표심을 두고 경쟁을 벌이던 다른 의원실에서 시기하기 시작했다. 한 의원의 보좌관은 공화당 의원 보좌관들에게 위안부 결의안에 대해 지지해주지 말 것을 요청하면서 훼방 놓았다고 한다.김동석 인터뷰 2010년 6월 4일. 이 의원은 친한파 의원으로 늘 거론되고 있으며, 그 보좌관도 한국을 자주 방문하기에 이 책에서는 이름을 밝히지 않기로 한다.

본회의에서도 결의안을 통과시켜야 한다는 여론이 불꽃처럼 걷잡을 수 없을 정도로 퍼져나갔다. 그동안 결의안에 반대하던 의원들이 하나둘씩 마음의 문을 열었다. 공동 서명 의원은 167명으로 늘어났다. 2월 청문회에서 노골적으로 일본 옹호 발언을 했던 데이나 로라바커 하원 의원캘리포니아은 LA범대위가 지역 유권자 1200명의 서명을 들이밀며 압박하자 공동 발의에 서명은 못하지만 표결이 이뤄지면 찬성표를 던지겠다고 약속했다.

참의원 선거를 앞둔 일본 정부는 끈질기게 로비했다. 참의원 선거 뒤로 위안부 결의안 표결 시기를 미뤄달라며 집요하게 미 의회에 요구했다 일본군위안부 결의안 통과를 결사적으로 반대하는 이노우에 상원 의원이 상원에 의견서를 냈다. 자신의 45년간 워싱턴 의정 생활 가운데 특정 법안에 이렇게 적극적으로 반대 의견을 낸 적이 없다고 설명했다. 그러면서 그는 국익을 위해서 미일 관계에 악영향을 미치는 결의안이 통과되면 안

된다고 주장했다. 그리고 전후 볼리비아로 쫓겨 간 오키나와인들에게 미국이 사과를 하지 않았다는 것도 덧붙였다.

하원은 일본 선거가 끝난 지 하루 뒤에 위안부 결의안을 표결에 붙이기로 했다. 위안부 결의안이 7월 30일월요일 본회의에 상정돼 표결에 붙여지는 것을 보기 위해 뉴욕과 LA, 시카고 등지에서 교민들이 워싱턴으로 모여들었다. 역사적 현장에 동참하기 위해서였다. 이들은 그동안 흘렸던 눈물과 땀의 결실을 확인하고 싶었다.

그런데 금요일 낮 12시까지 국회도서관Congress Library 게시판에 안건 '결의안 121'을 처리하겠다는 일정이 올라오지 않았다. 통상 미 의회는 금요일 낮 12시까지 그 다음 주 의안을 공고한다. 교민들은 초조해지기 시작했다. 토요일에도 안건이 공고되지 않았다. 월요일이 의회의 상반기 회기 마지막 날이어서 토요일까지 위안부 결의안이 상정될 것이라는 예고가 공지되지 않으면 본회의에서 논의될 가능성은 없어지게 된다. 동포 사회에서는 미 의회가 일본의 로비에 휘말려 안건을 상정시키지 못하고 있다는 소문이 퍼졌다. 토요일 밤이 깊어지면서 미 전역에서 모여든 교민들이 서서히 낙담하면서 분노를 표출하기 시작했다. 버지니아 주 코리아타운에서는 교민들이 곳곳에 모여 술을 마시고 고함치고 난리를 피웠다. 급기야 일요일 오전이 지나고 오후에 이르자 좌절감이 극에 달했다. 121연합의 회원들이 폭도로 바뀌기 일보 직전이었다. 일부 교민들은 로스앤젤레스 등 한인 밀집 지역으로 몰려가서 지역구 의원들에게 항의 데모를 하자고 부추겼다.

그런데 일요일 오후 5시 '결의안 121'을 상정한다는 공고가 거짓말처럼 인터넷에 떠올랐다. 민주당 지도부가 일본이 로비할 틈을 주지 않기 위해 결의안을 표결에 붙이겠다는 공고를 최대한 늦춘 것이다. 일본의 로비를 견제하기 위해 전례 없이 일요일 오후에 월요일 의안 일정을 올린 것이다. 이는 미 의회에서 전무후무한 일이었다.

위안부 결의안이 미 하원 본회의에 상정된 2007년 7월 30일월요일. 워싱턴 특파원들은 역사적 현장의 목격자가 되기 위해 하원 본회의장 프레스 갤러리에 모여들었다. 상정 예정 시간이 오후 6시 30분에서 오후 1시로 앞당겨지더니 오후 2시 40분으로 늦춰지는 등 오락가락했다. 이러다가 통과되지 못하는 게 아니냐는 걱정 어린 목소리가 솔솔 새어나왔다.

혼다 의원 보좌관 대니얼 콘스는 한국 특파원들에게 둘러싸여 결의안이 상정된 뒤 오후 5시 30분쯤 일일 점호 방식으로 투표가 이뤄질 것이라고 설명했다. 혼다 의원 측은 기록으로 남도록 의원별로 찬반 입장을 밝히는 절차를 기대하고 있었다.

통과 시간이 오락가락 한 것은 홀로코스트 생존자 톰 랜토스 하원 외교위원장 때문이었다. 백악관 회의에 참석했던 랜토스 위원장은 자신이 위안부 결의안을 상정시키겠다면서 시간을 계속 수정했다. 위안부 결의안이 전국적인 이슈가 되고 있어 이를 상정시키는 사람은 인권 챔피언이 되는 상징적 의미가 있었다. 백악관에 갔다 왔던 랜토스 위원장이 제안 설명을 한 뒤 찬성 토론이 길게 이어졌다. 반대 토론에 나서는 의원은 단 한 명도 없었다. 그런 뒤 만장일치로 통과가 선언됐다.

일본에서 치러진 선거에서는 아베 신조 정권이 대패했다. 미국에서는 위안부 결의안이 통과됐다. 일본 여권은 하루 만에 두 건의 게임에서 참패하는 성적표를 떠안았다.

위안부 결의안
로 비   승 리

김 참사관은 "아베가(선거에서) 패배하는 데 내가 1, 20퍼센트쯤 기여했을 것"이라고 말했다_{김은석 인터뷰, 2009년 9월 16일}.

이용수 할머니와 김군자 할머니, 얀 러프 오헤른 할머니의 한이 봄눈 녹듯이 녹아내렸다. 미국에 살고 있는 한국 동포들은 처음으로 정치적 승리를 맛보았다. 그리고 한국 외교팀은 일본 외교팀을 '콱!' 물어주었다.

에드 로이스 하원 의원은 결의안이 통과된 직후 일본이 종군위안부들에게 사과하라는 성명을 발표했다. 그는 1930년대부터 일본 제국주의가 20만여 젊은 한국 여성들을 노예로 삼는 일을 조종했으며, 집에서 납치돼 일본군 사창가로 내몰리는 등 20세기 최악의 인신매매를 겪은 이 여성들은 이로 인한 트라우마 때문에 과거를 감추거나 말하기를 꺼려왔다고 주장했다.

이날 저녁 이용수 할머니는 마이클 혼다 의원과 별도로 만나서 사의를 표한 뒤 한인 동포들이 몰려 살고 있는 버지니아 주 애넌데일로 갔다. 위안부 결의안 통과를 위해 노력한 인사들이 전부 모여서 축하 파티를 열었다. 이용수 할머니는 이 좋은 날 그대로 지나갈 수 없다면서 마이크를 잡았다.

"한 오백년 살면서 이렇게 기쁜 날이 또 있었던가. 아리랑 아라리가 났네~."

미 하원 아시아태평양지구 환경소위원회 에니 팔레오마베엥가 위원장은 이용수 할머니의 가락에 맞춰 덩실덩실 춤을 췄다. 팔레오마베엥가 위원장은 한국 동포들의 놀라운 정치력을 실감했다면서 승리의 건배를 제의했다.

위안부 결의안을 막후에서 총감독했던 김은석 참사관은 뒷자리에서 미소를 머금었다. 그가 주먹을 쥐고 다짐했던 "아베 총리를 패지는 못할지라도 깨물어주겠다"는 결심을 실현한 것이다. 외교 강국 일본을 무너뜨렸다는 만족감이 그의 얼굴에 가득 퍼졌다. 그는 의원들의 연서명이 들어간 위안부 결의안 원본을 액자에 넣어 주미 한국대사관 3층 자신의 집무실에 걸었다. 정부는 2008년 1월 그에게 근정포장을 수여했다.

미 의회의 위안부 결의안 채택을 계기로 네덜란드 의회는 2007년 11월 20일 일본 정부가 위안부 여성들에게 금전적으로 배상할 것을 촉구하는 결의안을 만장일치로 통과시켰다. 캐나다 하원은 같은 해 11월 27일, 유럽 의회는 12월 13일 결의안을 통과시켰다.

위안부 결의안은 미일 양국 간 관계에 적지 않은 충격을 주었다. 이를 계기로 미일 동맹 관계는 예전 같지 않게 됐다. CRS보고서 〈미일관계 : 의회 참고 이슈Japan-U.S. Relations : Issues for Congress〉는 미국의 대북 핵협상 재개 선언 및 F-22의 일본 수출 고려 중단 결정과 함께 위안부 결의안 통과로 인해 미일 동맹이 탄탄하다고 생각한 일본의 자신감이 어느 정도 손상됐다고 분석했다.

하지만 일본은 물러서지 않았다. 위안부 결의안이 통과된 지 며칠 뒤 미 하원은 미일 관계를 찬양하는 하원 결의안 H.R.508을 상정했다. 이에 대해 CRS 보고서는 위안부 결의안 통과에 따른 부정적인 외교적 충격을 완화하기 위한 것이라

이태식 주미 대사, 마이클 혼다 의원, 나. 위안부 결의안을 미 의회에 제출했던 혼다 의원은 일본계이면서도 친한파 의원으로 분류된다. 사진은 2007년 말 주미 한국대사관 행사에 참석한 뒤 촬영한 것이다.

고 분석했다. 결의안은 일본과 미국 간 강력한 안보 동맹을 인정하고, 아시아 태평양 지역에서의 안정을 확대하기 위해 기울인 일본의 역할과 세계적인 테러와의 전쟁에서 보여준 일본의 노력에 대해 감사를 표시하는 내용이다. 색스톤Saxton 의원이 제안한 이 결의안은 2007년 9월 5일, 하원에서 통과됐다.

일본이 이처럼 집요하게 위안부 결의안이 미 의회에서 통과되지 못하도록 하고, 아시아 태평양 지역에서 주도권을 인정받고 싶어 하는 이유는 유엔 안보리 상임 이사국 진출 계획과 관련이 있다. G4 국가인 일본, 독일, 브라질, 인도는 유엔 안보리 상임 이사국이 되기 위해 끊임없이 지역 안정에 기여한 공로를 내세우며 강대국의 지원을 받으려 애써왔다. 특히 일본은 아시아 대표성을 내세우며 상임 이사국 자격을 주장해왔다. 그런데 주변국 여성들에게 고통을 주었다는 이 같은 사실이 국제사회에서 폭로되고, 규탄을 받는다면 많은 국가들이 일본에 대한 지지를 철회하게 될 것이다. 미 의회에서 통과된 위안부 결의안은 일본이 내세우는 아시아 대

표성에 깊은 상처를 냈다.

내가 다음 과제를 묻자 로비스트 토머스 김은 "유엔에서 결의안을 통과시키는 것"이라고 말했다. 위안부 결의안이 하원에서 통과된 지 2년이 되던 2009년 7월 30일, 팔레오마베엥가 의원은 유엔에서 위안부 결의안을 통과시키기 위해 노력하겠다고 선언했다. 토머스 김의 계획이 2년 만에 형체를 드러내고 있는 것이다. 한일 간 외교 전쟁이 2라운드에 돌입하기 시작했다. 이번에는 무대를 유엔으로 옮겨갔다.

위안부 결의안 관련 일지

- 2001년, 2005년 두 차례 일본 정부의 책임 인정을 요구하는 위안부 결의안 제출됐지만 상정되지 못한 채 폐기됨.
- 2006년 4월 레인 에반스_{민주, 일리노이 주} 의원과 크리스토퍼 스미스_{공화, 뉴저지 주} 의원, 종군위안부 결의안_{HR759} 제출.
- 2006년 6월 29일 고이즈미 준이치로 일본 총리, 미국 방문. 부시 대통령과 함께 엘비스 프레슬리의 멤피스 저택 방문.
- 2006년 9월 13일 위안부 결의안, 하원 국제관계위원회에서 만장일치로 통과됨.
- 2006년 11월 7일 중간 선거에서 공화당 패배.
- 2006년 12월 8일 하원 결의안 HR759, 하원 회기 종료에 따라 자동 폐기.
- 2007년 1월 31일 마이클 혼다_{민주, 캘리포니아 주} 의원이 종군위안부 결의안_{HR121}을 제출.
- 2007년 2월 15일 연방 하원 외교위원회 아태환경소위원회에서 처음으로 위안부 청문회 개최.
- 2007년 3월 1일 아베 신조 일본 총리, 위안부 강제 동원의 증거가 없고 하원 결의안이 채택되더라도 일본 정부가 사죄할 의향이 없다고 발언.
- 2007년 3월 6일 HR121 지지 워싱턴범동포대책위원회 발족.

- 2007년 3월 6일 〈뉴욕타임스〉, 아베 총리의 발언을 비판하는 사설 게재.
- 2007년 3월 22일 미주 동포들, 연방 하원 의원들을 대상으로 한 '로비데이Lobby Day' 활동 전개.
- 2007년 3월 24일 〈워싱턴포스트〉, 일본 정부에 위안부 사죄 촉구 사설 게재.
- 2007년 3월 26일 미 국무부 공식 브리핑에서 일본 정부에 위안부 문제와 관련해 책임 있는 행동 촉구.
- 2007년 4월 26일 아베 총리 방미, 위안부 문제와 관련해 '미안한 느낌Sense of apology"이라고 발언.
- 2007년 4월 27일 일본 이민자 단체 '일본계미국시민연맹', 일본 정부 사과 요구 결의문 채택.
- 2007년 5월 2일 위안부 결의안에 지지 서명한 하원 의원 100명 돌파.
- 2007년 6월 14일 일본 의원 40여 명, 〈워싱턴포스트에〉 '위안부 강압 없었다'는 전면 광고 게재. 역풍 일기 시작.
- 2007년 6월 26일 위안부 결의안 하원 외교위에 상정. 찬성 39표, 반대 2표로 통과.
- 2007년 7월 30일 위안부 결의안, 하원 본회의에서 만장일치 통과.

미국 하원 국제관계위 위안부 결의안 전문2006년 9월 13일

다음은 미국 하원 국제관계위원회위원장 헨리 하이드가 2006년 9월 13일 만장일치로 통과시킨 종군위안부 결의안 전문본회의에 상정될 예정이었던 이 결의안은 당초 제출된 결의안 일부 문구가 삭제, 변경되고 일본 측의 사과, 보상 기록이 추가되는 등 수정됐다

제목

1930년대부터 제2차 세계대전 기간 아시아와 태평양 섬들에 대한 일본의 식민 점령 동안, 세계에 '위안부'라고 알려진 젊은 여성의 성노예화에 대한 역사적 책임을 일본 정부가 모호하지 않게 인정하고 받아들여야 한다는 미 하원의 결의원안에는 "모호하지 않게"가 아니라 "공식적으로", "역사적 책임"이 아니라 "책임"으로 기술

전문

1. 일본 정부는 1930년대부터 제2차 세계대전 기간 아시아와 태평양 섬들에 대한 식민 점령 동안 제국 일본 육군이 젊은 여성들을 오로지 성 노역 목적으로 직간접적으로 예속화하고 일부 경우 납치하도록 허용했다원안엔 예속화와 납치의 주체를 일본군이 아닌 일본 정부로 기술.

1. '위안부' 비극은 20세기 최대의 인신매매의 하나였다.

1. 위안부의 노예화는 일본 정부에 의해 공식 위임되고 조직화됐고commissioned and orchestrated 윤간, 강제 낙태, 성적 폭력, 그리고 인신매매가 수반했다원안엔 "윤간… 기타 수많은 다른 반인도적 범죄들을 포함해" 라고 기술.

1. 위안부에는 13세 어린 여자아이들과, 자식과 생이별한 여성들도 있었다.

1. 위안부들은 집에서 유괴되거나 거짓 꾐에 빠져 성 노예가 됐다.

1. 전쟁이 끝났을 때 많은 위안부가 살해되거나 자살하도록 내몰렸다.

1. '위안부' 의 이용은 과거의 인권 문제일 뿐 아니라 현재의 인권 문제로도 간주된다.

1. 많은 위안부는 자신들의 시련에 따른 수치심에서 이를 숨겼으며, 자신들이 겪은 일을 털어놓은 다른 많은 위안부들도 수치심 때문에 최근에 와서야 그렇게 했다.

1. 역사가들은 많게는 20만 명의 여성이 노예화됐다고 결론 내렸으나, 오늘날 생존자는 매우 소수다.

1. 이들 전쟁범죄들은 일본의 과거 적국과 피점령국들과 배상 협상에서 제대로 처리되지 않았다원안엔 "일본 정부가 배상 협상 때 이들 전쟁범죄를 완전히 공개하지 않았다" 고 기술.

1. 1993년 일본 정부는 전시 위안부 출신들에게 "충심의 사과와 가책" 을 처음으로 표시했고, 1995년 7월 위안부들에 대한 일본 국민의 "속죄" 를 위해 아시아여성기금을 설립했다원안에 없음.

1. 아시아여성기금은 2007년 3월 활동을 만료할 예정이며, 그동안 위안부 출신 285명에게 일본 민간 기부금 570만 달러를 일본 총리의 사과 서한과 함께 지급했고, 한국, 대만, 필리핀, 인도네시아, 네덜란드에 있는 (전시) 위안부 출신 (여성)을 위한 의료 및 복지 지원 프로그램으로 공식 정부 기금을 1300만 달러 넘게 지급했다원안에 없음.

1. 그러나 최근, 일본 학교에서 사용되는 일부 새 교과서들은 '위안부' 비극과 다른 만행들을

최소화하고 제2차 세계대전 기간 전쟁범죄에서 일본의 역할을 축소하려 하고 있다_{원안엔}

"축소"라는 표현 대신 "왜곡"이라는 표현 사용.

1. 일부 일본 정부 관리들은, 선출직이든 직업 관료든, 2005년 6월까지도 일본 교과서로부터
   '위안부' 라는 용어의 제거를 공공연히 주창해왔다 ;

이에 따라

본문

미 하원은 다음과 같이 결의한다.

일본 정부는

1. 1930년대부터 제2차 세계대전 기간 세계에 '위안부' 로 알려진 젊은 여성의 성 노예화에
   대한 역사적 책임을 모호하지 않게 인정하고 받아들여야 한다.
2. 이러한 끔찍한 범죄에 관해 현재와 미래 세대를 교육해야 한다_{원안엔 "반인도적인 끔찍한 범죄" 라}
   고 표현.
3. 위안부 예속화와 노예화가 없었다는 어떠한 주장들도 공개적으로_{publicly}, 강력하게, 그리고
   되풀이해 배척해야 한다.
4. 유엔 여성폭력근절특별보고관과 국제앰네스티 등과 같은 비정부 국제 인권 기구들의 권
   고를 진지하게 검토해 위안부를 위해 어떤 형태의 배상 조치들_{redress}이 필요하고 적절한
   지를 결정해야 한다_{원안엔 "유엔과 국제 앰네스티의 권고를 따라야 한다" 고 기술}.

위안부 결의안 전문 2007년 7월 30일

랜토스_{캘리포니아}, 로스-레티넌_{플로리다} 의원의 수정 제의를 반영한 하원 121호 결의안

일본 정부는 1930년대부터 2차 세계대전 기간 '위안부' 로 알려진 젊은 여성들을 제국군에
대한 성적 서비스 목적으로 동원하는 것을 공식 위임했으며, 일본 정부에 의한 강제 군대 매
춘 제도인 위안부는 집단 강간과 강제 유산, 수치, 그리고 신체 절단과 사망 및 궁극적인 자

살을 초래한 성적 폭행 등 잔학성과 규모 면에서 전례 없는 20세기 최대 규모의 인신매매 가운데 하나다.

일본 학교들에서 사용되고 있는 새로운 교과서들은 위안부 비극과 다른 2차 대전 중 일본의 전쟁범죄를 축소하려 하고 있다.

일본의 공공 및 민간 관계자들은 최근 위안부의 고통에 대한 정부의 진지한 사과를 담은 지난 1993년 고노 요헤이 관방장관의 위안부 관련 담화를 희석하거나 철회하려는 의도를 나타내고 있다.

일본 정부는 1921년 여성과 아동의 인신매매 금지 협약에 서명하고 2000년 무력 분쟁이 여성에 미치는 영향에 관한 여성, 평화, 안보에 관한 유엔 안전보장이사회 결의 1325호도 지지한 바 있다.

하원은 인간의 안전과 인권, 민주적 가치, 법의 통치 및 안보리 결의 1325호에 대한 지지 등 일본의 노력을 치하한다.

미일 동맹은 아시아와 태평양 지역에서 미국의 안보 이익에 초석이며 지역 안정과 번영의 근본이다.

냉전 이후 전략적 환경의 변화에도 불구하고 미일 동맹은 아시아 태평양 지역에서 정치 및 경제적 자유와 인권과 민주적 제도에 대한 지지, 양국 국민과 국제사회의 번영 확보 등을 포함한 공동의 핵심 이익과 가치에 기반을 두고 있다.

하원은 일본 관리들과 민간인들의 노력으로 1995년 민간 차원의 아시아여성기금이 설립된 것을 치하하며 아시아여성기금은 570만 달러를 모아 일본인들의 속죄를 위안부들에게 전달한 후 2007년 3월 31일 활동을 종료했다.

다음은 미 하원의 공통된 의견이다.

1. 일본 정부는 1930년대부터 제2차 세계대전 종전에 이르기까지 아시아 국가들과 태평양 제도를 식민지화하거나 전시에 점령하는 과정에서 일본 제국주의 군대가 강제로 젊은 여성들을 위안부로 알려진 성의 노예로 만든 사실을 확실하고 분명한 태도로 공식 인정하여 사과하고 역사적인 책임을 져야 한다.

2. 일본 총리가 공식 성명을 통해 사과를 한다면 종전에 발표한 성명의 진실성과 수준에 대

해 되풀이되는 의혹을 해소하는 데 도움을 줄 수 있을 것이다.

3. 일본 정부는 일본군들이 위안부를 성의 노예로 삼고 인신매매를 한 사실이 결코 없다는 어떠한 주장에 대해서도 분명하고 공개적으로 반박해야 한다.

4. 일본 정부는 국제사회가 제시한 위안부 권고에 따라 현 세대와 미래 세대를 대상으로 끔찍한 범죄에 대한 교육을 해야 한다.

미국 하원이 2007년 2월 15일 처음 개최한 일본군 위안부 청문회에서 이용수 할머니(왼쪽)가 일본군에 강제 납치된 과정을 증언하고 있다. 증인석에 함께 앉아 있는 사람들은 '일본군위안부피해자들과 함께하는 호주친구들'의 송애나 간사(통역)와 김군자, 얀 러프 오헤른 할머니(왼쪽부터).

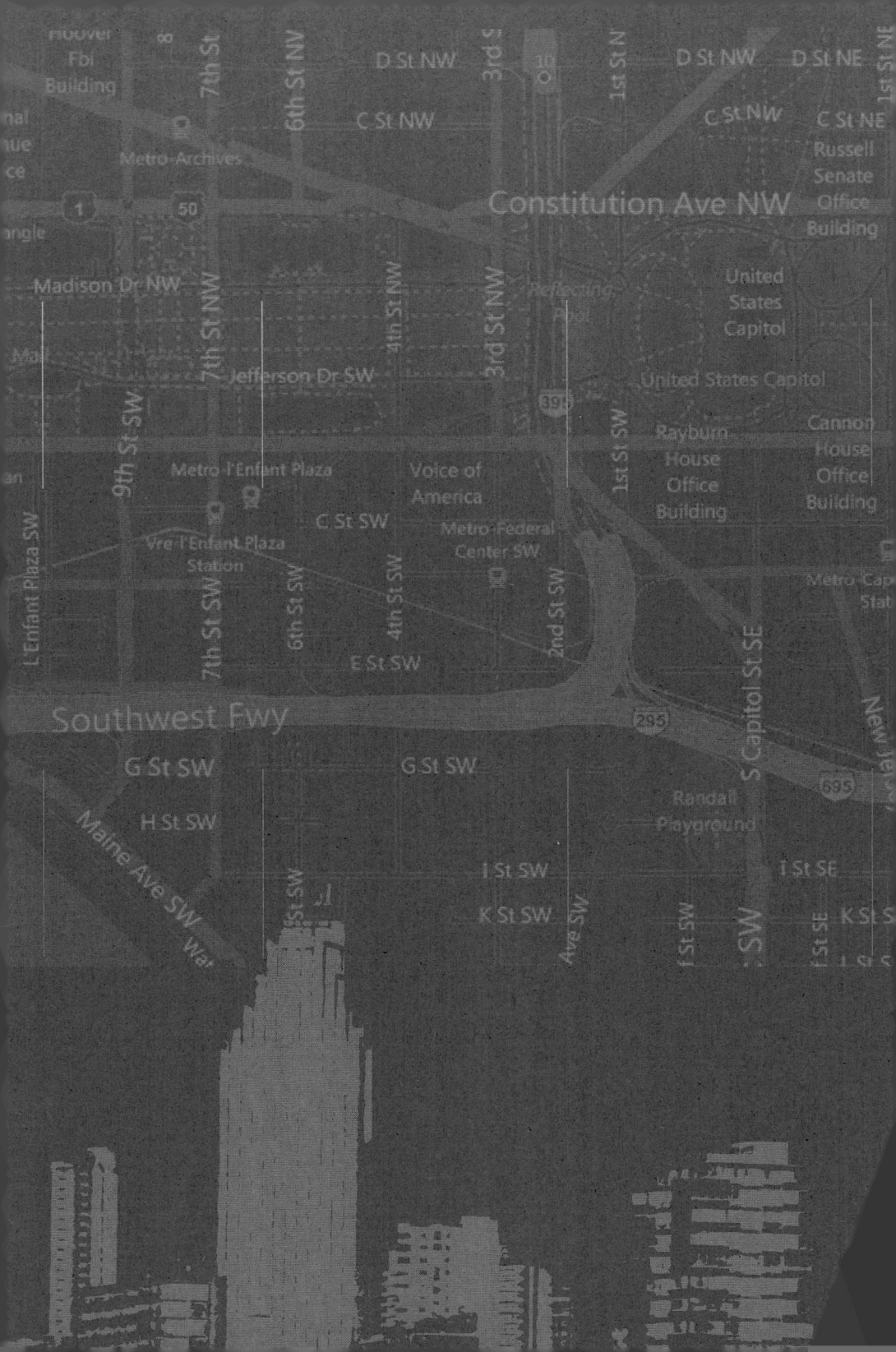

Lobby 03

실속 없는 해외군사판매FMS 지위 격상 로비

미국이 해외에 무기를 팔 때 최종 결정권은 미 의회가 쥐고 있다. 이를 잘 모르고 있던 한국은 미 국방부에만 매달렸다. 무기 구매 절차를 신속하게 해달라는 요구에 미 국방장관의 직설적인 충고는 놀랍고 충격적이었다.

"미 의회에 로비하라."

미국을 제대로 모르고 있던 한국이 드디어 미국이 어떻게 돌아가는지 깨닫게 됐다. 모든 것은 로비로 통했다. 마치 모든 길이 로마로 통하듯이.

일본보다 낮은
한국의 FMS
지   위

2005년, 한국은 미국에서 다섯 손가락 안에 드는 무기 구매국이면서도 북대서양조약기구NATO 국가에 비해 차별적인 대우를 받고 있었다. 우리 국방부가 군수협력위원회LCC 등 한미 간 협의를 통해 해외군사판매FMS, Foreign Military Sales에서 지위 격상을 요구해왔으나 미 안보협력본부DSCA, Defense Security Cooperation Agency는 소극적이었다. FMS는 미국 정부가 외국 정부에 군수물자, 무기, 군사훈련 프로그램 등을 판매할 때 보잉사 같은 군수업체에 직접 접촉토록 하는 것이 아니라 DSCA를 통해서 판매하는 것이다. 외국 정부는 DSCA의 조율로 조달을 포함해 구입, 전달, 훈련 등을 받는다.

한국의 경우 1974년 이전에는 무상 원조 또는 차관 형식으로 미국에서 무기를 지원받다가 그 이후에는 FMS 형식을 통해 미군 물자 조달 가격으로 무기와 기술을 전달받았다.

이태식 대사가 2005년 워싱턴에 부임했을 때 미국의 FMS 구매국 분류 기준에서 한국은 가장 낮은 단계인 제3그룹Major non-NATO Ally에 속해 있었다. 한국은 1987년 이후 3그룹이었다. 첫 번째 그룹은 NATO 회원국28개국이고, 두 번째 그룹은 'NATO+3개국호주·뉴질랜드·일본'이었다. 제3그룹은 이스라엘 이집트 요르단 등이 포함돼 있었고, 또 아르헨티나, 바레인, 필리핀, 태국, 쿠웨이트, 모로코, 파키스탄 등이 포함됐다.

이 때문에 한국은 1, 또는 2그룹 국가에 비해 미국산 무기를 구매하는 데 더 엄격하고 까다로운 절차를 거쳐야 했다. 의회 심의 기간도 한국은 'NATO+3국'보다 두 배나 되는 30일을 적용받았다. 행정 검토 기간이 포함되면 50일까지 걸렸다. 미국의 대외 무기 판매는 미 의회의 승인 사항이다. 한국은 중요 군사 장비 1400만 달러어치 이상을 구매하려면 미 의회의 심의와 승인을 받아야 했다. 한국이 FMS에서 지위가 한 단계 높아지면 2500만 달러 미만의 무기를 구입할 경우 의회 심의를 받을 필요가 없게 되었다. 지위 격상에 따라 일반 장비의 경우 심의 기준은 5000만 달러에서 1억 달러 이상으로, 설계 기술은 심의 기준이 2억 달러에서 3억 달러 이상으로 각각 상향 조정된다.

미 의회는 2006년 무기수출통제법을 개정하여, 이스라엘을 3그룹Major non-NATO Ally에서 2그룹NATO+3으로 지위를 격상시켰다. 이스라엘이 오랫동안 공을 들인 대가였다. 이스라엘은 비순환 비용NRC을 자동적으로 면제받게 되었고 의회의 무기 판매 심의 기간도 단축됐다. 비순환 비용은 무기 체계 개발에 소요된 연구 개발 비용을 구매국에 일부 부과하는 것을 말한다.

반기문 당시 외교통상부 장관은 2006년 1월 콘돌리자 라이스 국무장관을 만나 FMS 지위 격상 문제를 꺼냈다. 라이스 장관은 이게 뭔지를 잘 몰랐다고 한다. 미국 측에서는 의아하다는 반응을 보였다. FMS 지위를 격상할 경우 한국이 훈련 비용을 내야 하기 때문에 50만 달러 이상 손해를 본다는 논리를 펼쳤다. 동석했던 이태식 대사는 국가의 품격National Prestige 문제를 거론하면서 반박했다고 한다. FMS 지위 격상이 본격적으로 추진되는 계기는 반 장관과 라이스 장관, 이 대사가 참석한 이 자리에서 마련됐다.

FMS 제도에서 등급이 낮을 경우 곤란한 문제가 종종 발생한다. 납기 지연에 대한 배상 요구가 불가능한 것은 물론이고 모든 계약 과정을 미국의 '선의'에 맡겨야 한다는 점이 불합리하다. 무기 구매국들은 FMS 계약 시 협상에도 참여할 수 없고 오직 계약을 대행해주는 미 안보협력본부의 호의를 기대할 수밖에 없다.

우리 해군은 2004년 FMS로 구매한 KDX용 RAM 유도탄대함 유도탄 방어 유도탄의 인도 날짜가 1년 이상 지연되자 2005년 3월 '한미 해군 유도탄 사업관리 회의'에서 보상을 요구했다. 미국 측의 대답은 'FMS 규정상 보상이 불가하다'는 것이었다. 결국 해군은 미국 제작사인 레이시온 사와 직접 협상을 벌여 100만 달러의 지체 보상금을 받아냈으나 뒷맛이 개운치 않았다.

한국이 불평등, 불공정 대우를 받고 있는 대표적인 것은 인가 비용과 미 의회의 무기 판매 심의 기준이었다. 인가 비용은 전체 FMS 가격의 5퍼센트 정도를 차지하지만, 미국이 정한 국가별 분류 기준에 따라 차등 적용됐다. 제3그룹에 속해 있던 한국은 비순환 비용NRC, 계약 행정비 등에서도 차별을 받았다.

NRC의 경우, NATO나 일본, 뉴질랜드 등은 무기수출통제법에 의해 면제받았다. 그러나 한국은 당연 부과 대상국이었다. 계약이 이뤄지지 않을 경우 미 대통령의 권한으로 면제되도록 해놓았지만, 한국은 2004년 TOW 2A탄에 대한 NRC 19만 달러를 돌려받지 못했다. 계약 행정비는 전체 구매대금의 1.5퍼센트 정도인데, NATO국은 0~0.85퍼센트가 부과되지만 한국은 1.5퍼센트 전부를 물었다. 이 때문에 우리는 지위가 격상되면 내지 않아도 될 비용 수천만 달러를 내고 있었다. 방위사업청에 따르면 한국은 2006년부터 2009년까지 계약 행정비로 연평균 780만 달러를 냈다.

한국은 2006년 6월, '한미 FMS 자금 관리 검토 회의' '한미 안보 회의' '외국구매국협회FPG' 등에서 FMS 제도의 불평등과 불공정 사안의 개선을 요구했다. 그러나 먹혀들지 않았다.

미 국방부의 충고 "의회에 로 비 하 라 "

김장수 국방장관은 2007년 2월 미국을 방문해 로버트 게이츠 국방장관을 만났다. FMS 지위 격상을 요구했다. 게이츠 장관은 국방부가 행정적인 절차 차원에서 보증은 해주겠지만 이 문제는 행정부보다는 의회의 역할이 더 크다고 설명했다고 한다. 그는 의회의 법령무기수출통제법. 대외지원법 등 개정이 선행돼야 한다며 '의회에 대한 적극적인 로비가 필요하다'고 방법을 제시했다. 한국 국방부가 미 행정부와 의회의 메커니즘을 잘 몰랐던 것이다김장수 의원 전화인터뷰, 2010년 5월 18일.

김 장관은 이태식 대사를 만나서 FMS 지위 격상 방안을 구체적으로 모색해달라고 요청했다. 우선은 미 국방부가 한국이 FMS 지위 격상 대상이 될 자격을 갖추었다고 보증Endorsement해주어야 하고, 이어 법령의 개정이 필요했다.

이태식 대사는 미 의회의 문지방이 닳도록 의원들을 찾아다녔다. 어떤 때는 하루에 세 번씩 방문하기도 했다. 주미 대사관이 공들인 끝에 크리스토퍼 '키트' 본드 상원 의원공화, 미주리 주이 2007년 상원에서 한미 방위 협력 강화를 골자로 하는 법안을 제출했다. 하지만 이 법안은 아무 주목을 끌지 못하고 사라졌다.

한 번 실패를 경험한 이 대사는 2007년 12월 김장수 국방장관에게 편지를 썼다. 정식 로비스트를 고용해야 FMS 지위 격상 문제가 풀릴 가능성이 있다는 것과 로비스트 고용에 필요한 경비를 지원해달라는 내용이었다. 김 장관은 이 대사의 요청을 검토했다. 그리고 로비 비용을 만들기로 결심했다. 그런데 국방부에서는 로비스트를 고용할 수 있는 예산 항목이 없었다. 이곳저곳을 살피던 김 장관은 방위사업청에 지시했다. 50만 달러를 빼놓으라고 했다.

로비스트 채택 결정과 관련해 김 장관은 "한미 행정부 간 협의를 통해서 풀 수 있는 문제였다면 내가 나서서 하는 게 가능했겠지만, 미 의회를 접촉해야 했기에 내가 나설 수 없었다"고 설명했다. 로비 자금을 집행하려다 보니 문제가 드러났다. 외교부 소속인 주미 대사관은 국방 예산을 사용할 수 없게 규정돼 있었다.

김 장관은 기획예산처 장병완 장관^{현 국회의원}에게 자문을 구했다. 김 장관은 "몇 십만 달러를 들이면 몇 억 달러, 몇 십억 달러의 국익을 얻게 된다"며 묘안이 없는지 물었다. 그러자 장 장관이 '위임 집행'이라는 대안을 꺼내놓았다. 주미 대사관을 통해 위임 집행하는 절차를 거치면 된다는 설명이었다. 그 승인권은 기획예산처 장관이 쥐고 있었다. 김 장관의 설명이 이어졌다.

"나도 모험이었다. 헛돈 쓰는 게 될 수도 있었다. 이 대사에게 편지를 보냈다. 제발 일을 잘 처리해달라고 신신당부했다."

김 장관의 의지와 장 장관의 기지로 한국 국회에 미국 로비스트 고용에 필요한 예산안을 들고 가 승인을 받아야 하는 번잡한 일을 벌일 필요는 없게 됐다. 그러나 감사원까지 피할 수는 없었다. 감사원은 로비스트를 고용하고도 실적이 없으면 감사를 받게 될 것이라며 으름장을 놓았다_{홍영종 당시 주미 대사관 총무과장 발언, 2009년 11월 14일}.

송영선 의원 등 국회의원 42명은 2006년 12월 12일 '미국산 무기의 해외군사판매_{FMS} 등에서 대한민국의 지위 향상을 위한 촉구 결의안'을 국방위에 상정했다. 김 장관을 측면 지원해준 것이다.

미 하원에서는 친한파 에드 로이스 하원 의원이 2008년 2월 14일 한국의 FMS 지위 격상 내용을 포함한 한미방위협력강화법안_{HR5443}을 제안했다. 이 법안은 하원 의원 52명이 공동 발의했다.

이 대사는 김 장관의 지원에 힘입어 전직 해군 장관 출신 로비스트를 고용했다. 로널드 레이건 전 대통령의 의회 로비스트로 활동했던 로플러 그룹_{Loeffler Group}의 윌리엄 볼_{William L. Ball}이 주미 한국대사관의 로비스트로 채용됐다. 주미 대사관과 로플러 그룹은 2008년 3월 1일부터 9월 30일까지 7개월간 미 의회에 대한 로비 계약을 했다. 월 5만 달러로 모두 35만 달러가 들었다. FARA 보고서에 따르면 주미 대사관은 2008년 3월 20일, 로플러 그룹에 5만 달러를 지불했다. 이후 4월 7일 4만 9988달러, 5월 12일 4만 9077달러 59센트, 6월 13일 4만 8738달러 97센트, 8월 1일 4만 9259달러 4센트, 8월 4일 4만 9389달러 49센트 등 모두 6차례에 걸쳐 비용을 지불했다.

로비스트를 고용한 뒤부터 의회와 행정부가 바쁘게 돌아갔다. 윌리엄볼은 2008년 4월 1일, 그레샴 바렛 하원 의원을 만나 하원의 한미 방위 개선 협력 문제를 논의했다.

미국의 무기 판매는
의회가 좌지우지한다

한미 간 정부 차원에서도 협력이 강화됐다. 이명박 대통령은 2008년 4월 19일, 미국 메릴랜드 주 캠프데이비드에서 조지 부시 대통령과 정상회담을 갖고 한국이 미국의 무기를 구매할 때 지위를 올려줄 것을 요청했으며 부시 대통령은 이에 합의했다. 콘돌리자 라이스 국무장관은 하원 외교위에 한국 관련 FMS 법안을 조속히 처리해줄 것을 요청하는 서한을 보냈다. 라이스 장관은 서한에서 "지난해 한국의 FMS 계약 규모는 37억 달러로 사우디아라비아, 대만에 이어 3위였다"며 "한국의 FMS 지위 향상은 미국의 이익에 부합하며, 한미 동맹 강화에도 보탬이 된다"고 말했다. 한국은 이전 10년간 FMS 방식을 통해 미국에서 구입한 무기 및 군사 장비가 69억 달러에 달했다.

로비스트 윌리엄 볼은 6월 26일, 하워드 버먼 하원 의원을 면담하고 하원 법안과 동일한 내용을 담은 S1846을 상원에서 통과시키는 문제를 논의했다. 볼은 로널드 홉킨스 보좌관을 두 번이나 만나 클레어 매카스킬 상원 의원이 법안에 공동 서명해 주도록 설득했다.

로플러 그룹은 또 다른 로비스트 마커스 크래커를 투입했다. 로플러 그룹은 소속 로비스트들이 FMS 지위 격상 문제와 관련해 의원들과 의원보좌관 등을 27회 만나거나 전화 통화했다고 미 법무부에 신고했다이 책의 122, 123쪽의 표 참고.

로비 덕택에 미 의회에서 한국에 대한 우호적인 분위기가 확산됐다. 의회에서 한국의 FMS 지위 격상 건을 통과시키자는 여론이 형성됐다.

외교위 산하 아태환경소위의 에니 팔레오마베엥가 위원장은 4월 23일, 한미 동맹 강화 청문회를 개최했다. 그는 "FMS에 적용되는 한국 지위 향상이 오랫동안 지연돼 왔다"며 "이런 불공정을 시정하기 위해 한미방위협력강화법안HR5443 : United States-Republic of Korea Defense Cooperation Improvement Act of 2008을 다음 주 중 외교위 전체 회의에 상정할 것"이라고 말했다. 그러면서 "하워드 버먼 외교위원장이 해당 법안을 다른 안보 동맹 관련 법안에 붙여 처리할 것"이라고 설명했다.

로비 활동 중에 볼은 공화당 대권 후보 존 매케인 캠프로 가버렸다. 볼의 갑작스러운 하차로 인해 이태식 대사는 로비스트 없이 일을 마무리 지어야 했다. 법안의 의회 통과를 앞두고 로비스트가 그만 두는 바람에 이 대사는 난감한 상황에 처했다. 볼은 이 대사에게 다른 사람을 소개해주었다고 한다. 이태식 대사는 이 사람이 친구 관계로 도와주었기 때문에 로비 자금이 남았다고 설명했다. 이 대사는 이 사람의 실명을 밝히지 않았다.

크리스토퍼 본드 의원이 7월 23일 미 상원에 S.1846이라는 이름으로 한국의 미국산 무기 및 군사 장비 구매 지위를 '북대서양조약기구NATO 회원국+3국일본·호주·뉴질랜드' 수준으로 상향 조정하는 것을 골자로 한 '한미방위협력강화법안'을 제출했다. 공동 발의자는 척 헤이글 등 9명. 하지만 상

일정	로비스트	국가	방법	지위	접촉자	사무실	안건
없음	윌리엄 L. 볼 III	한국	면담	비서실장	크리스 카	자니 아이잭슨	이명박 대통령 방미 논의
없음	윌리엄 L. 볼 III	한국	전화		리처드 페리	린제이 그레이엄	한국에 대한 CODEL /STAFFDEL 논의
없음	마커스 A. 크래커	한국	면담	국가안보법사위파견	모니카 더몬드	빌 넬슨	S. 1846
2008 3/4	윌리엄 L. 볼 III	한국	면담	의원	엘렌 타우처 하원	엘렌 타우처	이명박 대통령 방미 논의
2008 3/5	윌리엄 L. 볼 III	한국	면담	의원	척 헤이글 상원	척 헤이글	이명박 대통령 방미 논의
2008 3/11	윌리엄 L. 볼 III	한국	전화	상원외교관계위 스태프	키스 루스		이명박 대통령 방미 논의
2008 3/12	윌리엄 L. 볼 III	한국	전화	비서실장	테리 리어먼	스테니 호이어	이명박 대통령 방미 논의
2008 3/26	윌리엄 L. 볼 III	한국	전화	비서	제프리 버그너		이명박 대통령 방미 논의
2008 4/1	윌리엄 L. 볼 III	한국	면담	의원	그레샴 바렛 하원	그레샴 바렛	H.R. 5916
2008 4/3	윌리엄 L. 볼 III	한국	전화	비서	제프리 버그너		H.R. 5916 S. 1846
2008 4/10	윌리엄 L. 볼 III	한국	전화	비서	제프리 버그너		H.R. 5916 S. 1846
2008 4/16	마커스 A. 크래커	한국	기타	입법위원	크리스토퍼 데이	빌 넬슨	한국의 FMS지위 및 면담요청
2008 4/17	마커스 A. 크래커, 윌리엄 L. 볼 III	한국	면담	군사입법보좌관	마이크 드보아	크리스토퍼 본드	S. 1846
2008 4/18	윌리엄 L. 볼 III	한국	전화	입법보좌관	에드워드 버리어	에드 로이스	H.R. 5916
2008 4/23	윌리엄 L. 볼 III	한국	전화	비서실장	크리스 카	자니 아이잭슨	한국에 대한 CODEL /STAFFDEL 논의
2008 4/24	윌리엄 L. 볼 III	한국	면담	입법보좌관	앤드루 밴랜딩엄	빌 넬슨	S. 1846
2008 4/25	마커스 A. 크래커	한국	면담	군사입법보좌관	크리스토퍼케이플	빌 넬슨	S. 1846
2008 4/30	윌리엄 L. 볼 III	한국	전화	입법보좌관	에드워드 버리어	에드 로이스	H.R. 5916
2008 5/1	마커스 A. 크래커	한국	이메일	비서실장	크리스 버라디니	헨리 브라운	한국의 FMS 지위 및 주미 한국대사관 직원들의 방한
2008	윌리엄 L. 볼 III	한국	전화	비서	제프리 버그너		추경예산법안 논의

일정	로비스트	국가	방법	지위	접촉자	사무실	안건
2008 5/23	윌리엄 L. 볼 III	한국	면담	군사입법보좌관	마이크 드보아	크리스토퍼 본드	S. 1846
2008 5/29	윌리엄 L. 볼 III	한국	전화	비서	제프리 버그너		인권법안
2008 6/5	마커스 A. 크래커	한국	면담	입법참모	로널드 홉킨스	클레어 매카스킬	S. 1846, "동료 전상서" 서한에 공동서명 및 공동 발의 관심 여부
2008 6/5	윌리엄 L. 볼 III	한국	면담	입법참모	로널드 홉킨스	클레어 매카스킬	S. 1846, "동료 전상서" 서한에 공동 서명 및 공동 발의 관심 여부
2008 6/5	윌리엄 L. 볼 III	한국	면담	비서실장	크리스 카	자니 아이잭슨	S. 1846
2008 6/6	마커스 A. 크래커	한국	이메일	군사입법보좌관	마이크 드보아	크리스토퍼 본드	매카스킬 의원 사무실 면담관련
2008 6/13	윌리엄 L. 볼 III	한국	전화	비서	제프리 버그너		S. 1846
2008 6/17	윌리엄 L. 볼 III	한국	면담	입법보좌관	샌드라 루프	존 워너	S. 1846
2008 6/20	마커스 A. 크래커	한국	이메일	입법참모	로널드 홉킨스	클레어 매카스킬	S. 1846 및 공동 발의
2008 6/26	윌리엄 L. 볼 III	한국	면담	의원	존 워너 상원	존 워너	S. 1846
2008 6/26	윌리엄 L. 볼 III	한국	면담	대사	이태식		S. 1846
2008 6/26	윌리엄 L. 볼 III	한국	면담	의원	하워드 버먼 하원	하워드 버먼	S. 1846
2008 6/26	윌리엄 L. 볼 III	한국	면담	대사	이태식		S. 1846
2008 7/16	윌리엄 L. 볼 III	한국	전화	비서실장	크리스 카	자니 아이잭슨	S. 1846
2008 7/23	윌리엄 L. 볼 III	한국	전화	입법보좌관	샌드라 루프	존 워너	S. 1846
2008 7/29	윌리엄 L. 볼 III	한국	전화	국무차관실	브루스 브라운		S. 1846
2008 7/31	윌리엄 L. 볼 III	한국	전화	군사입법보좌관	마이크 드보아	크리스토퍼 본드	S. 1846
2008 9/23	마커스 A. 크래커	한국	이메일	군사입법보좌관	마이크 드보아	크리스토퍼 본드	H.R. 5443 S. 1846

원에서 한국의 FMS 지위 격상 건은 통과되지 못했다. 로비스트가 일을 그만둔 데다 일부 의원들과 보좌관들이 반대한 때문이다. 리처드 루가 의원의 보좌관이자 상원 외교관계위 스태프인 키스 루스Keith Luse 등 상원의 핵심 참모들이 집요하게 반대했다. 로비스트 없이 일을 하는게 어떤 것인지 알게 되는 순간이었다. 이들은 우리의 방위 조달을 문제 삼았다.

이 대사는 반대편에 서 있던 보좌관들을 대사관에 초대했다. 이들에게 한반도 상황을 브리핑했다. 그리고 왜 한국이 FMS 지위 격상을 필요로 하는지, 한미 간 관계의 끈이 어떻게 연결될 수 있는지 설명했다. 이 대사는 이날 밤 이들의 마음을 돌리는 데 성공했다.

한편 미 하원은 2008년 9월 23일 오후, 한국의 FMS 지위를 'NATO 회원국+3국' 수준으로 상향 조정하는 것을 골자로 한 '한미방위협력강화법안'을 가결 처리했다. 한국 편이 된 하원 의원들이 상원을 압박했다.

네브라스카 출신 척 헤이글공화당 상원 의원과 조지아 출신 자니 아이잭슨공화당 상원 의원을 필두로 한 친한파 의원 그룹이 움직이기 시작했다. 공화당 의원들은 민주당 의원들이 반대하지 않으면 문제 제기를 하지 않겠다는 말을 흘려주었다. 민주당 의원들을 먼저 설득하라는 신호였다. 이 신호를 계기로 이 대사는 민주당 의원들을 적극 접촉했다. 이들의 마음을 얻으려 무진 애를 썼다.

당초 한미방위협력강화법안에 포함시켜 추진했던 FMS 지위 격상 건은 상원에서 제동이 걸렸다. 그런 뒤 군 특수 장비를 외국군에 이양하는 내용을 골자로 하는 해군함정양도법H.R. 7177 : Naval Vessel Transfer Act of 2008에 한국의 FMS 지위 격상 문제를 끼워 넣었다. 하원에서는 2008년 9월 27일, 구

두 표결로 관련법을 통과시켰고, 상원에서는 10월 1일 만장일치로 통과
시켰다.

주미 대사관은 이날 밤 워싱턴 특파원들에게 이메일을 통해 지급으로
보도 자료를 뿌렸다.

지급 주미대사관 안내 : 상원 FMS 법안 통과10.1, 21 : 55

1. 우리나라의 FMS 지위를 NATO +3 국가와 동등하게 향상시키는 법안이 9.27토 하원을
   통과하고, 10월1일 상원을 통과하여 미 의회의 입법 절차가 완료되었습니다.
2. 동 법안은 미 국내법 절차에 따라 행정부에 이송된 후 부시 대통령의 서명으로 발효될 예
   정입니다.
3. 동 법안 통과 참고 자료를 별첨, 송부하니 기사 작성에 참고하시기 바랍니다.

뒷마무리
못한 로비

부시 대통령은 10월 15일, 이 법을 서명해 발효시켰다. 미 의회는 한국의 FMS 지위 격상과 관련해 ① 한미 간 밀접하고도 지속적인 국방 협력이 미국의 국가 안보 이익에 부합하고 ② 한국이 1987년 비非나토 동맹으로 지정됐으며 ③ 한국이 FMS를 통해 과거 10년간 69억 달러어치를 사들인 미국의 주요 무기 구매국이라고 밝혔다. 이어 ④ 미국 군수품과 서비스, 주요 국방 장비를 구매하는 것은 한미 군대 간에 교차 운용을 증대시키며 ⑤ 의회가 2005년 12월, 전쟁 비축 물자를 동맹국 한국에 이전하는 것을 승인하는 법War Reserves Stockpile for Allies, Korea을 통과시켰으며 ⑥ 한국을 나토·일본·호주·뉴질랜드와 비슷한 지위에 넣는 법에 포함시켜서 국방 협력을 강화하는 것은 미국의 안보에 중요하다는 점을 발견했다면서 입법화의 타당성을 강조했다.

이태식 대사는 "FMS 지위 격상이 어느 날 하늘에서 뚝 떨어진 게 아니었다"며 "다른 나라가 하지 못한 것을 달성했지만 언론이 전혀 평가해주지 않았다"고 말했다. 그는 "그렇다고 나서서 자랑할 수도 없고…"라며 탄식했다2009년 11월 14일 사적 모임 발언.

FMS 지위 격상으로 인해 우리 방사청은 미국 무기를 구입하면서 과거보다 많은 이득을 누릴 수 있게 됐다. 김장수 의원은 "총 계약 금액의 1.5퍼센트에 달하는 계약 행정비를 절약할 수 있게 됐다"며 "이중에서 품질보증비를 우선 감면받으면 연간 300만여 달러를 아낄 수 있을 것"이라고 말했다. 계약 행정비는 품질 보증비0.65퍼센트와 계약 감사비0.2퍼센트, 행정 관리비0.65퍼센트로 구성된다.

품질 보증비를 면제받는 국가는 이탈리아, 벨기에, 덴마크, 그리스, 노르웨이, 터키, 스페인, 체코, 폴란드, 이스라엘 등 10개국이다. 캐나다와 영국, 독일, 네덜란드는 품질 보증비와 계약 감사비를 감면받고 있다. 프랑스의 경우 3가지 모두를 내지 않는다.

3가지 비용 중에서 하나라도 혜택을 보려면 추가적인 협상이 필요하다. 그러나 한국 국방부는 2010년 말까지 아무런 추가적인 협상을 벌이지 않아 이 3가지 항목 중에서 하나도 혜택을 누리지 못하고 있었다. 가장 손쉽게 비용을 줄일 수 있는 항목이 품질 보증비인데 이를 위해서는 '계약 행정비 면제 협정'을 추가 체결하든지, '한미 품질 보증 협정'을 개정해야 가능하다. 하지만 그 어느 것도 이루지 못했다. 품질 보증비를 내지 않을 경우 연 평균 340만 달러를 아낄 수 있는데 FMS 지위가 향상된 지 2년이 지나도록 이를 방치하고 있었다. 한국은 계약 행정비로 연평균 780만 달러를 내고 있으며, 이중 품질 보증비가 절반 가까이 차지한다.

2008년 10월에 만들어낸 성공적인 로비가 2년이 지나도록 빈껍데기로 겉돌고 있었던 셈이다. FMS 지위 향상으로 한국은 실질적으로 얻은 게 하나도 없다. 주미 대사관은 FMS 로비와 관련, 로비 자금 중 사용하고 남은 약 20만 달러를 국고에 반납했다.

Lobby 04

미국에서
독도 주권을
로바하다

미국은 독도를 한국 땅으로 인정하지 않는다. 이는 미국이 대외적으로 공표하지 않는 정책으로 굳어져 내려오고 있는 사실이다. 한국이 독도 이슈를 건드리면 건드릴수록 국제사회에서 불리하다. 미국 내 친한파 인사들은 이 문제를 자꾸 들추어내면 한국에 이로울 게 없다고 충고하고 있다. 가끔 미국은 독도 문제를 교묘하게 이슈화해서 한국의 인내력을 테스트하고 미국 의존성을 확인한다. 미국 정부가 운영하는 사이트에 접속해보면 동해에 독도라는 이름의 섬은 아예 존재하지 않는다. 독도는 중립 지역이거나 마치 일본 소속처럼 표기돼 있다.

미국에는
독도라는
지명은 없다

미 국립지리정보원NGA이 운영하는 사이트http://geonames.nga.mil/ggmaviewer/Main FrameSet.asp의 세계지도에는 독도라는 이름의 섬이 존재하지 않는다. 대신 독도의 위치에 리앙쿠르 암Liancourt Rocks이라는 이름이 붙어 있다. 이 사이트 에서 특정 지역의 귀속 국가를 표시하는 도표에는 독도, 리앙쿠르 암, 다 케시마 등 명칭이 함께 표기돼 있으며, 한국 주권이라고 돼 있다.

NGANational Geospatial-Intelligence Agency는 미 국방부의 전투 지원 기관이며 국가 정보 커뮤니티IC의 일원이다. 이곳은 국방과 국토 안보, 항해 안전을 위해 이미지와 지리 정보 솔루션을 개발하는 곳이다. NGA는 국가 안보를 지원 하기 위해 '시의적이고 적합하고 정확한' 지리 정보를 제공하는 것을 사 명으로 삼고 있다. 이곳에서 공개하는 내용은 미 국무부와 국방부 등 여러 중앙 부처의 관리들이 조율하고 합의해서 결정한 정부의 대외 정책이다. 지명과 관련해, 이곳에서 결정되면 이후에 미국의 모든 공공 기관이 이를 따르거나 참고한다. 이러한 미 정부의 핵심 사이트에서 독도가 증발했다.

2008년 7월, 한국에서 미국산 쇠고기에 대한 시장 개방 이슈로 촛불 시 위 등 반미 감정이 극에 달했을 때 미 의회 도서관에서 독도를 리앙쿠르

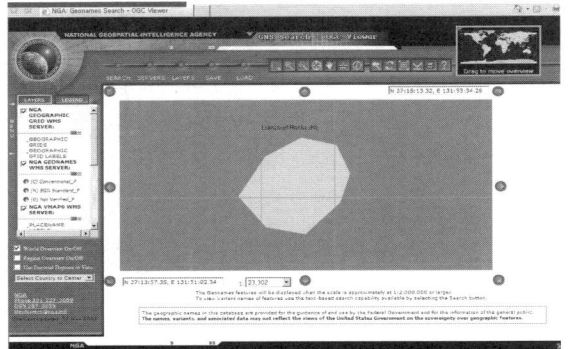

미국 국립지리정보원(NGA)이 운영하는
인터넷사이트에 올라 있는 독도 지도.
독도라는 이름 대신에 리앙쿠르 암으로
돼 있다.

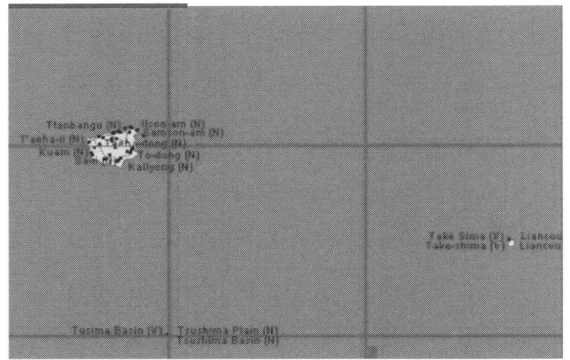

미국 국립지리정보원 사이트는 독도(오
른쪽)를 타케시마와 리앙쿠르 암으로
표기해놓았을 뿐, 독도라는 이름을 사
용하지 않고 있다.

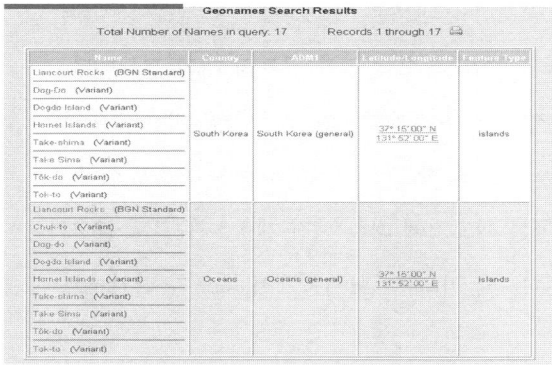

미국 국립지리정보원이 운영하고 있는
사이트. 특정 지명의 국가 귀속을 나타
내는 분류표에 독도가 한국 영토임을
밝히고 있다.

암으로 표기를 바꾸려는 시도가 있었다.

조지워싱턴대 동아시아어문학과장인 김영기_{Young-Key Kim-Renaud} 교수는 토론토대 동아시아도서관 한국학 책임자인 김하나 사서의 제보를 받았다. 김하나 씨는 주미 한국대사관에도 이를 알렸다. 당시 사건이 발생했을 때 언론 보도를 보자.

> 김하나 씨는 미 의회 도서관이 2008년 7월 16일수 주제 전거典據 협력 프로그램SACO 편집 회의를 열어 'Tok Island_{Korea}'로 돼 있는 주제 명표특정 주제에 대한 표제로 사용되는 단어나 어구를 'Liancourt Rocks리앙쿠르 암'로 변경할 방침이라는 사실을 가장 먼저 포착했다김 씨는 주 토론토 한국대사관에 이를 먼저 알렸지만 미국 사안이라는 이유로 묵살됐다.
>
> 북미 동아시아도서관협회 한국분과위원장을 맡고 있는 김 씨는 이 같은 사실을 14일 워싱턴 주미 대사관과 조지워싱턴대 동아시아어 문학과장인 김영기 교수에게 알렸다.

이 보도가 틀린 것은 아니지만 발단을 포착한 사람은 김하나 씨가 아니라 일본계 미국인이었다. 미 정부 차원에서 이뤄지고 있는 이 문제를 가장 먼저 입수해 한국 동포 사회에 경고 메시지를 준 사람은 뉴욕 컬럼비아대 도서관 소속 히데유키 모리모토였다. 그는 김하나 씨에게 이메일을 통해 "사안의 중대성 때문에 알려준다"며 의회 도서관의 독도 주제어 변경 방침과 회의 일정을 전달했다. 나는 히데유키에게 메일을 보내고 반응을 들으려고 했지만 그는 응답하지 않았다. 여기서 우리가 주목해야 할 것은 한

김영기 조지워싱턴대 동아시아어 문학과장. 김 교수는 미국 정부가 독도를 리앙쿠르 암으로 이름을 바꾸고 중립 지역으로 표기하려는 시도를 하고 있다는 사실을 전파했다.

국인에게 "당신네들 국토 잘 지키라"는 경고를 해준 사람이 일본계 인사라는 사실이다.

히데유키는 북미 도서관협회 소속으로 도서 자료의 분류 작업 등 미국의 핵심 도서관 정책에 접근할 수 있는 인물이다. 컬럼비아대가 그를 영입하면서 그의 활동을 대대적으로 홍보할 정도로 사서업계에서 알려진 인물이다.

그의 워닝시그널Warning Signal은 이태식 주미 대사에게도 전달됐다. 이 대사는 김하나 씨의 팩스를 받았다고 말했다2010년 9월 14일. 김영기 교수는 이러한 내용을 〈KBS〉의 윤제춘 워싱턴 특파원 등 언론에 알렸다. 〈KBS〉에 이어 〈MBC〉 등 언론의 보도가 터져나오자 정부가 강력 대응에 나섰다. 이태식 대사는 조용천 의회 담당 참사관에게 지시했다. 미 의회의 티 롤리 국장을 만나서 독도 주제어 표기 변경 추진을 중단하도록 요청하라는 것이었다. 이 대사가 제시한 논리는 세 가지였다. 첫 번째, 이렇게 될 경우 한국에서 반미 감정이 또다시 폭발한다. 효선·미선 사건에서 불붙었던 반미 감정이 재발될 가능성이 매우 높다. 두 번째, 국토 문제와 관련된 한일 간 이슈에 미국이 끼어들어서 분란을 일으킬 이유가 없다. 세 번째는 지난 50년간 묵혀두었던 문제를 새삼스럽게 꺼내서 논란을 일으킬 필요가 없다는 것이었다. 조 참사관의 설명을 들은 미 의회 도서관은 독도 주제어 표기 변경 작업을 중단했다.

주미 한국대사관이 초기에 적절하고 논리적으로 대응해 문제를 해결하는데 성공한 것이다. 김하나 씨는 혼자서 이 문제를 해결하려다 뜻대로 안 되자 주미 대사관에 알렸으며, 주미 대사관 관계자들이 나서서 외교적으로 해결한 것이다. 미국에서 발생했던 독도 명칭 교체 논란과 관련해 초기에 실질적으로 문제를 풀어낸 해결사가 외교관들이었다는 점을 이 자리를 빌려 확인하고자 한다. 물론 김 씨의 제보가 없었다면 한국은 멍하니 당하고 있었을 상황이었으니 외교관들이 최전방 감시관 역할을 소홀히 했다는 점에서 보면 100퍼센트 면책될 수는 없다.

언 론 이
만들어낸 분란

주미 대사관이 미 의회에서 독도가 리앙쿠르 암으로 바뀌는 것을 막는데
는 성공했지만, 정작 대형 사건은 엉뚱한 데서 터졌다. 워싱턴 특파원들은
독도의 명칭 변경 논의가 나오게 된 배경을 추적하기 시작했다. 미 지명위
원회BGN가 독도의 명칭 변경을 담당하는 기구라는 사실을 파악하게 됐다.
BGN은 연방 정부 내 각 부처의 지리 전문가 모임으로 Board on Geogra-
phic Names의 약자이다. 이곳의 결정이 NGA에 반영된다.

각 언론사에서 파견된 워싱턴 특파원들은 이 기구의 대변인 등 관계자
들의 인터뷰를 요청했다. 윤제춘 특파원은 김영기 교수를 통해 지명위 관
계자의 인터뷰를 요청했다. 하지만 거절당했다.

윤 특파원은 BGN이 독도의 명칭을 변경할 가능성이 있다는 김영기 교
수의 제보를 받고 NGA 사이트를 계속 체크했다. 윤 특파원은 BGN이 독
도 지명을 바꾸려는 움직임이 있다는 사실을 주미 한국대사관 정무 및 공
보 관계자에게 알려주었다. 윤 특파원은 윤석중 공보 담당 공사에게도 전
화를 걸어 이러한 내용을 전달했다고 한다.

김대중 대통령 때 청와대 해외언론비서관을 지내다 로스앤젤레스 공보

관을 거쳐 워싱턴 대사관 공보관으로 일했던 윤 공사는 집에서 귀국 보따리를 싸다가 전화를 받았다. 그는 그 전해 11월 한국 대선 직전 사표를 제출해 임기가 3월까지였다. 그는 해외 홍보가 대통령과 함께 가야 한다는 생각에 사표를 냈다고 한다. 하지만 이명박 대통령의 방미가 4월로 예정돼 있어 그의 퇴임은 그 이후로 미뤄졌다. 대통령 방미 관련 업무를 마무리하고 떠나라는 게 정부의 요구였다고 한다. 그런 뒤에도 그의 후임이 결정되지 못했다. 국정홍보처의 방선규 홍보협력단장이 홍보 공사로 내정됐다는 사실이 알려지자 논란이 일었다. 방씨가 기자실 폐쇄에 앞장선 언론의 공적인데다 그의 지위가 공사 자리에 적합하지 않는 참사관급이어서 특혜라는 비판이 제기됐다. 이런 이유로 윤 공사는 후임이 정해지지 않는 바람에 7월까지 근무하게 됐다. 그러다가 귀국을 불과 1주일을 남겨놓고 윤 특파원의 전화를 경황 없는 와중에 받게 된 것이다. 그는 윤 특파원의 전화 내용에 그리 신경쓰지 않았다. 임기가 끝나 송별회까지 한 데다, 독도 표기 문제는 정무 파트의 업무였기 때문이었다.

독도 명칭과 관련해 논란이 일자 이태식 대사는 귀국 준비를 하고 있던 윤 공사에게 BGN 관계자를 만나서 독도에 대한 한국의 입장을 전달하라고 지시했다. 윤 공사는 이들을 만나서 원칙론적인 차원에서 한국의 입장을 설명했다고 한다. 하지만 그는 미국이 독도의 귀속 문제를 변경할 계획이 있는지 등에 대해서는 질문하지 않았다. 귀국 준비를 하느라 윤 특파원과의 통화 내용을 크게 신경쓰지 못한 것이다. 그리고 윤 특파원이 지적한 내용이 독도의 귀속 문제가 아니었다고 한다.

이런 와중에 BGN은 NGA 인터넷사이트에 올라 있는 도표에서 독도를 중립 지역UU : Undesignated Sovereignty으로 변경하고, 지도상에는 독도, 다케시마, 리앙쿠르 암 등 세가지로 표기했던 것에서 독도를 뺐다. 독도의 명칭 변경 문제가 이제는 중립 지역으로 바뀌면서 귀속 문제로 확대된 것이다.

윤 특파원은 NGA 사이트를 점검하다가 BGN의 독도 중립 지역 분류 사실을 포착했다. 〈KBS〉가 9시 뉴스에 단독 보도했다. 윤 특파원은 보도 말미에 대사관이 제보를 받았던 내용조차 확인하지 않았다며 비난했다.

2008년 7월 26일 토요일미국시간

한국에서 〈KBS〉가 밤 9시 뉴스를 통해 BGN의 독도 표기 변경 사실을 보도하고 있을 때 이태식 주미 대사와 워싱턴 특파원들은 버지니아 주 메릴랜드 P.B.Dye 골프장에서 운동을 하고 있었다.

모자를 벗고 땀을 훔치며 클럽하우스로 들어서던 이 대사는 서울서 걸려온 전화 한 통을 받고 안색이 바뀌었다.

미 지명위원회가 독도 표기를 중립 지역으로 바꾸려고 한다는 제보가 대사관에서 묵살됐다는 〈KBS〉보도와 관련해 진상을 파악해 보고하라는 지시였다.

당시 서울은 미국산 '광우병' 쇠고기 논란으로 촉발된 촛불 시위가 확산돼 이명박 대통령의 지지율이 곤두박질쳤고, 미국에 대한 분노가 하늘을 찌르고 있었다. 일본의 독도 영유권 주장으로 반일 감정도 갈 데까지 간 상황이었다. 이명박 대통령은 첫 보고를 받고 "어떻게 그런 일이 있을 수 있느냐"며 격노했다고 한다.

이 대사는 일요일인 이튿날 청와대 외교안보수석과 외교장관에게 전화해 사의를 표명했다. 그는 "언제 사표를 내는 게 좋은지 시기를 알려 달라"고 요청했다. 그리곤 "이번 문제는 해결해놓고 나가도록 하겠다"고 약속했다고 한다.

이 대사와 최석영 경제 공사는 주말 내내 대사관에서 살다시피 하면서 대책을 강구했다. 국무부와 백악관 등 연락을 할 만한 곳은 모두 문을 닫았으며, 관계자들도 전화 연결이 되지 않았다.

유엔 대표부에서 UN 지명 표준화 업무를 담당했던 최 공사는 과거 경험을 되살려 FIPS연방정보처리표준 : Federal Information Processing Standards를 뒤지기 시작했다. FIPS Publications는 미 상무부 관보의 일종으로 기술표준연구소NIST, National Institute of Standards and Technology가 연방 컴퓨터 시스템을 위해 프로세스 표준화를 결정해 게재하는 곳이다. 최 공사는 경험상으로 지명 표준화 문제와 관련된 사안이기 때문에 결정 사항이 공시돼 있을 것이라고 추측한 것이다. 최 공사는 인터넷사이트를 들락날락하면서 문건을 검색했다. NGA 사이트의 주소 뒷자리는 미국 정부 기관을 표시하는 org가 아니라 군Military 소속임을 표시하는 mil이다. 검색 통로가 마치 미로와 같았다. 20여 개 섬이 일본과 러시아 간에, 일본과 중국 간에 소유권 분쟁에 휘말려 있었다. 미국은 이같이 논란이 되는 지역을 주권이 없는 지역으로 분류해 정리하려고 했다. 최 공사는 거의 탈진할 무렵 미국의 의도가 감춰진 FIPS 10-4호 문건을 손에 넣었다. UU코드 신설과 이의 적용 등에 대한 고시 내용이 담겨 있었다. 윤제춘 특파원은 이 같은 사실을 자신이 대사관에 알려주었다고 말했다.

NGA의 12차 공고문 'FIPS 10-4국명 표준'에 따르면, NGA는 2007년 8월,

각 지명이 속한 '국가country' 분류 코드를 개정하면서, '주권 미지정 지역uu' 코드를 신설했다. NGA는 UU코드에 대해 "주권의 상태를 확인할 수 없거나, 분쟁과 관련된 곳으로 미국이 입장을 취하지 않는 곳의 지형물에 적용된다"고 밝혔다.

NGA는 쿠릴 열도 남단 4개 섬을 에토로후擇捉 · 구나시리國後 · 시코탄色丹 · 하보마이齒舞 등 일본명으로 거론하면서, 이 섬들에 대해 일본과 러시아 간에 분쟁이 일고 있다고 예시했다. 또 "4개 섬은 1945년 소련에 의해 점령됐으며 러시아에 의해 지배되며 일본이 자신의 영토라고 주장한다"고 덧붙였다. 드미트리 메드베데프 러시아 대통령이 2010년 11월, 러시아 대통령으로서는 처음으로 구나시리를 방문했는데 일본이 극렬하게 반발할 만큼 이 지역은 예민한 곳이다.

2008년 7월 28일 월요일 오전, 미 국무부 브리핑룸

독도 표기에 대한 질문이 쏟아지자 국무부 대변인은 독도 표기의 원상회복이 어렵다고 장황하게 설명했다. 국무부 대변인의 독도 표기 원상 복구 거절 발표는 한국 신문들의 1면을 장식했다.

이태식 대사는 존 네그로폰테Negroponte 국무부 부장관, 제임스 제프리Jeffrey 백악관 국가안전보장회의 부보좌관을 방문해 항의했다. 네그로폰테 부장관 등은 NGA의 이번 조치가 "관계 기관의 결정에 따라 전문 기술자들이 취해오고 있는 조치의 일환"이라며 "기존 미 정부의 입장에 변화가 있는 것은 아니다"라고 밝혔다.

UU코드 신설 공고문을 작성한 NGA의 해외 지명 담당 국장 랜달 플린

Randall Flynn은 '독도 주권의 원상 복구 가능성'에 대한 한국 측의 질문에 대해 "불가능하다"고 답한 것으로 알려졌다. 플린 국장은 이번 사태를 주도한 미국 측의 핵심 인물이었다〈조선일보〉 7월 30일.

미국이 편의주의식 지명 분류에서 한발도 물러서지 못하겠다고 버티자 한국 여론이 확 달아올랐다. 언론사의 인터넷사이트에는 비난 댓글이 넘쳐났다. 반미 감정이 극에 달했다.

미국의 고집스런 기류를 전해 들은 한나라당 박희태 대표는 7월 30일한국시간 〈MBC라디오〉 '손석희의 시선집중'에 출연해 "미 국무부에서는 '바꿀 수 없는 게 아니냐'는 이야기가 우세한 형편"이라고 솔직하게 말했다. 그는 "'정치적으로 어떤 이야기를 한다 해서 미국 측이 움직이진 않을 것'이라는 전망이 우세하니까 변경하긴 어렵지 않겠나 하는 생각이 든다"며 무기력함을 드러냈다. 야권에서는 유명환 외교통상장관을 교체하고 당장 이태식 대사를 소환하라고 요구했다. 여당에서도 외교 라인을 적극적으로 비호하지 않았다. 박희태 대표는 "미국이 독도의 표기에 대해 입장을 바꾼 경위를 파악한 후 누가 책임이 있는지 가려야 책임을 물을 수 있는 것 아니냐"며 "좀 시간이 걸리는 문제"라고 두루뭉술하게 넘어가려 했다.

경질 위기의 주미 대사, 미국 대통령과 담판하다

청와대에서 비상 대책 회의가 열렸다. 여론 무마를 위해 유명환 외교통상장관과 이태식 주미 대사를 경질하기로 결정됐다. 유 장관은 이미 이 사건 전에 경질론으로 연결되는 사고를 하나 저질러놓았다. 아세안지역안보포럼ARF에서 우리 측이 요구했던 금강산 피격 사건 문제와 북한이 요구했던 10.4공동성명을 모두 의장 성명에서 삭제하는 과정에서 졸속 외교를 했다는 비판을 받았다. 이 때문에 외교장관을 교체해야 한다는 책임론이 일었다. 여기다가 독도 문제마저 터지자 대미 외교 라인을 전면 교체해 국면 반전을 꾀해야 한다는 정치적 셈법이 작동하기 시작했다. 하지만 이명박 대통령이 휴가 중이어서 경질 발표가 지연됐다. 사망 선고를 받은 이 대사는 크리스토퍼 힐 국무부 동아태차관보를 만나 한국 상황을 설명하고 원상 복구를 요구했다. 국무부에서 BGN 책임자, 국무부 직원, 학자 등 관계자들이 회의를 열었으나 이미 결정된 사안이어서 되돌릴 수 없다는 결론이 내려졌다.

독도가 UU로 표기된 것은 시범 케이스였으며, 이는 사실상 한국 언론이 부추긴 것이라는 게 당시 외교 관계자들의 주장이다. 조용히 넘어갈 수 있는 문제였지만 언론이 집적거려서 일이 불거진 것이라는 해석이다. 데이빗 스트라우브 국무부 전 한국과장은 "미국 관리들이 데이터베이스의 표기를 고치게 한 계기는 한국 측이 조성했다"며 "한국의 방어적이고, 대중적이며, 지나친 반응이 이들의 주의를 환기시킨 셈"이라고 말했다. 그는 한국 언론의 원인 제공을 직접적으로 거론하지 않으면서 조심스러운 표현을 사용했다. 그는 일본 측의 로비 가능성에 대해 "로비가 있었더라도 그리 강력한 게 아니었을 것이다. 일본 역시 미국이 독도 관련 일본 입장을 지지하지 않을 것이라는 사실을 알고 있기 때문이다. 일본이 독도 탈환을 위해 전쟁을 벌인다고 치자. 미국이 일본을 지지하겠는가"라며 되물었다〈경향신문〉 2008년 7월 31일. 당시 한국 언론들은 일본의 로비에 한국 외교력이 밀렸다는 억측을 했다. 그런 보도로 인해 한국 내 반미 감정이 격화됐다. 이 자리에서 밝히건대, 일본의 로비로 인해 미국에서 독도 표기 변경 문제가 불거진 것은 아니다.

국무부에서 최후통첩을 받은 이 대사는 뇌관을 향해 째깍거리며 달리고 있는 시한폭탄과 같은 시계를 바라보았다. 이 대통령이 휴가에서 돌아오면 경질 발표를 할 것이고 그러면 자신의 임기도 불명예로 마감하게 될 것이었다. 그는 최후가 될지도 모를 미 대통령과의 운명적인 조우에 베팅했다.

화요일인 7월 29일. 백악관 아이젠하워 빌딩에서 한미 FTA 비준 촉진을 위한 조지 부시 대통령과의 대화가 예정돼 있었다. 한미FTA비즈니스연합이 주축이 된 업계 대표들이 정부 측에 한미 FTA의 조속한 의회 비준을 요구하는 회의였다. 조지 부시 대통령 옆에는 상무장관, 농무장관, 이태식 대사, 최석영 공사가 앉았다. 부시 대통령은 한미 FTA의 조속한 비준 추진을 약속하는 연설을 했다. 부시 대통령이 연설을 마치고 나가려고 하자 두 장관과 이 대사, 최 공사가 함께 일어섰다. 부시 대통령은 홀 중간까지 장관들과 말을 나누면서 걸어 나갔다. 장관들이 이제 제자리로 되돌아갔다. 최 공사도 멀어졌다. 그런데도 이 대사는 부시 대통령을 따라갔다. 방한을 앞두고 있던 부시 대통령에게 이 대사는 독도와 관련된 문제를 제기하고 설명한 뒤 해결을 건의할 기회를 엿보고 있었다. 이 대사는 부시 대통령과 단 둘이 복도에서 남게 되자 입을 열었다.

"Mr. President. We have a burning issue between our two countries대통령님, 우리 양국 간에 뜨거운 이슈가 발생했습니다."
"The issue of geographical names, isn't it지명 문제 말이지요?"
"Yes, sir예."

부시 대통령은 "콘디로부터 보고를 받았다"며 "해결 방안을 찾아보라고 지시했다"고 말했다. 그는 "콘디하고 협의하시오"라고 말했다. 부시 대통령은 콘돌리자 라이스 국무장관을 콘디라고 불렀다. 부시 대통령은 콘디를 여동생처럼 여긴다고 알려졌다. 이 대사는 부시 대통령이 한국 이슈를 꿰고 있는 데 대해 놀랐다.

이날 오후 4시, 국무부에서 매우 예외적인 회의가 긴급 소집됐다. 동 아시아 태평양 문제를 담당하는 크리스토퍼 힐 차관보가 주최한 회의에 BGN과 국무부, 국방부 등 지명 이슈와 관련된 모든 공무원들이 배석했다. 한국 측에서는 이태식 대사와 서울대 이기석 교수, 그리고 대사관에서 참사관 한 명이 참석했다. 이 교수는 사실상 대통령 특사로 무엇이 문제인지 점검하러 방문했다. 이 자리에서 이 대사는 미국이 분쟁 지역에 대해 중립적인 입장을 견지한다면서 일본과 러시아가 분쟁 중인 쿠릴 열도, 일본과 중국이 분쟁 중인 센카쿠 열도에 대해서는 '주권 미지정 지역'으로 분류하지 않고 러시아와 일본의 실효적 지배를 그대로 인정하고 있는 것은 이중 잣대가 아니냐고 지적했다. 그는 독도를 '주권 미지정 지역'에 포함시킨 것은 실효적 지배 국가 위주로 지명을 표시하는 유엔 지명표준화위원회의 원칙에도 어긋난다고 항의했다. 이 회의에서 극적인 반전이 이뤄졌다. 그 이전까지 꿈적하지 않던 미국 관리들이 생각을 바꾸기 시작했다. 당시 중국 측은 중일 간 분쟁 중인 섬에 대해 미국이 일본의 실효적 지배를 인정했다는 이야기를 듣고 국무부에 강력 항의했다고 한다.

이태식 대사는 이날 밤 워싱턴을 방문한 의원들을 만났다. 김형오, 김효석, 류근찬 등 4당의 대표 격 의원들이 워싱턴을 방문했다. 의원들이 독도 문제를 물고 늘어지자 이 대사는 부시 대통령과 면담한 사실을 설명했다. 〈KBS〉는 이 대사가 부시 대통령을 만난 사실을 단독 보도했다. 〈KBS〉 출신 선진당 소속 류근찬 의원이 〈KBS〉 워싱턴 특파원에게 이 대사와 부시 대통령의 면담 사실을 전해준 게 아닌가 하는 의혹이 일었다. 류 의원은 나의 확인 요청에 전혀 모른다고 말했다.

〈KBS〉가 방송을 하기 훨씬 전인, 워싱턴 시간으로 밤 11시에 배포된 보도 자료를 보면 이 대사가 미국 최고위 관계자를 만났다는 내용이 나온다. 이 보도 자료는 최석영 공사가 긴급히 만들어서 특파원들에게 일일이 이메일로 보냈고, 코러스하우스 홍보 담당관에게 특파원들의 메일 수신 여부를 확인토록 시켰던 것이다. 외교 용어에서 최고위 관계자는 대통령 한 명뿐이다. 하지만 어느 특파원도 이에 대해 의문점을 갖지 않았고 아무도 최석영 공사에게 최고위 관계자가 누구를 지칭하는지 문의하지 않았다. 〈KBS〉가 방송을 내보내기 훨씬 전에 〈세계일보〉는 해설 기사를 통해 이 대사가 백악관을 방문해 부시 대통령을 만난 사실을 우회적으로 언급했다.

나는 이 대사가 부시 대통령을 만난 직후인 이날 오후 이 대사를 단독으로 면담했다. 이 대사는 독도 문제와 관련해 부시 대통령과 대화를 나누었으며, 콘돌리자 라이스 국무장관의 지휘로 후속 조치가 취해질 것이라는 말을 들었다고 전해주었다. 하지만 이 사실을 기사화할 수 없었다. 미 정부 내에서 여전히 독도 이슈와 관련해 논의가 진행 중이었고 결과를 공식 발표하지 않았기 때문이었다. 한국 대사가 미국 대통령을 만나 독도의 주권 회복을 요구했으며, 부시 대통령이 원상회복 문제를 사실상 승인했다는 기사를 내보낼 경우 논의가 중단되거나 결정이 번복될 가능성이 있다고 판단했다.

수요일인 30일 오전, 이태식 대사는 대사관에 특파원들을 불러 모았다. 〈KBS〉 보도와 관련해 언론의 질문이 쇄도하자 백그라운드를 설명해주려는 게 목적이었다. 브리핑을 마치고 워싱턴 주미 대사관의 홍보관 코러스하우스를 나서던 특파원들은 또다시 대사관으로부터 다급한 연락을 받았다. 코러스하우스에 다시 모여달라는 요청이었다.

이 대사는 이날 마이크를 두 번 잡았다.

"방금 NSC에서 저에게 연락이 왔는데, 독도 문제가 원상회복됐다는 전 갈입니다."

부시 대통령이 이날 오전 라이스 국무장관으로부터 독도 문제에 대한 검토 결과를 보고받은 뒤 독도 문제를 원상회복토록 지시했다고 제임스 제프리 백악관 국가안보회의NSC 부보좌관이 이 대사에게 전화한 것이다.

이 대사는 "독도 분규가 발생하기 이전 상태로 원상회복한다는 게 결정 사항"이라면서 "부시 대통령이 직접 결정을 내렸고, 그것을 즉각 시행하 도록 했다"고 말했다. 한국 방문을 앞둔 부시 대통령은 이날 〈KBS〉 〈조선 일보〉 등과의 인터뷰에서 독도의 원상회복을 지시했다고 말했다. 부시 대 통령과 가진 인터뷰에서 독도 문제가 원상회복 사실을 알게 된 〈KBS〉 윤 제춘 특파원은 귀를 의심할 정도로 놀라는 반응을 보였다. 부시 대통령은 인터뷰하기 위해 방으로 들어서면서 "특종이 있다. 독도 문제를 원상회복 시켰다. 빨리 가서 보도하라"고 조크했다.

부시 대통령의 지시가 있은 지 하루 만인 31일, 미 지명위원회는 인터 넷 홈페이지에 독도의 귀속 국가 명칭을 한국South Korea과 공해Ocean로 원상 복구시켰다. 미 지명위원회가 2007년 만든 '영유권 미지정 지역UU'이라는 카테고리는 계속 존재하지만 독도는 이의 적용을 받지 않게 됐다.

이태식 주미 대사는 "한국 외교의 목표는 지난 1977년 이전으로 돌아 가 '독도'의 고유 명칭을 찾는 것"이라고 말했다. BGN 산하 외국지명위 원회는 1977년 7월 14일 독도 대신에 리앙쿠르 암으로 표기하기로 공식 결정했다.

휴가를 마치고 청와대로 복귀한 이명박 대통령은 서울시교육감 선거 투표를 위해 종로 국립 서울농학교를 찾은 자리에서 외교 라인 문책론에 대한 입장을 묻는 기자들의 질문에 "일희일비해서 조금 잘못하면 너무 자책하고, 우리끼리 이렇게 하면 상대방이 웃지 않겠느냐'고 말했다. 독도 영유권 문제를 원상회복시킴으로써 한국 외교는 또 한번 빛이 났고, 이태식 대사 경질 건은 물 건너갔다.

불과 5일 만에 이뤄진 역전극으로 이태식 대사의 자리가 떨어졌다 다시 붙었다. 하지만 후유증이 만만치 않았다. 워싱턴의 기류와 달리 국내에서는 여론이 들끓고 있었다. 일본대사관이 로비를 하고 있는데 한국대사관이 뒷짐 지고 있었다는 음해성 주장이 뒤엉켜 특정인을 희생양으로 삼고자 했다. 최석영 공사는 대사관 내부 조사에서 참고인 조사를 받았다. 윤석중 홍보 공사는 보도 자료를 통해 책임을 소홀히 한 데 대해 유감을 표명했다. 감사원에서 특수 감사단이 구성됐다. 제보를 받고도 묵살했다는 〈KBS〉의 보도와 관련해, 정치적 논란이 일자 감사원이 이를 집중적으로 문제 삼기 시작했다. 〈KBS〉의 제보를 받았던 윤 공사는 구체성을 띤 제보가 아니었다며 감사를 받을 수 없고 사직하겠다고 반발했다. 그는 이미 노무현 정부 임기 말에 사직서를 제출해놓은 상태였다. 청와대에서는 윤 공사의 사표를 수리하라고 난리였다.

하지만 이 대사는 그를 불명예 퇴진시킬 수 없다며 거부했다. 그러자 청와대에서 이동관 홍보수석이 이를 두고 노발대발했다는 소문이 퍼졌다. 이 대사는 이때 청와대에 '찍혔다'고 한다. 김영기 교수가 특파원들에게 일일이 이메일을 보내 자신의 발언이 와전됐으며 특정인을 음해하려는 의도가 아니었다고 설명하면서 사태는 수습됐다. 김영기 교수와 김하나 씨는 정부 훈장을 받았다.

정부는 독도 사태가 불거진 뒤 재외 공관에 각 나라의 독도 표기와 관련된 현황을 파악해 보고하라고 지시하는 등 실태 파악에 나섰다. 외교통상부는 주미 대사관에 미 지리정보원 사이트의 지도에서 '독도Tok-do' 표기가 누락돼 있는 배경과 이유를 파악하도록 지시했다. 그러나 이러한 지시와 관련해 보고를 받았는지, 재발 방지책을 마련했는지 등의 경과는 발표되지 않고 있다.

한국이 독도 영유권 회복 로비에서 승리했지만 전문가들은 한국의 승리를 인정하지 않고 있다.

일본 〈산케이신문〉의 구로다 가쓰히로 서울지국장은 2008년 8월 1일한국 시간, 미국이 독도 영유권 표기를 원상회복한 것과 관련해 "부시 대통령이 한국 방문을 앞두고 반미 감정이 고조되지 않을까 하고 신경 쓴, 국제 정치상 어쩔 수 없는 일"이라고 평가절하했다. 구로다는 〈평화방송〉 라디오 '열린 세상 오늘, 이석우입니다'와의 인터뷰에서 "독도 문제에 대해 어디까지나 한일 사이에서 해결할 문제라는 것이 미국의 원칙"이라며 "이번에 한국에 대해 정치적 배려를 했지만, 미국은 독도 문제 자체에 대해서는 한국 것이다, 일본 것이다 하는 것과 관련해서는 완전히 유보 상태"라고 말했다.

데이빗 스트라우브 스탠퍼드대 아태연구소 연구원은 "한국의 독도 지배가 앞으로 바뀌지 않는 것과 마찬가지로 한일 두 우방국 간의 영토 분쟁에 대한 미국의 불개입 정책 역시 변경되지 않을 것"이라고 말했다. 미 국무부에서 한국과장2002~2004년과 일본과장2004~2006년을 지낸 그는 BGN이 독도의 영유권 표기를 변경한 것과 관련해 "한일이 서로 영유권 주장을 하는 독도 문제에 미국이 끼어들 가능성은 전혀 없다"고 단언했다.

미국은 독도를
일본 땅이라고
여   긴   다

내가 렉싱턴에 있는 버지니아주립사관학교의 마셜도서관에서 찾아낸 밴 플리트 보고서 원본에 미국은 오래 전부터 독도를 일본 땅으로 인정한다는 내용이 나온다. 밴 플리트 보고서는 일본이 독도의 영유권을 주장하는 하나의 근거로 삼고 있다. 이 보고서는 한국전쟁 때 주한미군사령관을 지낸 제임스 밴 플리트가 1954년 웨스트포인트사관학교 동창이자 당시 대통령인 아이젠하워 특명에 따라 한국, 일본, 대만, 필리핀 등을 둘러보고 같은 해 9월 30일 작성한 것이다. 이 보고서에는 극동 지역 주요 국가의 군사 동향과 정치·외교적 현안을 다루고 있으며, 특히 한국과 관련, 육·해·공군의 전투 요원과 무기 체제 등을 상세하게 싣고 있다. 30여 년간 특급 기밀로 분류돼 있다가 1986년 1월부터 6개월에 걸쳐 기밀 해제됐다.

밴 플리트 보고서에 따르면 미국과 일본이 평화 협정 초안을 만들 때 1951년 한국이 독도 영유권을 주장했지만 미국은 독도의 통치권이 일본에 있다고 결론을 내렸다. 이에 따라 일본이 소유권을 포기하는 섬들 중에 독도가 포함되지 않았다는 것이다.

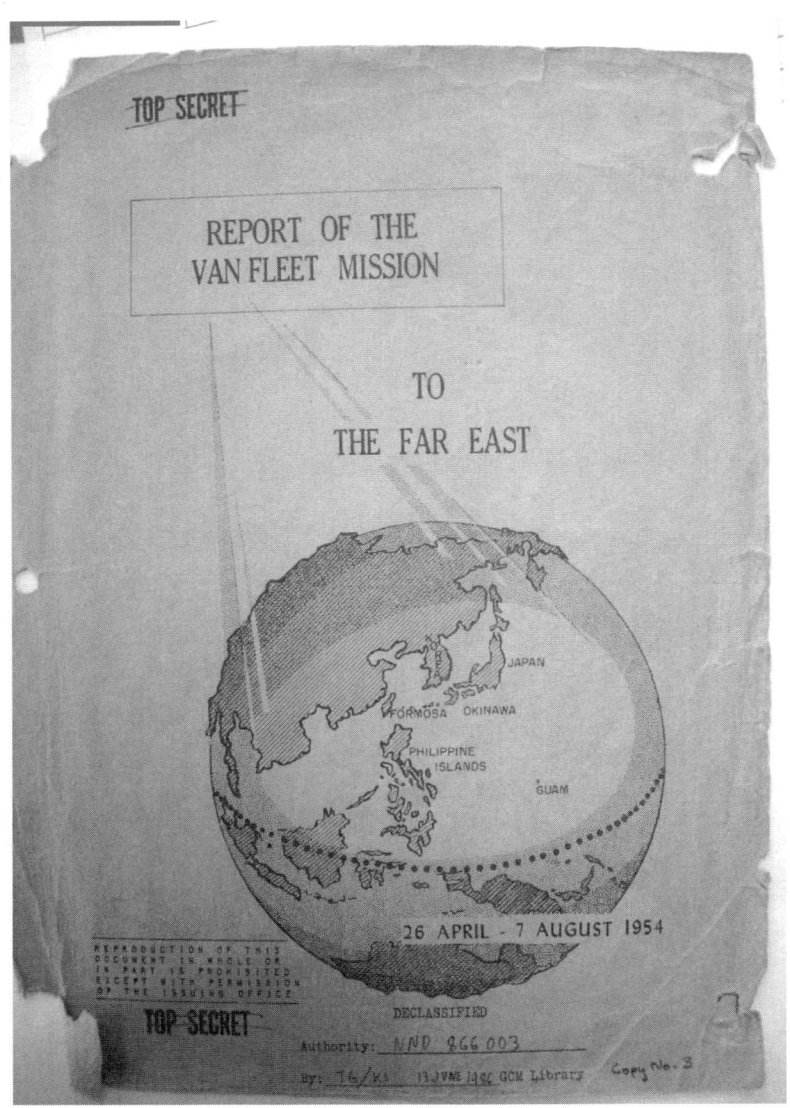

밴 플리트 보고서 원본. 버지니아 주 마셜도서관에 보관돼 있다.
이 보고서는 독도를 사실상 일본 영유권으로 인정하고 있다.

보고서는 "비록 미국이 이 섬을 일본 영토라고 생각하고 있지만 논란에 개입되는 것을 피해 왔다"며 "미국은 이 논쟁이 국제사법재판소ICJ에 회부되는 게 적절하고 이 같은 입장을 한국 정부에 비공식적으로 전달했다"고 기록했다.

보고서는 또 한국 정부가 미일평화협정샌프란시스코 조약에 맥아더 라인을 포함시켜 독도 부근에서의 일본 어선 조업을 영구히 막으려 했지만 이러한 조치는 미국이 지지하는 국제법의 원칙에 어긋나 한국 정부의 요구를 거부했다고 기록하고 있다.

맥아더 라인은 한반도 주변 공해에서 적 침투를 차단하기 위해 설정된 것으로, 미일 협정이 체결되면서 폐지됐지만 이승만 대통령이 '평화 라인'으로 고쳐 조업선으로 유지했다. 미국은 한국 정부에 조업선의 유효성을 인정하지 않겠다는 입장을 통보했으며, 국제법 위반이라고 항의했다는 것이다. 하지만 보고서는 일본이 이러한 사실을 모르고 있으며, 한국 정부 관계자 중 극히 일부만 알고 있고 공표되지 않았다고 밝혔다.

밴 플리트는 한국전쟁 중인 1951년 4월 주한미군사령관으로 부임해 1953년 1월 퇴역했다. 한국전에서 공군 장교였던 아들을 잃은 밴 플리트는 한국에서 육군사관학교를 재건하는 등 한국군을 정예화하는 데 힘을 쏟아 '한국군의 아버지'로 불리기도 한다.

미국의 민간 독도 연구가 마크 로브모Mark S. Lovmo는 BGN의 지명 변경 결정이 지난 1954년 이후 미국이 견지해온 정책과 크게 다르지 않다고 해석했다. 미국은 독도에 대해 어느 국가의 주권도 인정하지 않는다고 주장해왔고, 한국과 일본 사이의 분쟁에 개입하지 않겠다는 입장이라는 것이다.

미네소타 주 미니애폴리스에 있는 초등학교 교사인 로브모mlovmo @hotmail.com 는 2001년 독도 사이트를 만들었다. 그의 사이트는 외국인이 만든 첫 영어판 독도 사이트이다. 그는 사비를 들여서 메릴랜드 주 국립문서기록보관소NARA에 파묻혀 있는 문서를 찾아서 자신의 홈페이지www.geocities.com/MLOVMO에 올렸다. 그는 이 연구를 11년째 하고 있다. 그가 모아놓은 방대한 자료를 보면 입이 딱 벌어질 정도이다. 웬만한 한국인은 알지도 못하는 독도의 곡절 많은 역사에 대한 문서가 빼곡히 들어차 있다.

한때 한국에서 영어를 가르쳤던 그는 대원사에서 발행된 100여 쪽짜리 독도 관련 서적을 읽으면서 1948년 6월 8일, 미군이 독도를 폭격했던 사실을 알게 됐다. 이것이 계기가 돼 그는 NARA를 방문해 국가 기밀 자료를 뒤졌다. 그러다가 실제로 독도가 폭격장으로 사용됐다는 문서를 손에 넣었다.

그는 이후 한일 간의 독도 분쟁에 관심을 갖게 됐으며 일본이 1904, 5년 독도 영유권을 어떻게 바꿔놨는지, 미국이 1945~54년 독도 문제에 대해 얼마나 오락가락했는지 파악했다. 그는 NARA와 미 공군역사연구소AFHRA에서 자료를 복사하는 데만 2000달러를 사용했다고 한다. 그가 2003년에 작성한 논문 〈1948년 6월 8일 독도 폭격 사건에 대한 심층적 연구〉의 일부를 보자.

1948년 6월8일 화요일 저녁, 파손된 15톤급 목선에 타고 있던 3명의 한국 어부들이 구조되었다. 이들은 다른 어부들과 함께 80여 척의 배에 나뉘어 승선하여 독도 인근 해역에서 미역을 수확하던 중,

전투기로부터 폭격과 기총소사 공격을 받았다고 진술했다. 폭격 당시 독도 인근에서 어업을 하던 어부들 중 생존자는 이들 3명을 포함한 극소수의 몇몇 어부뿐이었다.

그는 〈연합뉴스〉와의 인터뷰에서 "한국인들은 독도 영유권 문제에 있어서는 매우 논리적이고 연구에 바탕을 둔 주장을 해나가야 한다"며 "적어도 미국 사람들은 독도 문제에 대한 과격하고 극단적인 감정적 표출을 보기 싫어한다"고 충고했다. 그의 지적으로 우리가 손도장을 찍어 만든 태극기를 독도 앞바다에 띄워놓고 독도가 한국 땅이라고 소리치는 이벤트가 국제사회에서 얼마나 설득력 없는 행위인지 깨닫게 된다.

워싱턴에서 독도 논란이 일단락된 뒤 숀 매코맥 국무부 대변인은 독도 문제와 관련, 의미심장한 한마디를 했다. 그는 "무엇보다 우리의 정책이 변화되지 않았다는 데 관심을 가져달라"고 말했다. 독도가 주권 미지정 지역이라고 하는 미국 입장이 전혀 바뀌지 않았다는 뜻이다. 그는 독도 문제는 "한일 양국이 해결해야 할 문제"라고 거듭 강조했다. 국무부 대변인의 발언은 한일 간에 논란이 해결되기 전에는 독도를 한국 땅으로 인정해줄 수 없다는 것으로 해석된다.

미국이 독도 표기를 원상회복했지만 미 국립지리정보원 사이트 지도에는 한동안 독도가 일본명인 '다케시마'와 중립 표기인 '리앙쿠르 암'으로 표기됐다. 논란 이전에는 독도와 다케시마, 리앙쿠르 암이 병기됐지만 독도가 한동안 빠져 있었던 것이다.

그러다가 언제부터인가 다케시마조차 빼버리고 리앙쿠르 암으로만 표

Japan is its natural market. Immediate exportation of the present
stocks is desirable if deterioration or damage by insects is to be
prevented.

4. Ownership of Dokto Island

The Island of Dokto (otherwise called Liancourt and
Taka Shima) is in the Sea of Japan approximately midway between
Korea and Honshu (131.80E, 36.20N). This Island is, in fact, only
a group of barren, uninhabited rocks. When the Treaty of Peace with
Japan was being drafted, the Republic of Korea asserted its claims
to Dokto but the United States concluded that they remained under
Japanese sovereignty and the Island was not included among the
Islands that Japan released from its ownership under the Peace Treaty.
The Republic of Korea has been confidentially informed of the United
States position regarding the islands but our position has not been
made public. Though the United States considers that the islands are
Japanese territory, we have declined to interfere in the dispute. Our
position has been that the dispute might properly be referred to the
International Court of Justice and this suggestion has been informally
conveyed to the Republic of Korea.

TOP SECRET

독도 영유권 문제를 다룬 밴폴리트 보고서의 일부.
미국은 독도가 일본 땅이라고 생각한다는 내용을
담고 있다.

기하고 있다. 미국 관리들은 자신들이 내린 결정의 흔적을 고집스럽게 지도에 남겨놓은 것이다. 1977년부터 30년 넘게 사용해온 '리앙쿠르 암'이라는 지명만 단독 표기함으로써 독도가 한국의 영토가 아니고 일본의 다케시마도 아닌 중립 지역이라는 미국의 결정을 시위하고 있는 것이다. 시간이 흐르면 흐를수록 미국의 결정이 남겨놓은 흔적이 역사가 되고 그 역사가 힘을 얻을 것이다. 그러면 한국은 또다시 극단적인 감정 표출에 드러내는 이벤트밖에 할 일이 없을 것이다.

의회 도서관의 독도 검색 주제어 변경 문제가 터졌을 때 교포들을 상대했던 권태면 총영사는 이런 푸념을 했다.

"미국의 행정부나 정치권, 의회 등에 깊숙이 들여다보면 한국 관련 결정이 내려질 때 귀뜸해줄 수 있는 사람이 없다. 한국 언론에 얼굴에 내미는 대부분 재미 한인들은 외곽에서 빙빙 돌고 있었다."

독도 문제가 터져서 진상을 파악하려고 사방팔방으로 수소문했지만 한국계 인사들이 의사 결정권을 가진 핵심 보직에 있는 게 아니라 변방에 머물러 있더라는 것이다.

워싱턴의 연방의회 도서관에는 한국계 사서들이 일하고 있다. 이들은 한국 2세 시장 등을 초청해 세미나를 개최함으로써 한국의 정치력 신장을 눈으로 확인시켜주기도 한다. 하지만 이들은 의회 도서관이 독도 표기 변경을 추진할 때는 "깜깜"이었다권태면 총영사 표현. 권 총영사의 지적은 앞으로 우리 동포들이 미국 사회에서 진출해야 할 여지가 많다는 것을 깨닫게 해준다.

Lobby 05

헛돈 쓴
한미 FTA 로비

비즈니스에 관한 한 미국은 이제 더 이상 한국을 형제 국가로 생각하지 않고 있다. 국제 비즈니스에서 미국은 한국을 철저하게 경쟁 상대로 보고 있다. 그래서 무역 협상에서 미국은 끝까지 미국 업자들에게 유리하도록 재협상을 요구한다. 2007년에 이미 합의하고 서명까지 한 한미 자유무역협정FTA을 두고 미국은 2010년에 재협상을 요구해 관철시켰다. 조지 부시 정부가 합의한 것에 대해 새로 정권을 잡은 버락 오바마 행정부가 불평등하다고 판단한 것이다. 끊임없이 외교적 압력을 가한 미국은 결국 11월 재협상을 시작했다. 협상 테이블에 마주 앉았던 한국 측 협상가들은 미국이 자동차 시장 개방과 쇠고기 시장 개방 부문에서 과도하게 요구했다고 한다. 그들이 재협상을 주장하면서 펴는 논리는 기존의 합의문을 들고 가면 미 의회에서 통과될 수 없다는 것이었다. 그들은 한미 FTA 재협상이 한국에서 얼마나 인화성이 강한 이슈인지 전혀 고려하지 않고 밀어붙였다. 결국 이 재협상데드라인은 11월 11일 한미 정상회담 전까지은 깨졌다가 한미 양국 정상의 의지로 겨우 합의에 이르렀다. 우리가 이 재협상에서 교훈을 얻은 게 있다면 경제적 거래에서 미국은 더 이상 한국을 동맹국으로 생각하지 않는다는 것이다. 한국은 재협상이 이뤄진 2010년 하반기에 한미 FTA의 미 의회 비준을 받아내기 위해 집중적으로 로비와 홍보전을 펼치면서 무려 38억 원을 쏟아부었다. 하지만 FTA의 비준 문제는 2011년으로 넘어갔다. 미 의회 비준 상정을 오판한 결과, 워싱턴 로비스트의 배만 불려준 셈이 됐다. 그러나 이러한 세금 낭비에 대해서 외교통상부 등 관계 부처는 전혀 지적을 받지 않고 있다.

한미 FTA 협상은
전 쟁 이 었 다

한미 FTA의 한국 측 총사령관은 김현종 통상교섭본부장이었다. 그는 2006년 2월 3일, 미 의회에서 미 무역대표부USTR 롭 포트먼 대표와 FTA 협상 개시를 발표했다. 미 의회의 연단에 선 김 본부장은 비장한 표정이었다. 그의 얼굴에는 웃음기가 없었고, 입은 꾹 다물고 있다시피 했다. 협상이 진행되는 도중에 수전 슈워브가 USTR 대표가 됐다. 포트먼은 백악관 예산국장으로 승진했다가 나중에는 연방 상원 의원이 됐다.

한미 FTA 협상 타결에 신명을 바쳤던 김 본부장은 그야말로 물불을 가리지 않았다. 그는 자리에 연연하지 않았기 때문에 상대국 장관들과 붙었을 때 강하게 나갈 수 있었다고 한다. 그가 눈치를 보거나 사심을 내세웠다면 상대방이 이를 간파해 협상에서 불리해졌을 것이라고 했다. 다행히도 상대 장관들은 자리에 연연하는 사람도 있었고 정치적으로 야심이 큰 사람도 있었다고 한다김현종, 《김현종, 한미 FTA를 말하다》, 442쪽.

김 본부장은 유감스럽게도 기자들에게 거짓말을 서슴지 않았다. 그는 2006년 2월 2일, 워싱턴에 있던 불고기 음식점 우래옥에서 특파원들과 만나 한미 FTA 추진과 스크린쿼터 축소는 전혀 상관없는 문제라고 말했다.

〈CBS〉 김진오 특파원이 미국 측이 요구한 4대 선결 조건 중 스크린쿼터 축소 문제를 계속 따지자 김 본부장은 테이블을 주먹으로 내리치며 "That's non of my business!"라고 소리 질렀다. 나중에 김 본부장은 자서전《김현종, 한미 FTA를 말하다》에서 미국이 한미 FTA 협상 출범의 전제 조건으로 4대 현안의약품 제도 변경 유예, 자동차 배기가스 기준 완화, 쇠고기 수입 재개, 스크린쿼터 축소 등을 해결해줄 것을 요구했다며 자신이 스크린쿼터 문제에 깊숙이 개입했음을 고백했다.

> 나는 대통령께 스크린쿼터 일수를 73일로 축소할 것을 건의했다. ⋯ 2005년 9월 방미 때 글릭만 미국영화협회 회장을 만나 스크린쿼터 추가 축소를 요구하지 않겠다는 다짐을 받아놓았다. ⋯ 2006년 7월 1일부터 스크린쿼터를 73일로 축소한다는 결정이 내려졌다. 나는 2006년 1월초, 이 같은 우리 정부의 최종 입장을 미국 측에 전했다. 곧이어 2월 3일, 한미 FTA 협상이 출범하게 된 것이다.
>
> ― 김현종, 《김현종, 한미 FTA를 말하다》, 270~272쪽

강자들의 논리가 지배하는 세계무역기구wto 체제에서 벌어지고 있는 도하개발어젠더DDA 협상에 겨우 얼굴을 내미는 정도였던 한국이 미국과 FTA 협상을 한다고 하자 많은 인사들이 냉소를 보냈다. 협상 타결에 수년이 소요될 것이고 미국의 복합적인 정치적 계산에 휘둘릴 것이라고 조롱했다. 협상 기간은 길지 않았지만 협상 타결 이후 미국의 정치적 계산에 휘둘린 것은 사실이었다. 심지어 워싱턴의 한 대학에서 경영학 교수로 오

랫동안 재직한 교포는 미국 관리를 상대로 협상할 영어 능력을 갖춘 한국 사람이 있느냐고 나에서 질문할 정도였다.

일본은 은밀하게 훼방을 놓았다. 김 본부장은 한미 FTA 협상을 출범시키는 날 워싱턴에서 미 행정부 고위급 관리로부터 뜻밖의 말을 들었다. 일본대사관 직원이 이 관리를 찾아가 한국과 FTA를 하지 말라고 종용했다는 것이다. 일본 외교관은 한국 사람은 믿을 수 없고 정직하지 않은 데다 김 본부장이 나중에 약속을 지키지 않고 미국을 실망시킬 것이라고 해코지했다고 한다김현종, 《김현종, 한미 FTA를 말하다》, 114쪽. 일본이 이 같은 방해 공작을 하게 된 배경은 뒤늦게 밝혀졌다. 일본무역진흥기구JETRO 아시아경제연구소가 한국이 추진하는 FTA가 주변국에 미치는 영향을 분석했는데 미국·EU·중국과의 FTA가 모두 발효될 경우 이들 지역에 대한 일본의 수출액은 첫해 112억 달러약 13조 원가 줄어들 것으로 예상했다'일, 한미 FTA로 수출 연 13조원 타격'. 〈한국일보〉, 2010년 12월 18일. 일본이 이 같은 손해를 눈뜨고 볼 수 없어 외교적으로 저지하려고 했던 것이다.

한국의 일부 국민들과 일부 정치권의 강경한 반대에도 불구하고 김 본부장은 협상을 밀어붙였다. 한미 양측의 협상 대표단은 외적으로 정치권으로부터 공세에 시달리고 내부에서는 마치 전쟁과 같은 협상을 벌였다.

WTO 변호사 출신이자 전직 대사의 아들인 김 본부장은 동안에 귀티나는 인상과는 달리 강단이 있었고, 목표 의식이 분명했다. WTO 수석 변호사였던 그는 노무현 대통령이 당선된 직후 구성된 인수위의 요청을 받고 세계 무역 질서 재편을 설명하면서 노 당선자에게 FTA의 필요성을 설득했다. 그리고 이해찬 총리, 한덕수 부총리를 FTA 원군으로 만들었다.

한덕수 부총리는 초대 통상교섭본부장 출신이다.

김 본부장은 미 의회에 대한 로비에 직접 나섰다. 그는 의전 관례를 무시하고 상·하원의 수석 전문 위원들과 핵심 보좌관들을 별도로 만나거나 식사를 했다. 젊고 야심에 찬 이들은 소속 정당이 집권할 경우 곧바로 행정부 차관보로 진입하는 사실상의 실세들이었다. 미 업계나 로비스트의 접촉 창구도 이들이 담당하고 있다고 한다김현종, 《김현종, 한미 FTA를 말하다》, 93쪽.

김 본부장은 한미 FTA 출범 때 주미 한국대사관 측에서 로비스트를 고용하자는 제안을 받았지만 거절했다고 말했다. 그는 "로비스트들을 써봤자 보좌관이나 만나는 수준일 테고 수억 원을 주어야 하는데, 국민 세금을 그렇게는 안 써야겠다고 생각했다"고 말했다. 그는 "그 로비스트 고용에 나를 개입시키지 말라고 했다"고 덧붙였다2011년 2월 14일 전화 통화.

하지만 김 본부장은 한미 FTA 협상 기간에 WTO에서 고위 법률 자문관으로 일했던 존 킹어리John Kingery를 고문 변호사로 활용했다. 킹어리는 '샌들러, 트래비스 & 로젠버그ST&R' 소속으로 일하면서 통상 문제와 관련해 한국뿐만 아니라 일본 정부에도 자문하는 일을 했다. 로널드 소리니 전 섬유협상 대사도 이 로펌에 소속돼 활동했다. 주미 한국대사관은 이 회사와 2006년 5월부터 1년간 계약하면서 8억 2400여만 원을 사용했다. 킹어리는 한미 FTA의 협상 타결 마지막 시점까지 김 본부장에게 주요한 조언자로 활약했다. 킹어리는 2007년 12월 로펌 아렌트 폭스의 파트너로 자리를 옮겼는데 이후 한국 정부는 한·EU FTA, 한·호주 FTA 등 각종 통상 협상의 법률 자문 회사로 아렌트 폭스와 계약했다.

미국과의 FTA를 반대하는 한국 시위대는 워싱턴에 몰려갔다. 이들은 협상단이 시소게임을 벌이고 있는 워싱턴에서 미 의사당부터 백악관까지 가두시위를 벌이기도 했다. 하지만 폭염 속에서 벌어진 시위는 질서 정연했고 차분했다. 미국 변호사의 조력을 받은 시위대는 법을 어기지 않았다. 언론 자유를 보장하는 미국은 외국 시위대에게 친절을 베풀었다. 경찰관들은 위법 사항을 전달한 뒤 이들이 시위를 잘(?) 벌일 수 있도록 보살펴주었다. 할리 데이비슨 오토바이를 탄 미국 경찰관들은 시위대를 백악관 인근까지 에스코트했다. 시위대가 당초 예정했던 백악관 부근에 접근하자 경찰관들은 "이제부터 더 이상 경찰의 도움이 필요 없을 것"이라며 에스코트를 중단하고 빠져나갔다. 후일담이지만 한국 국민들의 반대 시위가 협상단에 도움을 준 측면이 있었다고 한다. 반대 시위를 빌미로 한국 협상단은 미국에 더 많은 것을 요구했으며 결과적으로 협상을 유리하게 끌고 갈 수 있었다고 한다.

한국말보다 영어가 더 능숙한 김 본부장은 미국 측 협상 상대를 어떻게 다루어야 하는지 꿰고 있었다. 그는 한때 워싱턴에서 열린 회의에 참석했다가 미국 측이 추가 양보를 하지 않자 회담 결렬을 선언하고는 가방을 싸들고 호텔에서 나가버렸다. 이튿날 서울행 대한항공 여객기를 타기 위해서 밤새 뉴욕으로 가버린 것이었다. 파국의 조짐을 깨달은 미국 측은 한밤중에 협상을 재개하자며 긴급 통보했다. 그렇지 않았다면 한미 FTA 협상 타결은 먼 훗날의 일이 됐을 것이다. 이같이 파국 직전까지 간 것이 여러 번 있었다. 협상 개시 이래 한미 FTA를 계속 담당하고 있던 웬디 커틀러 USTR 대표보는 한국 협상팀에 대해 "협상 측면에서는 내가 만났던 어떤 협상 상대들보다 '터프'했다. 한국의 협상팀은 '터프'하고 뛰어났으며, 타협을 할 줄 아는 사람들이었다. 그들은 한국의 국익을 대변하기 위해 노력했다"고 평가했다 '미 의회, 한미 FTA 전폭 지지… 쇠고기 계속 제기할 것', 〈서울신문〉, 2011년 2월 9일자.

　미국 협상단은 7월 1일로 예정된 미국의 무역 촉진 권한TPA,Trade Promotion Authority 만료 90일 전까지 미 의회에 협정 타결안을 보고해야 했다. 미국은 의회가 무역 협상 권한을 쥐고 있다. TPA는 의회가 행정부에 무역 협상권을 일정 기간 위임하고, 협상이 타결되면 의회는 이에 대해 인준 여부만 결정하는 제도다. 의회는 행정부가 협상을 진행할 때 갑론을박하지 않는다. 이는 무역 협상을 벌일 때 의원들이 개입함으로써 협상이 지지부진해지는 것을 방지하기 위한 것이다.

　이런 제도 덕택에 행정부는 국제 교섭에서 힘을 발휘하게 된다. TPA 권한은 2002년 8월, 조지 부시 대통령이 서명하면서 연장됐다. 당초 기한은 2005년 6월 1일까지였는데 행정부가 2년 연장을 요청했으며, 상·하원이 반대하지 않아 2007년 7월 1일까지 연장되었다. 이후에는 더 연장되지 않았다. 한국은 이 연장된 TPA에 턱걸이하려고 협상을 밀어붙였다. 미 행정부가 협상 결과를 의회에 보내면 의회는 수정을 요구하지 않고 90일 안에 승인 여부를 결정하도록 규정하고 있다. 즉, 다른 나라와의 통상 교섭에서 효율성을 높이기 위해 미국 헌법에 보장된 의회의 무역 협상권을 의회가 일정 기간 행정부에 위임한 게 TPA다.

　이 TPA 기한 때문에 한미 양국 협상팀은 휴일2007년 4월 1일은 일요일을 감안해 카란 바티아 USTR 부대표의 말대로 협상 마지노선을 2007년 3월 31일 오후 1시미국 시간 3월 30일 금요일 근무 시간 종료 전로 잡았다. 마감 시한을 코앞에 두고도 양측은 밀고 당기기 싸움을 계속했다. 그러나 이 마감 시한은 거짓이었다. 김현종 본부장은 한미 FTA 협상 뒷이야기를 다룬《김현종, 한미 FTA를 말하다》에서 당시 협상 마감 시한을 이렇게 계산했다.

> 미 TPA 규정상 FTA는 미국 시간으로 2007년 6월 30일까지 협정문에 서명해야 했다. 그러나 6월 30일이 토요일이어서 서명이 가능한 가장 늦은 날짜는 6월 29일 금요일이며, 이로부터 90일 전인 3월 31일 토요일까지 미 의회에 서명 의사를 통보해야 했다. 3월 31일이 토요일이므로 3월 30일 금요일 근무시간 종료 전까지 미 의회에 통보해야 했다. 그러나 우리 측은 과거 한미 통상 협상에서 미국 측이 빈번히 시한을 연장하여 우리 측을 압박하는 전략을 구사한 점을 감안할 때 3월 30일이 진짜 마감일인지 의심했다. 내 계산으로는 2007년 6월 30일이 토요일이지만 토요일에 서명 못할 이유가 전혀 없었고, 그렇게 되면 이로부터 90일 전인 4월 1일 밤 12시, 즉 서울 시간으로 4월 2일 오후 1시가 최종 마감 시간임을 예측할 수 있었다.

협상 타결이 불투명해지자 김현종 본부장과 바티아 부대표는 4월 2일 월요일 오후 1시까지 협상 시한을 연장하기로 합의했다. 미 의회가 휴일과 관계없이 보고를 받겠다면서 선심쓰는 척했지만 이는 김 본부장의 예상대로 미국 측 전술의 하나였다.

이렇게 해서 '48시간'이라는 금쪽같은 시간을 벌었다. 그럼에도 양측의 벼랑 끝 줄다리기는 계속됐다. 국민적 이목이 집중된 농산물 문제 때문에 타협점을 찾기가 쉽지 않았다.

김현종 본부장과 바티아 부대표는 4월 1일 밤 11시쯤 서울 하얏트호텔에서 협상 테이블에 마주 앉았다. 김 본부장은 밤 9시 30분부터 청와대에서 열린 대외경제장관회의에 참석한 뒤 막 돌아온 상태였다. 여전히 최종 타결에 진전을 이루지 못했다. 결국 자정을 넘겼다. 취재 기자들은 호텔 로비에서 밤을 지새웠다. 호텔 카페에서 선잠을 청하는 기자들도 있었다.

4월 2일 월요일 새벽 4시쯤 농업 분야 최종 담판장. 김 본부장과 바티아 부대표, 양측 농업분과장, 수석대표가 테이블에 앉았다. 양측이 최종안을 테이블에 올려놓았다. 새벽 6시쯤 미국 측은 그동안 집요하게 밀어붙이던 쌀 관련 요구를 테이블에서 내려놓았다. 그리고 기나긴 협상이 마무리됐다.

2일 오전 11시 30분쯤 김현종 본부장과 김종훈 수석 대표가 협상장을 빠져나갔다. 이들은 광화문 종합 청사로 뛰어가 권오규 부총리 주재로 열린 최종 점검 회의에 참석했다. 하얏트호텔 로비에는 경호 병력 50여 명이 투입되고 경찰견이 구석구석을 돌아다니며 위험 물질을 탐색했다. 이날 오후 4시 김현종 본부장과 바티아 부대표가 한미 FTA 협상이 타결됐음을 공식 발표했다. 423일간의 대장정의 종지부를 찍었다. 협상 개시 선언이후 14개월 만이었다.

하지만 미국은 불과 1개월 만에 추가 협상을 요구해왔다. 의회를 장악한 민주당이 신통상 정책을 발표하면서 FTA 협상이 진행 중인 상대국에 국제 기준에 부합하는 노동과 환경 기준을 채택하라고 주문한 것이다. 노동 기준은 국제노동기구ᴸᴼ가 규정한 국제노동기준을 국내법 등으로 채택하고 유지해야 한다는 의무와 환경 기준에서는 7가지 주요 국제 환경 협약을 채택해야 한다는 의무이다.

김 본부장은 미국이 국제 통상 협상에서 노동 조항을 중시하는 이유를 이렇게 분석했다.

> 중남미 국가들의 노동법이 미국 노동법만큼 엄격하지 않기 때문에 발생하는 미국의 일자리 상실을 최대한 방지하겠다는 의도가 담겨 있다. 쉽게 말하면 최근 미국과 FTA를 체결한 콜롬비아, 파나마, 페루가 노동과 환경 기준을 완화하여 노동법과 환경법을 느슨하게 집행할 경우 미국 기업들의 중남미 투자 증가로 미국 일자리가 줄어드는 것을 방지하기 위해 채택한 정책이다.

미국이 콜롬비아 등과 FTA를 실행할 경우 미국의 공장들이 환경 기준이 까다롭지 않고 저임금 노동력이 풍부한 곳을 찾아 이전할 가능성이 높은데, 이 같은 상황을 막기 위해 미국이 상대국에 각종 요건 강화를 요구한다는 것이다. 고용 조건을 강화하라고 요구하는 것은 인도주의적 차원에서 나온 것이 아니고 저임금을 쫓아가려는 미국 공장의 해외 이전을 막기 위한 것이 본심이라는 것이다.

김 본부장은 워싱턴 USTR 사무실에서 수전 슈워브 대표, 바티아 부대표와 또다시 마주 앉았다. 이 자리에서 슈워브 대표는 민주당이 만들어낸 신통상 정책이 포함되면 틀림없이 한미 FTA를 지지할 것이라고 말했다고 한다. 환경과 노동 기준 등 신통상 정책의 주요 이슈들이 포함되면 민주당 지도부가 한미 FTA를 지지할 것이라는 말은 USTR이 이때 처음 언급했다고 김현종 본부장이 밝혔다김현종, 《김현종, 한미 FTA를 말하다》, 238쪽. 이 마지막 협상에서 한국은 미국의 비자면제프로그램 가입과 전문직 비자쿼터 확대 약속을 받아냈다.

김 본부장과 슈워브 대표는 2007년 6월 30일, 워싱턴에서 한미 FTA 협상이 타결됐음을 확인하는 문서에 서명을 했다. 하지만 이날 민주당 지도부는 한미 FTA를 반대한다는 성명을 발표했다. 김 본부장은 뒤통수를 얻어맞은 듯 충격을 느꼈다. USTR은 서명식 뒤 김 본부장을 만찬에 초대했다. 하지만 점심도 거른 김 본부장은 뒤도 돌아보지 않고 곧바로 뉴욕으로 가서 서울행 비행기에 올랐다. 그는 당초부터 청와대 회의에서 미국 측의 추가 협상 요구를 수용하지 말자며 강력하게 반대했다.

협상에는 이겼지만
미 의회를 설득해야
하 는   한 국

협상이 끝났지만 미 의회에서는 한미 FTA의 합의 내용이 한국 측에 너무 유리하다는 비난이 터져 나왔다. 협상안이 미 의회에서 전혀 먹혀들지 않았다. 미 행정부는 대외적으로는 조속한 비준의 필요성을 역설했지만 실제로는 의회의 눈치를 보고 있었다. 상황이 이렇다 보니 협상안을 통과시켜 달라고 한국 측이 미 의회에 로비해야 하는 형편이 됐다. 이태식 대사는 로비스트를 고용하고 최석영 경제 공사를 한미 FTA와 관련한 미 의회 공략 실무 책임자로 삼았다.

자동차 분야 협상과 관련해 미국 자동차 산업의 메카인 디트로이트가 격앙된 반응을 보였다. 이 지역 출신 의원들이 한국 공격에 앞장섰다.

농촌 지역 출신 의원들은 쇠고기 시장 개방 문제를 물고 늘어졌다. 이들은 한국의 쇠고기 시장을 먼저 개방하라고 요구했다. 이들은 윈윈Win-Win 할 수 있다는 논리를 펴며 압박했다. 축산업 중심지인 몬태나 주 출신이자 상원 재무위원장인 맥스 보커스 의원은 한국이 쇠고기 시장을 열지 않으면 한미 FTA는 의회에서 승인되지 못할 것이라고 으름장을 놓았다. 보커스 의원은 2011년에도 쇠고기 시장 개방을 요구하며 한미 FTA에 대해 반대했다. 한때 미국 측은 30개월 이상이 된 쇠고기도 수입하라고 우리 측에 요구했는데, 이는 몬태나 주의 소 때문이었다. 다른 지역 소는 22개월 미만에서 도축되지만 몬태나 주의 소는 30개월이 넘었다. 미국 협상대표단은 상원 실력자의 요구를 들고 우리를 압박했던 것이다. 보커스 위원장은 2011년 5월 4일, "한미 FTA가 정식발효된 후 쇠고기 수입 위생 조건에 관한 협의를 요청할 것"이라고 약속한 서한을 받고 한미 FTA 지지로 돌아섰다.

미국산 쇠고기는 2003년 이후 한국에서 수입 금지 품목에 올라 있었다. 미국에서 2003년 광우병 소가 발견된 데 이어 2005년 두 번째 광우병 소가 발견됐다. 나중에 조사결과 드러난 것이지만 광우병에 걸린 이들 두 마리 소는 모두 캐나다에서 수입된 송아지였다. 미국은 캐나다 소가 광우병에 걸린 것이라며 미국산 소는 문제가 없다고 주장했다.

2007년 5월 25일, 국제수역사무국OIE 총회에서 미국이 광우병 통제 국가 등급 판정을 받자 우리 정부는 미국산 갈비의 수입을 공식적으로 검토하기 시작했다.

권오규 경제부총리 겸 재정경제부 장관과 박홍수 농림부 장관은 2007년 5월 28일, 기자회견을 갖고 "미국은 국제수역사무국 총회에서 '광우병 위험이 통제되는 국가의 지위를 인정받았고 이에 따라 우리 정부에 자국산 쇠고기 수입 위생 조건 개정 협상을 요청했다"며 "한미 간 수입 위생 조건 개정 협상이 이르면 9월 안에 마무리될 것으로 기대한다"고 말했다. 이와 관련 이태식 대사는 5월 30일, 미국재계연대Business Coalition와의 간담회에서 "모든 위험 평가 절차가 원만하게 진행된다면 오는 9월까지 한국이 미국산 뼈있는 쇠고기 수입을 재개할 것으로 예상한다"고 밝혔다. 광우병 우려 때문에 금지했던 뼈를 포함한 미국산 쇠고기를 조만간 수입하겠다는 발표였다. 이러한 과정에서 우선 뼈없는 쇠고기의 수입이 허용됐다.

하지만 8월 2일 한미 양국 간 합의에 따라 당시까지 수입 규제 품목이었던 척추 뼈가 수입 쇠고기 상자에서 발견돼 미국산 쇠고기의 수입이 전면 중단됐다. 당시 광우병 위험 물질이 포함돼 있을 우려가 있는 척추 뼈는 공식적인 수입 허가가 나오기 전에 미국이 보내지 않고, 도축장에서도 철저하게 검사해 뼈가 포함되지 않도록 하겠다고 약속한 상태였다.

그러다가 8월 24일, 우여곡절 끝에 미국산 쇠고기의 수입이 재개됐지만 10월 5일 수입 고기에서 등뼈가 또다시 발견돼 수입이 중단됐다. 뼈 있는 쇠고기 수입 허가 때까지 쇠고기에서 뼈가 있으면 안 되고, 도축장 등의 위생 상태를 철저하게 관리하겠다고 약속한 미국이 합의를 위반했다는 이유로 우리 정부는 미국산 쇠고기의 수입을 전면적으로 중단시켰다. 이후 한미 양국이 협상을 재개했지만 결렬됐다. 그런 뒤 미국산 쇠고기 수입 재개 문제는 미궁에 빠져 들어가게 됐다.

이 과정에서 돌출 변수가 발생했다. 신정아 동국대 교수의 학력 조작 사건이 터져 나오면서 한미 FTA 원군이었던 변양균 청와대 정책실장이 2007년 9월, 낙마했다. 김현종 본부장은 외교통상부 내 알력으로 유엔 대사로 밀려가버렸다. 매우 발빠르게 협상 타결까지 끌고 간 FTA 지휘부가 무너져버린 것이다. FTA의 추진력이 떨어졌다. 정치권과 국민에 대한 설득 작업이 요령 있게 진행되지 못했다. 왜 FTA를 해야 하는지에 대한 논리가 초점을 잃어가기 시작했다. FTA를 추진하던 인사들은 인터넷에서 역적 4인방이니, 5인방이니 하면서 국민적 배신자로 찍혀 있었다. FTA 전사들이 무너지면서 청와대를 움직이는 게 쉽지 않아졌다. 이 같은 인사의 배경에는 정치적인 힘이 작용한 것으로 해석된다.

부시 행정부는 여러 건의 FTA 협상을 성사시켰다. 그리고 협상을 마친 FTA를 미 의회에서 통과시키기 위해 노력했다. 부시 행정부는 반미 분위기가 강한 남미에서 친미 국가인 페루의 역할을 고려해야 한다며 의원들을 설득해 페루와의 FTA를 의회에서 통과시켰다. 이태식 대사는 2007년 12월 미국 페루 FTA가 미 의회에서 통과될 때 한미 FTA를 포함시켜서 통과시키려고 노력했다. 의회에서 공화당이 다수당의 지위는 잃었지만 힘이 여전했기 때문이었다. 그는 이를 위해 의원들을 만나고 한미 FTA 통과에 힘을 써달라고 설득했다.

최석영 경제 공사는 스텝토 & 존슨과 9월 17일부터 연말까지 계약했다. 스텝토 & 존슨은 미 의회 내 민주당계 블랙코커스 소속 의원들을 대상으로 로비하는 회사이다. 3개월 반 동안 경비로 7만 달러가 투입됐다.

대사관은 민주계 로비 회사인 애킨 검프와도 계약했다. 이 회사의 시니어 파트너로 일하고 있는 김석한 변호사가 FTA의 의회 비준 전략을 마련하는 데 도움을 주었다. 이태식 대사는 경비를 줄이기 위해 이 회사와 중간에 계약을 해지했다가 다시 계약하는 것을 반복했는데 김석한 변호사가 이 같은 불편함을 감수했다고 한다. 이 대사는 김석한 변호사와의 친분 관계로 많은 도움을 받았다고 말했다. 애킨 검프와는 7월 14일 계약했는데 6700만 원이 들었던 것으로 알려졌다.

대사관은 또 '스크라이브 스트래티지스 & 어드바이저스'와 계약해 한미 FTA를 지지하는 동포 연합을 결성토록 했다. 1년간 활동비로 24만 달러가 들었다. 한국무역협회는 빈슨 & 엘킨스와 계약해 한미 FTA의 의회 통과 로비를 맡겼다. 비용은 1년간 18만여 달러였다. 또 '샌들러, 트래비스 & 로젠버그' 및 '아렌트 폭스' 등 로펌 회사들도 한미 FTA의 법률 자문 및 로비 회사로 계약해 조언을 아끼지 않았다.

에니 팔레오마베엥가 하원 외무위 아태소위원장, 다이앤 왓슨, 에돌푸스 타운스, 알비오 사이레스, 애덤 스미스, 그레고리 믹스, 데이비드 우, 짐 모란, G.K.버터필드 의원 등 민주당 소속 의원 10명은 2007년 11월 8일, 낸시 펠로시 하원 의장과 스테니 호이어 원내총무, 찰스 랭글 세입위원장, 샌더 레빈 세입위 무역소위원장 앞으로 서한을 보냈다. 내용은 한미 FTA 비준 동의안 심의 과정에서 경제적 혜택뿐만 아니라 한미 동맹 및 중국과의 관계 등 전략적, 지정학적 중요성을 고려해야 한다는 내용이었다. 다이앤 왓슨 의원의 경우 한미 FTA 체결 직후 반대했는데 이태식 대사를 세 번이나 만난 뒤 마음을 돌렸다고 한다. 2010년 11월, 중간 선거에 출마하지 않고 은퇴한 왓슨 의원은 지역구가 한국인이 많이 몰려 사는 로스앤젤레스에 있었다.

이 같은 노력에도 불구하고 미국 페루 FTA는 의회에서 통과됐지만 한미 FTA는 의원들의 반대로 상정조차 하지 못했다. 미국 파나마 FTA, 미국 콜롬비아 무역증진협정TPA도 의원들의 반대에 부닥쳤다. 한미 FTA의 경우 자동차 협상 문제와 쇠고기 시장 폐쇄에 따른 의원들의 반발이 컸으며, 콜롬비아 TPA의 경우 콜롬비아 정부가 노조를 탄압한다는 이유 때문에 미국 의원들이 결사반대했다. 미국 파나마 FTA에 대해서도 의원들이 호의

적이지 않았다. 결국 이들 FTA는 의회 근처에도 가보지 못했다.

노무현 대통령은 들끓는 국내의 반미 정서 때문에 쇠고기 시장 개방 문제를 차일피일 미루다가 임기를 마쳤다. 한미 FTA와 연계된 미국산 쇠고기 시장 개방 문제는 새 정부의 현안으로 넘어가게 됐다.

이명박 대통령은 2008년 4월, 한국 대통령으로서는 처음으로 메릴랜드에 있는 미 대통령의 별장, 캠프데이비드에서 묵게 됐다. 한미 정상회담 전날 협상팀은 미국산 쇠고기의 수입을 허용하겠다고 합의했다. 일각에서는 부시 대통령의 환대와 미국 의원들의 집요한 요구, FTA의 의회 통과에 대한 기대 등이 엉켜 이 대통령이 부시 대통령에게 쇠고기 시장 개방을 선물로 줘버렸다고 해석했다. 곧이어 〈MBC〉의 'PD수첩'이 미국 소의 광우병 관련 보도사실은 다우너병에 걸린 소가 트럭에 실리는 장면을 광우병에 걸린 소처럼 오해할 수 있도록 보도했다를 했고, 촛불 시위가 번졌다. 이명박 대통령의 지지율은 최악으로 곤두박질쳤다. 대통령의 지지율이 7퍼센트라는 초유의 사태가 벌어졌고, 이 대통령은 대국민 사과 성명을 발표했다. 쇠고기 시장 개방과 FTA 비준을 연계하면서 떠들어대던 미국 의원들은 한국의 혼란상을 못 본 체했다. 어느 누구도 한국 정정의 불안에 대해 유감을 표명하거나 안타까워하지 않았다. 이들은 쇠고기 시장 개방을 선물로 받자 한동안 FTA 문제를 입에 올리지조차 않았다.

부시 대통령은 2008년 8월 베이징 월드컵 개막식 참석차 서울을 경유했다. 그는 이때 레임덕 세션에서 한미 FTA를 의회에 통과시키기 위한 시도를 하겠다고 약속했다. 레임덕 세션은 선거11월 4일를 치른 이후 차기 의회 지도부가 구성되기 전 약 2개월간 개최되는 잔여 회기를 말한다. 이 말을 들은 이태식 대사는 미 의회에 대한 본격적인 로비 작업을 시작했다.

주미 한국대사관은 한미 FTA 로비를 위해 아렌트 폭스와 계약했다. FARA 보고서에 따르면 아렌트 폭스 소속 존 킹어리는 2008년 9월부터 2009년 1월까지 주미 한국대사관과 계약해 한미 FTA 이행과 관련한 분석, 법률 서비스 및 전략 마련 등을 제공했다. 비용은 월 1만 5000달러로, 모두 7만 5000달러였다. 이후 2009년 7월까지 계약이 연장됐으며 비용은 월 1만 달러로 인하됐다. 그런 뒤 계약이 2009년 12월까지 재연장되면서 비용은 6개월간 모두 5만 달러를 넘지 않는 범위에서 시간당 일정액이 지급됐다.

일찌감치 한미 관계 로비 회사로 계약했던 스크라이브는 한미 관계 전반에 대해 조언을 하면서 의원들과 접촉했다. 한국무역협회는 헬러 에르만과 12만 달러에 계약한 뒤 로비 활동을 강화했다.

공화당 의원들은 전적으로 FTA를 지지하는 분위기였다. 하원의 경우 민주당에서 70표만 확보하면 통과가 가능하다는 계산이 나왔다. 주미 한국대사관에서 확보한 민주당 표는 50표였다. 20여 표가 부족했다. 이를 보충하기 위해 최석영 공사 등 외교관들은 전력을 다해 뛰어다녔다. 이태식 대사는 미 전역을 헤집고 다니다시피 하면서 의원들을 만났다. 이 대사는 한미 FTA 통과를 설득하기 위해 거의 모든 의원들을 만났다고 한다. 의원들의 지역구에 찾아갔으며, 정치자금 모금 행사에 얼굴을 내밀었다. 네브라스카 등 농촌 지역에서는 한국전 참전 용사들을 찾아다니며 우호적인 여론을 조성하기 위해 안간힘을 썼다. 이 대사는 한국전 참전 용사들에게 웅진에서 특별 주문한 만능 조리용 압력 밥솥을 전달하면서 한국전에서 피를 흘려준 데 대해 감사를 표시했다. 한 참전 용사는 반세기만에 한국 대사가 찾아와 사의를 표시한 것에 대해 감격해 의원이 된 사위에게 이 대사가 하는 일을 잘 도와주라고 주문하는 등 도움을 아끼지 않았다고 한다.

한국전참전용사연합회Korean War Veterans Association는 2008년 6월 18일, 데커트 Dechert회장 명의로 낸시 펠로시 하원 의장, 딕 체니 부통령, 해리 리드 상원 민주당 원내 대표 앞으로 서한을 보냈다. 연합회는 서한에서 자신들이 한 미 FTA 지지 결의안을 채택했다며 미 의회가 조속히 한미 FTA를 인준하 도록 촉구했다.

얼 포메로이 의원네브라스카은 농업 의존 지역구의 특성상 한미 FTA에 반 대하다가 이 대사를 만나고 난 뒤 한미 FTA에 찬성하는 쪽으로 돌아섰다. 포메로이 의원은 한국에서 고아 두 명을 입양해 키우고 있다.

주미 한국대사관 경제과는 부지런히 의원들의 찬성표를 계산했다. 이 같은 노력 덕택에 한미 FTA를 표결에 붙인다고 하더라도 승산이 없지 않 다는 결론에 도달했다.

그런데 미국에서 서브프라임모기지비우량 주택 담보대출 사태가 터졌다. 2008 년 9월 투자 금융 회사 리먼 브라더스가 붕괴되면서 모기지 사태가 절정 에 달했다. 미국 정치권이 혼란의 소용돌이에 빠져 들어갔다. 금융권의 혼 란은 모든 것을 삼킬 듯이 맹렬한 기세를 떨쳤다. 경제 실정의 책임을 두 고 공화당과 민주당은 난타전을 벌였다. 대통령 선거가 코앞으로 다가오 자 정치권은 더욱 날카롭게 대치하기 시작했다.

유력 대선 주자인 버락 오바마 민주당 후보는 한미 FTA에 대해 잘못된 협상이었다며 공격했다. 자동차 노조의 지지를 받은 그는 자동차업계가 반대하는 한미 FTA에 대해 회의적인 신호를 잇따라 보냈다. 오바마뿐만 아니라 힐러리 클린턴도 경선 과정에서 한미 FTA 협상에 대해 비판했다. 한미 FTA는 민주당 후보들의 공화당 공격 포인트 리스트에 포함돼 있었다. 민주당 의원 후보들은 한국의 쇠고기 시장을 전면 개방해야 한다고 떠들어댔다.

FTA에 반대하는 민주당은 2008년 11월 선거에서 행정부는 물론이고 의회까지 완전히 장악했다. 오바마 후보가 대통령에 당선됐고, 민주당이 상원과 하원에서 다수당 지위를 공고히 했다.

선거가 끝났지만 금융 위기의 파고는 좀처럼 수그러들지 않았다. 미국은 높은 실업률과 개인 파산, 주택 압류 등 경제 위기에서 헤어 나오지 못했다. 미국 정치권은 경제를 살리기 위해 긴급 구제 금융을 어느 규모로 어떤 방식으로 투입해야 할지에 대해 갑론을박하고 있었다. 이런 정치적 혼란 때문에 레임덕 세션이 열리지 못했다. 미 의회가 정상적으로 가동될 상황이 아니었다.

미 대선 직전에 벌어진 국회 통일외교통상위의 주미 대사관에 대한 국정 감사2008년 10월 10일에서 이태식 대사는 한미 FTA에 대해 매우 부정적인 업무 보고를 했다. 그는 2년 뒤인 2010년이 돼야 미 의회에서의 인준 노력이 본격적으로 진행될 것이라고 전망했다. 이 대사는 "9월말 미 의회는 2009년 3월까지 유효한 잠정 예산안을 압도적 다수로 통과시킨 데다 금융 위기 등으로 인해 연내 FTA 인준이 매우 어려울 것"이라고 설명했다. 이 대사는 "한미 FTA의 인준은 여부whether의 문제가 아니라 시기의 문제"

라며 "미 의회에서의 본격적인 비준 노력은 2010년이 돼야 가능할 것"이라고 말했다.

그가 이런 말을 할 수 있었던 것은 람 이매뉴얼 민주당 전국위원장_{선거 뒤}백악관 비서실장이 된다과의 대화 때문이었다. 당시 민주당 실력자이자 오바마 선거 캠프의 총사령관이었던 이매뉴얼은 이태식 대사에게 오바마가 FTA에 반대하는 공약을 했기 때문에 첫 임기의 절반쯤 지나야 FTA를 의회에 상정하는 게 가능할 것이라고 귀띔해주었다고 한다. 당시 선거를 앞두고 이태식 대사는 모든 채널을 동원해 누가 당선될지에 촉각을 곤두세우고 네트워크를 형성해가고 있었다. 그의 네트워크에는 갤럽 회장도 포함돼 있었다. 갤럽은 오바마의 당선을 예측했다. 청와대는 박형준 홍보수석이 미국 로펌 패턴 보그스에 미 대선 결과가 한미 FTA에 어떠한 영향을 끼칠지 분석을 의뢰하는 등 컨설팅을 받았다.

이런 속도 모르고 FTA의 조기 추진을 당론으로 삼고 있던 한나라당 소속 의원들은 이 대사의 설명을 듣고는 분개했다. 국감장에서 여야 의원들은 한국 국회가 먼저 한미 FTA를 비준하는 안을 놓고 입씨름을 벌였다.

한나라당의 안상수, 정진석 의원은 "자동차 부문 등 미국의 재협상 요구를 차단하기 위해서는 한국 국회가 먼저 FTA 비준 동의안을 처리해야 국익에 도움이 된다"며 선先 비준론을 펼쳤다.

반면에 민주당 박상천 의원은 "한국 국회에서 비준안을 통과시킨다고 미 의회가 압력을 받아 한미 FTA를 비준하지는 않을 것"이라며 "FTA로 인한 피해 계층의 대책을 점검한 후 미 의회의 심의 시점에 맞춰 한국도 처리해야 한다"고 맞받았다. 어느 쪽이든 미국 정치권에서 부상하고 있던 핵심층의 속을 모르고 떠드는 소리였다.

이 대사는 한국에서의 쇠고기 파동 등을 감안, 미국 의회에서 한미 FTA 비준안이 먼저 통과돼야 한다고 생각했다. 그는 고압적인 샌더 레빈 하원 무역소위 위원장 등이 자동차 문제 등을 이유로 계속 방해하고 있는 한 우리 국회가 먼저 통과시킨다고 하더라도 큰 압박 수단으로 작용하지 않을 것으로 계산하고 있었다. 이러한 분석을 보면 우리 국회에서 활동하고 있는 외교위 소속 의원들보다 일선 외교관들이 훨씬 전략적이고 현실적인 무장을 하고 있는 듯하다.

하지만 이 대사의 발언은 한나라당 의원들의 심기를 자극했다. 이 대사는 미국 정치 상황을 고려해 설명했지만, 한미 FTA의 조속한 추진을 둘러싸고 충성심 경쟁을 하고 있던 한나라당 의원들은 노발대발했다. 이들은 이 대사를 윽박질렀다. 한나라당 의원들은 이 대사가 민주당 편을 들고 있다고 간주했다.

사실 한나라당은 노무현 대통령이 한미 FTA 협상을 시작할 때 반대했다. 당시 여당이던 열린우리당은 한미 FTA를 당론으로 정하고 환영했다. 그런데 청와대 주인이 바뀌자 양당의 입장이 뒤바뀌었다. 이명박 대통령이 당선된 뒤 한나라당은 한미 FTA의 미 의회 통과를 위해 온갖 아이디어를 짜내고 의원들을 수차례 미국에 보냈다. 반면에 열린우리당과 통합한 민주당은 한미 FTA의 재협상을 요구하는 등 줄기차게 반대했다. 이는 정당과 의원들이 국가와 국민의 이익을 생각하는 게 아니라 정치적 상황 변동에 따라 정략적으로 입장을 바꾸고 있다는 것을 극명하게 보여주는 사례이다.

오바마 대통령이 취임한 2009년에는 미국에서 FTA에 대해서는 말도 꺼내볼 수 없을 정도로 미국 경제가 악화됐다. 서브프라임모기지 사태로 휘청거리고 있는 미국으로서는 국내 문제를 진화하는 게 최우선 어젠더였다. 다른 나라와의 FTA 문제에 신경을 쓸 겨를이 없었다.

천문학적인
대   미
로비 비용

한국 정부의 대미 자유무역협정$_{FTA}$ 로비는 2008년 11월 2일, 청와대가 당시 박형준 홍보수석의 명의로 패턴 보그스에 미국 대선 결과가 한미 FTA에 미치는 영향 분석을 의뢰한 뒤 본격화되기 시작했다. 컨설팅 내용은 버락 오바마 대통령이 집권했을 경우 대통령뿐만 아니라 국무부, 상무부, 농무부, 재무부, 국방부 등의 핵심 인물들의 역할 분석을 포함하고 있다. 이와 함께 상원과 하원의 지도부, 외무위, 상무위, 국방위, 세출위 등 주요 상임위 위원장과 간사의 역할에 대한 분석도 포함됐다. 1회 컨설팅 비용은 2만 달러였다.

이어 사공일 대통령경제특별보좌관이 회장을 맡고 있는 한국무역협회 KITA가 패턴 보그스와 84만 달러$_{월 7만 달러}$짜리 로비 계약을 했다. 기한은 2009년 9월부터 2010년 8월까지 1년간으로 이는 한미 FTA 로비와 관련해 단일 계약 건으로 비용 면에서 가장 큰 규모다. 패턴 보그스가 서울까지 여행 경비 등 별도 비용을 연 5, 6만 달러까지 추가로 요구할 수 있는 조건이었다.

패턴 보그스는 2009년 9월 8일, 사공일 회장에게 보낸 계약서에서 로비 활동 계획을 자세하게 밝혔다. 이 회사의 대표 토머스 헤일 보그스는 오바마 대통령이 한미 FTA의 합의문 일부를 수정하고 싶어 한다며 재협상을 하지 않고는 미 의회에서 FTA 비준안이 통과될 수 없을 것이라고 전망했다. 그는 오바마 행정부가 2009년 6월, 이명박 대통령이 워싱턴을 방문했을 때 합의문 수정에 대한 필요성을 암시했다고 지적했다. 보그스는 합의문 전체를 바꾸는 대신 자동차 또는 쇠고기 문제, 노동 및 환경 이슈에 초점을 맞춰 문구를 일부 수정하는 방안을 제안했다. 한미 FTA의 지지자인 케빈 브래디 하원 의원조차 자동차와 쇠고기 문제와 관련해 문구 수정이 필요하다는 입장이라고 설명을 덧붙였다. 보그스는 이 같은 수정이 이뤄진 뒤 현대자동차, 기아자동차가 미국에 투자하고 있다는 점을 홍보하면서 캘리포니아 등 농촌 지역을 공략하는 전략을 제시했다.

오바마 대통령이 한미 FTA에 대해 관심을 표명하자 주미 한국대사관은 한미 FTA의 미 의회 비준을 위해 미국 의원들에 대한 로비를 강화했다. 이태식 대사가 복귀하고 한덕수 총리가 주미대사로 부임한 2009년 3월 이후 대미로비 비용이 급증했다. 한국 정부와 단체들은 한미 FTA 재협상이 벌어진 2010년 10개 회사와 계약, 한 해 동안 로비와 홍보 비용으로 38억 6500여만 원343만 6000달러을 사용했다. 이는 내가 미 법무부의 외국에이전트등록법FARA에 따라 신고된 한국 정부, 단체와 미국 로펌 간 계약서를 추적한 결과 드러났다.

주미 한국대사관은 2010년 8월25일, 글러버파크 그룹과 1년간 계약하면서 미 의회에 대한 로비에 나섰다. 글러버파크 그룹과의 계약 기간은 2010년 9월 10일부터 2011년 9월 9일까지이며, 비용은 40만 달러이다.

PATTON BOGGS LLP
ATTORNEYS AT LAW

2550 M Street, NW
Washington, DC 20037-1350
202-457-6000

Facsimile 202-457-6315
www.pattonboggs.com

November 2, 2008

David J. Weiler
202-457-6126
DWeiler@pattonboggs.com

PRIVILEGED AND CONFIDENTIAL
VIA E-MAIL

Mr. Heong-Joon Park
Senior Secretary to the President for Public
Relations Planning
Blue House
#1, Cheongwadae-ro, Jongno-gu
Seoul, Korea 110-820

Re: Engagement of Patton Boggs LLP

Dear Mr. Park

It was a pleasure seeing you in Seoul. I greatly appreciate the time you took out of your busy schedule to meet with me.

We are very pleased that the Government of the Republic of Korea ("Korea") is interested in entering into an agreement for representation by Patton Boggs LLP (the "Firm"). The Firm is honored to have the opportunity to analyze and report on the effect of the upcoming U.S. Presidential and Congressional elections on Korean-U.S. economic and security relations. The Firm also looks forward to suggesting possible strategies for Korea to consider, as it

미국 로펌 패턴 보그스가 2008년 11월 2일 청와대 박형준 홍보수석에게 보낸 컨설팅 계약서 사본. 패턴 보그스는 이틀 뒤인 11월 4일 실시된 미 대선 결과가 한미 FTA에 미치는 영향을 분석하고 자문했다. 1회 컨설팅 비용은 2만 달러. (출처 FARA)

PATTON BOGGS LLP
ATTORNEYS AT LAW

2550 M Street, NW
Washington, DC 20037-1350
202-457-6000

Facsimile 202-457-6315
www.pattonboggs.com

Thomas Hale Boggs, Jr
202-457-6040
tboggs@pattonboggs.com

2010 FEB -4   NSD/CES/REG UNIT

September 8, 2009

PRIVILEGED AND CONFIDENTIAL
VIA E-MAIL

Chairman Il SaKong
Chairman
Korea International Trade Association
Trade Tower, World Trade Center
Samsung-dong, Gangnam-gu, Seoul 135-729,
Korea

Re: Engagement of Patton Boggs LLP

As we discussed both in Washington and Seoul, it is important that we acknowledge at the outset of the representation that the KORUS FTA cannot pass the U.S. Congress without some further changes. President Obama will seek modifications to the agreement, either to the text itself, perhaps more likely via side agreements, or both. The Obama Administration provided some indication of the need for such changes during President Lee's visit to Washington in June, 2009.

We believe it will be possible to help limit those modifications to piecemeal rather than wholesale changes, focusing on the automobile and beef issues and likely some labor and environmental provisions. Our ties with the Democratic Congressional Leadership and with senior officials in the Office of the U.S. Trade Representative, U.S. labor organizations, and U.S. automobile companies will enable us to garner information and help determine exactly which provisions must change or be supplemented. As we discussed, we then can combine our legal and political expertise to help craft language that is mutually acceptable to KITA's and U.S. interests.

Our Firm has used such backchannel communications and negotiations to help broker needed revisions to advance several other floundering Free Trade Agreements. Specifically, the Firm used its relationships and expertise to bring about changes to the U.S.-Peru FTA that

미국 로펌 패턴 보그스가 2009년 9월 8일 한미 FTA 로비와 관련해 사공일 무역협회장에게 보낸 수임 계약서 일부. 패턴 보그스는 한미 FTA가 협정문의 수정 없이는 미 의회 통과가 불가능하고 버락 오바마 행정부가 이 같은 수정 필요성을 이명박 대통령이 2009년 6월 워싱턴을 방문했을 때 전달했다고 설명했다. (출처 FARA)

한국의 주요 대미 로비 회사

백악관 뒤에 위치한 로비스트들의 거리 K 스트
리트. 미 행정부와 의회를 상대로 로비를 하거
나 고객들을 위해 홍보 및 법률 자문을 하는 로
펌과 로비 회사들이 진을 치고 있다.

토마스 캐퍼럴 파트너스
여행 및 관광업 로비

캐시디 & 어소시에이츠
미 정부조달 컨설팅

파이손 & 볼리오
공화당 로비

글러버 파크 그룹
미디어 전략 및 행정부 로비

셀룰러, 트래비스 & 로젠버그
한미 FTA 자문

아시크로프트 & 설리번
공화당 로비

샹어 본크리 스트레터지스
언론 홍보

번슨 & 엘링스
한미 FTA 로비

스크라이브 스트레터지스 & 어드바이저스
한미관계 로비

힐리 파 & 갈러허
대언론판 컨설팅

RJI 거번먼트 스트레터지스
언론 홍보

헬러 에르만
홍보, 정부 의회 로비

윈스턴 & 스트론
한미 FTA 컨설팅 및 로비

스밸트 & 존슨
민주당 블랙규카스 로비

프레들리 그룹
한미 FTA 로비

에벤트 폭스
한미 FTA 로비

애킨 검프
민주당 로비

매니엘 J. 에임런
로비

패튼보그스
한미 FTA 의회 통과 로비

파튼 팡게 스트레터지스
한미 FTA 법률 자문

하성턴 D C

FARA에 신고된 계약서에 따르면 글러버파크그룹은 한국 정부를 대신해 미국 행정부 고위직 관리 등과 접촉하고, 홍보 컨설팅과 미디어전략을 세워주기로 했다.

주미 한국대사관은 또 의회를 전문적으로 상대하는 로비 회사로 '피어스, 이사코비츠 & 블라록FIB'과도 20만 달러에 계약했다. 계약 기간은 2010년 8월23일부터 12월 말까지였다. FIB는 공화당계 의원들을 주로 상대하는 로비 회사이다.

대사관은 미 행정부 관리와 의회 관계자 등과 연결 고리를 만들기 위해 '애킨 검프 스트라우스 하우어 & 펠드'와 월 5만 달러에 계약했다. 계약 기간은 2010년 7월19일부터 12월 말까지이며 모두 26만 8000달러가 들었다. 앞서 대사관은 애킨 검프와 2010년 5월, 월 2만 달러에 로비 대행을 계약해 4만 8000달러를 지불했다.

대사관은 또 한국계 로비스트 토머스 김이 설립한 로비 회사 토머스 캐피털 파트너스TCP와도 월 4만 5000달러에 계약했다. TCP가 맡은 일은 브리핑 자료 배포와 성명 배포였다. TCP는 현안과 관련해 의원과 행정부 공무원들이 참석하는 회의를 주선하고 이들에게 서한을 전달하는 일을 했다. 계약 기간은 2010년 1월1일부터 12월 말까지 1년간이었다. TCP는 한국무역협회와도 월 1만 달러에 계약하는 등 한국과 겹치기 계약을 했다. 한국은 홍보 전략 마련을 위해 여러 회사와 계약했는데 과도한 비용 지출이라는 지적이 일었다.

주미 대사관은 한미 FTA 지원을 위한 온라인과 미디어 홍보를 목적으로 '대니얼 J 에덜먼'과 계약했다. 이 회사는 일본 대사관 홍보도 맡고 있

한국의 대미로비 및 홍보 대행회사 〉 출처 : FARA

연도	로펌	자문내역	금액	계약기간	계약자
*2005	스크라이브 스트래지시스 & 어드바이(저시스크라이브)	한미관계현안컨설팅	30,000달러	10.1~12.31	대사관
*	한미컨설팅(KCI)	홍보서비스	61,800달러	1.1~12.31	대사관홍보컨설
*	윌가 파&갤런취		172,800달러	1.1~12.31	KITA
2006	샌들러, 트래비스 & 로젠버그(ST&R)	반덤핑법 변호 등 컨설팅	507,300달러	5~12월	대사관
	피아스, 이사코비츠 & 블라룩(FIB)	한미 FTA 지원	350,000달러	10.1~2007.9.30	KITA
	RJ가번먼트스트레티지스	한미 FTA로비	306,000달러	6.26~(1년2)	대사관 홍보컨설
	범무법인 태평양	언론홍보	55,000,000원		
*	스크라이브	한미관계전반컨설팅	210,000달러	1.1~12.31	대사관
*	스크라이브	비자관계프로그램로비	150,000달러	1.1~12.31	
*	윌가컨설팅(KCI)	홍보서비스	15,450달러	1.1~3.31	대사관홍보컨설
2007	스팀로&존스	한미간 무역문제 컨설팅	172,800달러	1.1~12.31	KITA
	애킨검프	FTA 및 바자 관련 로비	67,000,000엔	9.17~12.31	대사관
	ST&R	한미FTA 및 비자 관련 로비	65,200,000원(70,000달러)	7.14	
	이렌드 폭스	한미 FTA지지 동포연합 결성	344,020,000엔(344,000달러)	1~6월	대사관
	스크라이브	한미무역현안 컨설팅	102,250,000엔(102,250달러)	9~12월	KITA
	태평양		240,000달러	1~12월	
*	반드&엘킨스	한미 FTA통과 로비	25,000달러	2.1~6.30	대사관
	이렌드 폭스		55,000,000원		
	스크라이브		181,440달러		
2008	포트리그룹	미국내선의 한미 FTA영향분석	20,000달러	11.2	청와대
	패튼 보그스	한미양국간 전반적 업무	480,000달러	1.1~12.31	대사관
	스크라이브	한미양국간 전반적 업무	120,000달러	1.1~12.31	KITA
	헬라 에드먼	한미 FTA로비	120,960달러	5~12월	대사관
*	포웰타그룹	해외무기판매(FMS)지역상로비	350,000달러		
	패튼 뮬러 스트래티지스(PPS)	한미 FTA 뮬블자문	309,600,000원	3~9월	
	이렌드 폭스		167,654,000원		
2009	패튼 보그스	한미 FTA컨설팅 및 로비	840,000달러(+추가)50,000달러)	9.1~2010.8.31	KITA
	스크라이브	한미양국간 전반적 업무	480,000달러	1.1~12.31	대사관
*	윈스틴&스트론	한미 FTA컨설팅 및 로비	181,440달러	1년	KITA
	스크라이브	컨설팅	120,000달러	1.1~12.31	대사관
2010	글로벌 파크 그룹	미디어 전략 및 행정부 로비	400,000달러	9.10~2011.9.9	
	FIB	한미 FTA 의회로비(공화파)	200,000달러	8.23~12.31	
	대니얼 J. 에달먼	폭봉리운동 및 오라인 개발	200,000달러	9.10~2011.9.9	
	쉬어 본지 스트래티지스	언론홍보	200,000달러	5.7~	
*	애킨검프	행정부 및 의회로비(민주파)	48,000달러	7.19~12.31(하반기)	
	토마스 캐피텔 파트너스(TCP)	의원 및 공무원 로비	268,000달러	1.1~21.31	한국무역협회(KITA)
	TCP	경제 무역 투자 예방관리 로비	540,000달러		한국정부
	프래텔리 그룹	홍보 및 정부 의회로비	120,000달러	1.1~12.31	대사관
	시튼니 오스틴	한미 FTA 로비자문	250,000달러	3.10~12.31	
	PPS	한미 FTA 로비(의회민주파)	161,200,000원	상반기	대사관
*	캐시디(&어소시에이츠	정부조달 컨설 및 관리접촉	187,500,000원	2009.12.31~2010.12.30	KOTRA
			340,000달러		

* 는 한미 FTA와 직접적인 관계 없음.

다. 한미 FTA와 관련된 풀뿌리 운동을 촉진하기 위해 영향력 있는 인사와 일반인들을 찾아내고 교육하기 위한 목적이었다. 20만 달러가 소요됐는데 인터넷 도메인 등록비와 소프트웨어 개발 등 비용이 포함됐다. 계약 기간은 2010년 9월1일부터 2010년 12월31일까지였다.

대사관은 또 PR 컨설팅 전문 회사 '싱어 본진 스트래티지스Singer Bonjean Strategis'와도 계약했다. 홍보 컨설팅, 언론인들과의 모임 등을 주선하는 것이 주요한 계약 조건이다. 이 회사는 정치권 움직임과 미디어 내용을 분석하고 이와 관련한 컨설팅을 했다. 계약 기간은 2010년 9월 10일부터 2011년 9월 9일까지 1년간으로, 총 지불 금액은 20만 달러이다.

이와 함께 한국 정부는 미디어와 언론 전략을 수립하기 위해 프래털리 그룹과도 계약했다. 이 회사가 맡은 일은 커뮤니케이션 전략 개발과 컨설팅, 의원 및 참모에게 홍보 자료 배포, 주례, 이메일 전송, 언론 관계 관리, 언론사 논설실 접촉, 주미 한국계 단체 접촉, 행사 관리, 웹사이트 개발비용 1만 2000달러과 내용 관리, 광고 개발 등이다. 그리고 주미 한국대사관에 매달 보고서를 제출하는 것도 포함됐다. 계약 기간은 2010년 3월 10일부터 12월 말까지였으며 비용은 월 2만 5000달러였다.

외교통상부의 FTA정책기획과는 박주선 의원실에 보낸 '최근 5년간 FTA 협상 관련 자문 일지, 담당 로펌, 법률 자문 비용, 자문 내용, 자문 결과 보고서'에서 한미 FTA의 이행 관련 법률 자문을 받기 위해 시들리 오스틴Sidley Austin과 1억 6120만 원에 계약했다고 밝혔다. 이 회사와의 계약 관계는 FARA에 나타나지 않고 있다. FTA정책기획과는 또 미 의회 자문을 목적으로 민주당 전문 로비 회사인 파븐 팜퍼 스트래티지스PPS와 1억

백악관 뒤에 위치한 로비스트들의 거리 K 스트리트. 미 행정부
와 의회를 상대로 로비를 하거나 고객들을 위해 홍보 및 법률
자문 을 하는 로펌과 로비 회사들이 진을 치고 있다.

8750만원에 로비 계약을 했다고 말했다. 이 회사와 맺은 계약 역시 FARA에 나타나 있지 않다.

주미 대사관 외에도 대한무역투자진흥공사KOTRA는 미국 정부 조달 관련 컨설팅을 받고 시장 정보 수집과 정부 관리 접촉을 위해 캐시디 & 어소시에이츠와 계약했다. 2010년 1년간이며 계약 금액은 34만 달러였다. 이 계약이 한미 FTA 로비와 연관성이 있는지 여부는 확인되지 않고 있다. 내가 조사한 바로는 일부 계약은 2011년 9월까지 유효하다. 하지만 2010년 체결된 상당수 로비 계약이 하반기 로비에 포커스를 맞추고 있었다.

한국은 로비 활동을 강력하게 펼쳤지만 한미 FTA 비준 동의안이 미 의회에 상정되지 못하는 상황을 예측하지 못했다. 당초 2010년 11월, 중간선거 이후 미 의회의 '레임덕 세션'에서 한미 FTA 비준 동의안이 상정될 것으로 기대됐지만 재협상이 지연돼 USTR이 비준 동의안을 의회에 보낼 기회를 상실했다. 결과적으로 거액을 퍼부어가며 로비했던 일은 쓸모없는 일이 됐다. 이는 전략 부재와 시행착오에 따른 결과다.

한미 FTA 의회 비준 로비를 위해 한 해에 10개 로비 회사와 계약하고 40억 원 가까이 투입하는 것이 과연 타당한지에 대한 의문을 제기하지 않을 수 없다. 이같이 터무니없이 많은 돈을 전략적이지 못한 방식으로 쏟아붓는 것은 국회와 감사원의 감시가 허술하기 때문이다. 2010년 11월, 박주선 의원실이 외교통상부의 로비 보고서를 받았으나 FARA에 신고된 여러 건의 계약이 거기에 누락돼 있었다.

다른 나라의
FTA 로비

미국과 FTA를 체결한 외국 정부들은 어느 정도 비용을 사용했는지 살펴보자. 중남미 국가는 미 의회를 상대로 로비하는 데 큰돈을 들이지 않고 있다. 우리나라가 한미 FTA의 미 의회 통과를 위해 유난히 많은 로비 자금을 사용하고 있다.

페루 정부는 미국과 FTA 협상을 추진하면서 2004년 4월, 법률 회사 헌턴 & 윌리엄스와 계약, 의회 및 행정부 관계자들과의 접촉을 주선토록 하고 컨설팅을 받았다. 계약금은 9만 달러로 계약 기간은 6개월이었다. 미국 페루 FTA 협상은 2005년 12월 타결됐다.

미국과 FTA 협상을 타결 지은 페루 정부는 2006년 4월 FTA 협상안을 미 의회에서 비준받기 위한 로비를 시작하면서 '피어스, 이사코비츠 & 블라록'과 계약했다. 총 지불 금액은 9만 달러로 FTA가 의회에서 비준받을 때까지2006년 말를 계약 기간으로 했다. 페루는 이어 2006년 10월부터 2007년 3월까지 와츠 컨설팅 그룹wcg과 계약했다. 페루 정부는 WCG에 월 2만 달러씩 지불했다. 페루 정부는 2007년 1월에는 패턴 보그스와 계약했다. 첫 달에 착수금 조로 1만 달러, 이후 4개월마다 5만달러씩 지불하는 조건이었다. 패턴 보그스는 계약서에서 계약 기간이 2007년 7월을 넘기지 않을 것을 바란다면서 최대 비용이 30만 달러를 넘지 않을 것이라고 덧붙였다.

미국 페루 FTA는 2007년 11월 미 하원에서 통과됐으며, 12월 상원에서 통과됐다. 페루가 미 의회에서 FTA를 통과시키기 위해 들인 로비 비용은 46만 달러에 불과했다.

콜롬비아 정부는 2006년 2월, 미국과 TPA무역증진협정·FTA로 불리기도 함를 체결했다. 콜롬비아 무역부프로엑스포트 콜롬비아는 '존슨, 매디건, 펙, 볼란드 & 스튜워트'와 로비 계약을 했다. 이 계약은 2006년 11월부터 50일간 51만 달러를 지불하는 조건이었다. 이후 콜롬비아는 2007년 6월까지 계약 기간을 늘려 27만 3000달러를 지불키로 했다. 그런 뒤 매달 4만 달러를 지급하는 조건으로 2008년 말까지 6개월 단위로 계약을 연장했다. 이어 2009년 들어서는 2월까지 2개월 연장하면서 월 2만 달러를 지불했다.

콜롬비아 무역부는 또 글로버파크 그룹과도 2008년 3월부터 5개월간 월 4만 달러에 계약했다. 12월에는 2009년 2월까지 2개월 연장하면서 월 2만 달러에 재계약했다. 콜롬비아 정부는 2008년 5월 미디어 홍보 및 대의회 전략 마련을 위해 프래털리 그룹과 월 2만 5000달러에 계약했다. 이 계약은 2010년까지 이어졌다. 주미 콜롬비아대사관은 버슨-마스텔러와 2007년 4월 계약했다. 미국과 콜롬비아 TPA는 아직 미 의회 인준을 받지 못하고 있다. 하지만 콜롬비아 의회는 2007년 6월 미국과의 TPA를 통과시켰다.

페루 등 국가들이 미국과 체결한 FTA를 미 의회에서 인준받기 위해 로비 회사에 사용한 비용을 종합해보면 한국보다 훨씬 적다. 한국은 FTA 로비 비용으로 다른 국가보다 유난히 많은 돈을 들이고 있다.

측간 갈 때와
나 올 때
다 른 미 국

FTA 협상을 하면서 미국은 한국에 대해 호의를 베풀어야 할 대상으로 보지 않고 이득을 취해야 할 경쟁 상대로 생각하고 냉정하게 밀어붙였다. 그리고 갖가지 이유를 들이대며 추가 협상을 요구했다. 김현종 통상교섭 본부장은 2007년 6월 30일, 수전 슈워브 USTR 대표가 한미 FTA 서명식을 하면서 앞으로 다시는 추가 협상이나 재협상이 없다고 공개적으로 약속했다고 밝혔다_{김현종, 《김현종, 한미 FTA를 말하다》, 247쪽}.

하지만 쇠고기 시장 개방을 확보한 미국 의원들이 슬슬 또 다른 요구를 하기 시작했다. 샌더 레빈 미국 하원 세입위원회 무역소위원장은 2009년 11월 17일, 한미 FTA가 의회에서 논의되기 전에 수정돼야 한다며 재협상을 주장했다. 레빈 위원장은 "우리는 양방향 무역을 해야 한다는 것이 기본 원칙"이라며 재협상을 하지 않고는 의회 비준이 어려울 것이라고 압박했다. 미국 자동차 산업 중심지인 미시간 주 출신인 레빈 위원장은 한국이 미국산 자동차와 냉장고 등에 대한 조세와 규제 장벽을 없애야 할 것이라고 요구했다. 그는 "(한미 FTA의 수정은) 이면 계약서로는 될 수 없다는 것이 내 생각"이라며 "중요한 점은 수정이 있어야만 한다는 것"이라고 강조했다.

　찰스 랭글 하원 세입위원장도 레빈 위원장과 함께 자동차와 쇠고기 무역 등의 문제를 다루기 위한 한미 FTA 수정 혹은 협상 재개의 필요성을 제기했다. 이들은 한미 FTA 수정을 위해 한국 관리들을 만났다며 "한국 관리들은 '협정은 협정'이라며 수정할 의사가 없다고 말하지만 이는 받아들일 수 없다"며 한국을 본격 압박했다.

　미국에서 실업률이 10퍼센트에 육박하고 경제가 되살아날 기미를 보이지 않자 오바마 대통령은 수출 증진에 매달리기 시작했다. 오바마 대통령은 2010년 3월, 수출 증진을 꾀하는 내용을 담은 국가 수출 이니셔티브NEP를 대통령 명령으로 발표했다. 이는 향후 5년간 수출을 두 배로 늘려 200만 개의 일자리를 창출하겠다는 구상이다. NEP구상은 자유무역협정과 무역 문제를 긍정적으로 검토하겠다는 신호탄이었다. 미국이 맺어놓은 자유무역협정 중에서는 파나마 FTA와 콜롬비아 TPA가 있는데, 콜롬비아 TPA는 의회 인준을 받을 가능성이 매우 낮다. 콜롬비아는 친미 성향의 정부이기는 하지만 미국 의원들이 콜롬비아의 반노조적인 정책을 싫어하기 때문이다. 이는 미 행정부가 콜롬비아 FTA를 의회에 상정하더라도 의원들이 인준해줄 가능성이 낮다는 것을 의미한다. 콜롬비아는 2010년 4월 노동자 권리 보호 내용을 TPA에 반영키로 미국과 합의한 뒤 미 의회 인준을 추진하고 있다. 미국과 파나마 FTA는 양국 간 교역 규모가 작아 무게감이 그리 크지 못하다. 또 파나마 국회 의장이 테러 분자 출신이라고 알려져 미 의회가 파나마 FTA를 한동안 비준해주지 않겠다고 버텼다. 같은 여건에서 미국이 FTA를 통해서 무역을 확대하고 일자리를 창출할 수 있다고 판단한 곳은 한국이었다.

오바마 대통령은 한미 FTA를 진지하게 검토했다. 그러면서 조금씩 한미 FTA의 필요성을 강조하기 시작했다. 대선 때 한미 FTA를 반대했던 것과는 다른 모습이었다.

오바마 대통령은 2010년 6월, 토론토 G20 정상 회의에서 이명박 대통령을 만나 '서울 G20 정상 회의 전, 한미 FTA에 대한 양국의 이견을 해소하면 좋겠다'며 재협상을 요구했다. 이와 관련해 한미 FTA의 산파 역할을 했던 김현종 본부장은 매우 큰 아쉬움을 피력했다.

> 2007년 4월 2일, 협상을 타결한 뒤 미국이 노동과 환경 관련하여 추가 협상을 요구해 왔을 때, 나는 앞으로 더 이상의 추가 협상은 없다는 다짐을 받으며 6월 30일, 한미 FTA를 최종 타결했다. 타결된 지 3년 후 내용이 불리하다는 이유로 또다시 협상을 하자는 미국의 요구는 적절치 않았다. 2007년 6월 30일의 추가 협상은 없다는 약속을 미국이 지키지 않은 것은 유감스럽다. 우리가 얻을 교훈은 패권국은 주는 것보다 더 많은 반대 급부를 요구한다는 것이다.
>
> — 김현종, 《김현종, 한미 FTA를 말하다》, 498쪽

재협상이 없을 것이라는 약속을 어기고 협상 테이블에 다시 앉은 미국 협상단은 낯빛조차 바꾸지 않고 한국 협상단을 압박했다.

한미 FTA
재협상 타결

한미 양국 대통령의 재협상 의지에 따라 김종훈 통상교섭본부장과 론 커크 미 무역대표부 대표는 2010년 10월 26일, 샌프란시스코에서 만났다. 미국이 요구하고 있는 쇠고기 시장 완전 개방 문제와 자동차 협상의 쟁점을 다시 논의하기 위한게 목적이었다. 이렇게 해서 2010년 11월, 서울 G20 정상 회의 때까지 한미 FTA에 대한 한미 간 재협상이 이뤄졌다.

한미 FTA의 재협상문이 열리자 미국 의원들은 끊임없이 자신들의 요구 사항을 주문했다. 의원 120명이 오바마 대통령에게 한미 FTA 재협상 때 받아내야 할 요구 사항들을 담은 서한을 전달하면서 몰아 붙였다. 미 공화당의 피터 로스컴 하원 의원일리노이은 한미 FTA의 의회 비준을 위해서는 한국이 자동차와 쇠고기 교역 부문에서 더 많이 양보해야 한다고 주장했다〈로이터〉 인터뷰, 2010년 11월 10일. 오바마 대통령도 연설 때마다 한미 FTA에 대한 관심을 표명하면서 한국의 양보를 주문했다.

미국 협상팀은 자동차 부문에서 여러 가지 요구를 내놓았다. 미국 수출 차량에 대한 연비 완화 요구에 이어 한국 수출 차량에 대한 관세 환급 축소를 요구했다. 한국 협상팀이 일부 제안을 수용할 듯한 자세를 보이자 미국 측은 자동차 부문 협상에서 도저히 한국이 수용할 수 없는 것을 요구했다고 한다. G20 정상 회의를 계기로 한국에 방문한 한덕수 주미 대사도 청와대에서 한국의 양보 필요성을 주장한 것으로 알려졌다. 미국은 자동차 부문과 관련해 어느 정도 양보를 얻어내자, 쇠고기 시장의 완전 개방을 추가로 들고 나왔다. 30개월 이상 된 쇠고기도 한국에 수입될 수 있도록 문을 완전히 열라는 요구였다.

이에 이재오 특임장관 등은 한국 정치권의 반발과 국민 정서를 고려해야 한다며 반대했다고 한다. 일부 재협상 결과가 언론을 통해 흘러나오자 민주당 등 야당은 재협상을 지지하지 않을 것이라고 선언했다.

2008년 쇠고기 수입 재개 협상 뒤 광우병 시위로 혼란을 겪은 이명박 정부는 미국의 계속된 요구를 더 이상 들어줄 수 없다고 선을 그었다. 결국 2010년 11월 10일, 한미 FTA 재협상은 미국의 과도한 요구 때문에 타결에 이르지 못하고 실패했다.

재협상팀의 일원이었던 한 인사는 "미국이 동맹국에 너무 많은 것을 요구했다"며 "미국의 요구가 지나쳐 도를 넘었다"고 말했다. 그는 또 "오바마 대통령이 한국을 너무 쉽게 봤다"고 비난했다. 미국은 한미 FTA의 재협상 결과가 한국에 끼칠 인화성을 전혀 고려하지 않고 밀어붙였다고 한다.

이명박 대통령과 버락 오바마 대통령은 2010년 11월 11일, 서울에서 정상회담을 열고 조속한 시일 내 협상을 타결 짓기로 합의했다. 미국 언론은 오바마 대통령이 빈손으로 귀국하게 됐다고 맹비난했다.

한국 협상팀은 11월 30일, 미국 메릴랜드 주 컬럼비아로 날아갔다. 이곳에서 12월 3일까지 밀고 당기는 씨름을 계속하다 쇠고기 시장에 손대지 않고 자동차 부문에서 일부 분야를 양보하고 재협상을 타결지었다. 〈블룸 버거 통신〉은 협상 타결 전날 양국 정상이 전화 통화하는 등 최종 합의를 위해 조율을 했다고 보도했다.

　2010년 11월 2일 치러진 미 중간 선거에서 공화당이 하원을 장악했다. FTA에 반대하던 민주당이 패배하고 FTA에 우호적인 공화당이 다수당이 됐다. 하원 의장이 된 존 베이너 의원공화당은 선거 직후 언론 인터뷰에서 한미 FTA를 지지한다고 밝혔다. 하원 다수당이 된 공화당의 지지표에다 일부 민주당 의원의 표를 끌어올 수 있다면 한미 FTA의 하원 통과 가능성은 그 어느 때보다 높다. 베이너는 위원장 자리에 앉자마자 새로운 조건을 내걸었다. 한미 FTA, 미국 콜롬비아 FTA, 미국 파나마 FTA 등 세 가지 FTA의 의회 인준을 동시에 추진해야 통과시키겠다고 말했다. 한국 입장에서는 새로운 걸림돌을 만난 것이다. 민주당의 경우 한미 FTA에 우호적인 중간층 성향의 의원들이 대거 낙선하고 골수 민주당 의원들만 살아남음으로써 이들에 대한 로비 필요성이 여전히 남아 있게 됐다.

아쉬움 남긴
한미 FTA 로비

2008년 10월 17일 밤, 기온이 꽤 쌀쌀했다. 자정을 한 시간여 남겨놓은 11시쯤, 미국 워싱턴 북쪽 부통령 관저가 있는 해군 천문대 인근 주미 한국 대사관 관저에 한국 특파원 두 명이 방문했다. 〈매일경제〉의 윤경호와 나였다. 부임한 지 3년이 된 이태식 대사로부터 한미 관계가 어느 정도 회복됐는지 듣기 위한 것이 방문 목적이었다. 선거 유세 때 "사진 찍기 위해 미국 가지 않겠다"고 말한 노무현 대통령 시절, 한미 관계는 계속 악화됐다. 하지만 이명박 정부가 들어서자 한미 관계가 호전되기 시작했다. 각 언론사에서 파견된 워싱턴 특파원이 보통 3년 임기로 일을 하지만 주미 대사와 단독 또는 심야에 만나는 것은 흔치 않을 뿐만 아니라 쉽지 않은 일이다. 이날 회동은 기자들의 치기로 이뤄졌다. 마침 디너파티를 마치고 손님들을 배웅한 이 대사는 대사관저 앞마당에 한국의 멋스러움을 보여 주기 위해 지어놓은 팔각정에서 포도주와 마른안주를 앞에 놓고 우리들을 맞이했다.

질문은 이 대사가 부임해서 성취한 것과 아쉬운 것에 초점이 맞춰졌다. 이 대사는 마치 기다렸다는 듯이 입을 열었다. 이 대사가 워싱턴에 부임하면서 품은 사명 중 하나는 한국 국민이 먹고 사는 문제를 해결하는 것이었다고 한다. 수출 의존도가 높은 한국이 미국에서 상품 경쟁력을 높이려면 관세를 없애는 것이 가장 좋은 방법이었다. 전자 제품과 자동차는 관세만 없애면 날개 돋친 듯 팔려나갈 게 훤해 보였다.

한국과 미국 간 자유무역협정이 체결되면 미국 시장에서 한국 물건이 일본 제품에 비해 월등히 좋은 경쟁력을 갖출 수 있게 된다. 예를 들자면 미국에서 도요타, 혼다, 닛산 등과 경쟁해야 하는 현대와 기아는 관세가 없어지면 가격 경쟁력이 생겨 미국 소비자들에게 크게 어필할 수 있게 된다.

이 대사는 서울에서 자신을 환송하던 인사들의 당부를 되새기고 또 새겼다고 한다. FTA 체결을 위해 적극 노력해달라는 당부였다.

이태식 대사는 2009년 3월, 귀국하면서 한미 FTA의 의회 통과를 보지 못한 것을 가장 아쉬워했다. 이 대사는 노무현 대통령이 약속대로 2007년 9월쯤 쇠고기 문제를 해결하고 공화당이 집권하고 있을 때 한미 FTA의 의회 인준을 추진했더라면 하는 아쉬움을 여전히 갖고 있다. 그랬더라면 한국은 수십억 원에 달하는 로비 비용을 사용하지 않아도 되었고, 재협상을 통해서 자동차 부문 협상에서 추가 양보를 하지 않아도 됐다.

이태식 대사는 정책 결정의 시점을 놓치면 모든 것을 잃을 수도 있다면서 안타까움을 표시했다. 결과적으로 2007년부터 2010년까지 4년에 걸친 한미 FTA의 미 의회 로비는 실패했다. 서브프라임모기지 사태로 인해 미국 정치가 불확실하고, 민주당 집권에 따른 실기 탓도 있지만 한국이 전략을 잘못 세웠기 때문이다. 특히 2010년의 경우 과도한 로비 경비를 사용했으나 소득을 거두지 못했다. 이러한 경험을 되새겨 다시는 실패를 반복

연도	내용
1996.3.	광우병 파동
2003.12	미국산 쇠고기 수입 전면 금지
2003.8	'FTA 추진 로드맵' 마련
2005.2.3	한미 FTA 사전 실무 점검 회의(서울)
2005.5.2	OECD 각료이사회 계기 한미 통상 장관 회담(파리)
2005.9	미 행정부, 한국 등 4개국을 FTA 우선 협상 대상국으로 선정
2006. 2.2	한미 FTA 공청회
2006. 2.3	한미 FTA 추진 발표 (워싱턴 미 상원의사당)
2006.6.5~9	한미 FTA 제1차 협상(워싱턴)
2006.6.27	한미 FTA 공청회
2006.7.10~14	한미 FTA 제2차 협상(서울)
2006.9.6~9	한미 FTA 제3차 협상(시애틀)
2006.9.8	30개월 미만, 뼈 없는 미국산 쇠고기 수입 재개 승인
2006.10.23~27	한미 FTA 제4차 협상(제주)
2006.11.24	수입 쇠고기에 손톱만한 뼈 조각 발견돼 수입 금지
2006.12.4~8	한미 FTA 제5차 협상(몬태나)
2007.1.15~19	한미 FTA 제6차 협상(서울)
2007.2.11~14	한미 FTA 제7차 협상(워싱턴)
2007.3.8~12	한미 FTA 제8차 협상(서울)
2007.3.19~22	한미 FTA 고위급 협상(워싱턴)
2007.3.26~4.2	한미 FTA 통상장관 회의(서울)
2007.4.2	한미 FTA 협상타결
2007. 5.22	국제수역사무국, 미국을 광우병 통제국(2등급)으로 판정
2007.6.30	한미 FTA협정문 공식 서명(워싱턴)
2007. 8.2.	수입 쇠고기에서 등뼈 발견돼 수입 중단
2007. 8.24	수입 재개
2007. 10.5	수입 쇠고기에서 등뼈 발견돼 수입 중단

연도	내용
2008.2	이명박 대통령 취임
2008.4.18	한미 쇠고기 협상 타결 30개월 미만 뼈포함 쇠고기 수입허용
2008.4.19	이명박−부시 대통령 캠프 데이비드 회담
2008.4.29	PD수첩, '미국산 쇠고기 광우병에서 안전한가' 방영
2008.7.1	미국산 쇠고기 판매 재개
2008.9	리먼 브러더스 붕괴
2008. 10.8	정부, 한미 FTA 비준 동의안 국회에 제출
2009. 1.20	오바마 대통령 취임
2009. 4.22	한미 FTA 협상안, 국회 외교통상통일위원회 통과
2010. 6. 26	버락 오바마 대통령, 한미 FTA 새로운 논의 지시
2010.11.8~10	한미통상장관 회의, FTA 재협의 타결 실패
2010. 11. 11	한미 양국 정상회담(서울) 조속한 시일 내 타결 합의
2010. 11.30~12. 3	미국 메릴랜드 주 컬럼비아에서 재협상 타결

하지 않도록 해야 한다.

이 책을 마무리하고 있는 2011년 2월 미 의회에서 한미 FTA와 관련한 청문회가 열리고, 미 행정부가 상반기에 의회 비준을 추진하고 있다. 한 EU FTA가 7월초 비준될 가능성이 있기 때문에 그 이전에 한미 FTA를 비준해야 한다는 것이다. 미 행정부는 한 EU FTA가 먼저 발효되면 한국 시장에 대한 선점 기회를 놓치게 되니 한미 FTA를 그 이전에 미 의회가 인준해달라고 요구하고 있다. 철저하게 시장 논리에 입각한 전략이다.

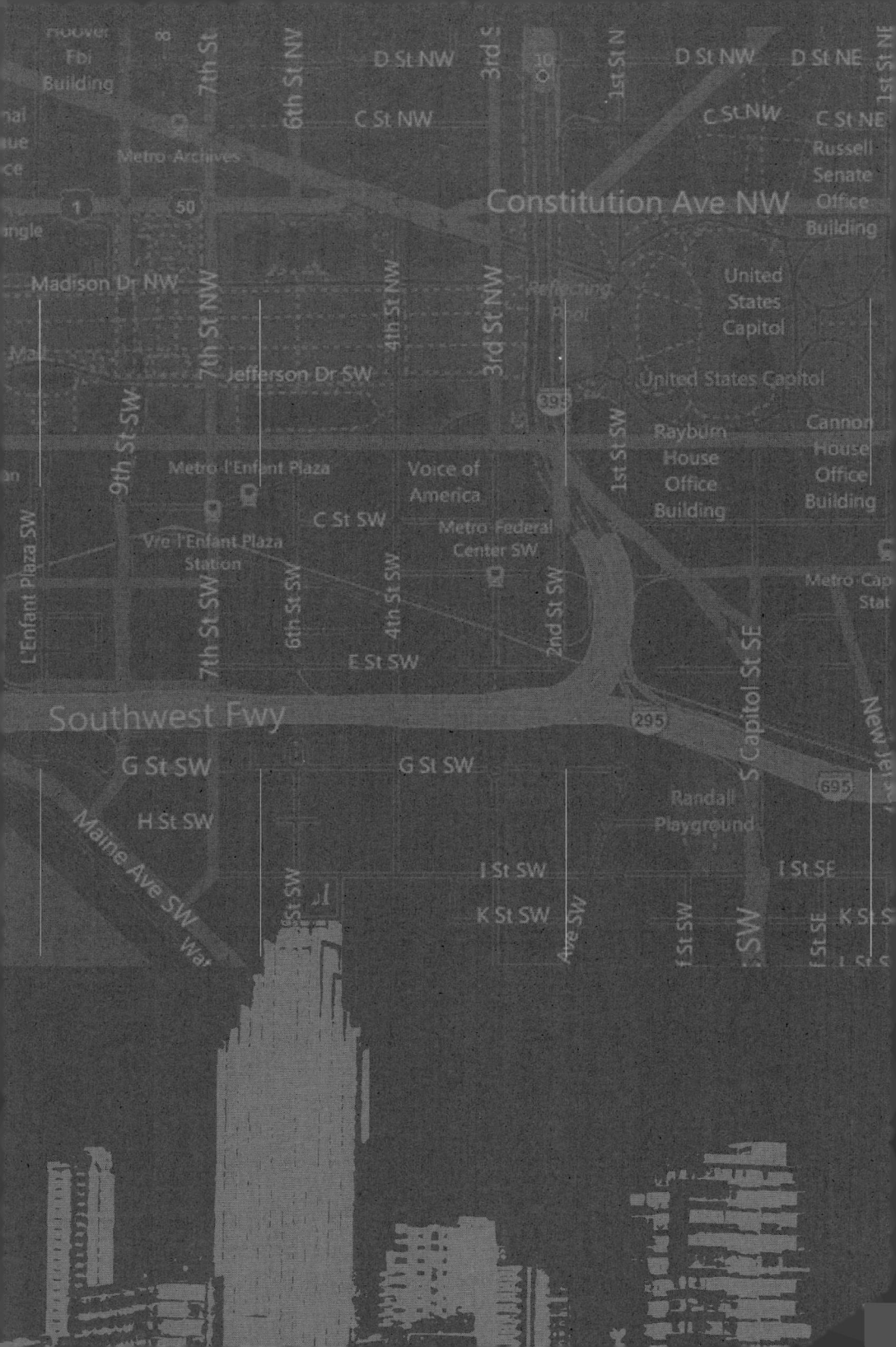

K ST NW 1800

대통령과 로비

세계 최강국인 미국의 대통령은, 한국의 대통령이 혹 불면 날아갈 정도의 권력밖에는 가지고 있지 않다고 생각하고 있다. 설사 미국 대통령의 평가가 그렇지 않다고 하더라도 그 참모들은 능히 그렇게 생각하고도 남는다는 점이 여러 정황에서 드러나고 있다. 미국 대통령이 한국 대통령을 어떻게 부르고 대하는지에 따라 백악관 참모들 사이에서 한국 대통령의 위상이 오르락내리락한다. 미국 대통령과 어깨를 나란히 하는 품격을 갖추고 국격을 대변하는 한국 대통령은 아직 없었다. 이는 한국 대통령이 스스로 자초한 측면이 크다. 대통령이 어떻게 하느냐에 따라 미국에 대한 설득이 쉬워지기도 하고 어려워지기도 한다.

한국 대통령은
디스 맨this man

빌 클린턴 대통령과는 더없이 호흡이 잘 맞았던 김대중 대통령은 조지 부시 대통령으로부터는 박대를 당했다. 김 대통령은 2001년 3월, 방미하여 정권을 잡은 부시 대통령을 만났다. 미국은 민주당 빌 클린턴 정부에서 부시 대통령으로 권력이 넘어가 급격히 우향우하고 있었다. 이때, 신보수를 일컫는 '네오콘NeoCon'이라는 신조어가 등장해 맹위를 떨쳤다.

부시 대통령은 한미 정상회담 후 백악관에서 기자회견을 하면서 진보 성향의 김 대통령을 가리켜 '디스 맨'이라고 불렀다. 부시 대통령이 말한 '디스 맨'은 직역하면 '이 사람' 정도가 되지만, 듣는 사람의 심경과 말하는 사람의 의중에 따라 내포된 의미와 강도가 달라진다. 고지식하고 보수적인 사람들이 듣기에는 '이 인간'으로 들린다. '맨Man'이라는 단어에는 '부하'라는 뜻도 있다. 이준한 교수인천대 정외과는 부시 대통령이 김 대통령을 '디스 맨'이라고 부른 이유에 대해 한미 사이에 대북 정책으로 인한 이견 때문이라고 분석했다〈서울신문〉, "전략적 한·미동맹의 현주소", 2009년 4월 11일자.

논란이 일자 미국 측은 '이 대단한 사람'이란 취지의 친근감을 갖고 있는 표현이라고 끌어붙였다. 백악관은 부시 대통령이 미국을 방문한 교황에게도 '디스 맨'이라고 말한 적이 있다고 해명했다. 하지만 '대단하다'와 '친근하다'는 말의 뉘앙스로 볼 때 영 어울리지 않는 조합이다. 건강부회에 가까운 해명이었다. 그런데 상대국 국가원수에 대한 호칭과 관련해 공식 해명해야 될 정도로 한미 관계가 꼬인 이유는 따로 있었다.

김 대통령은 방미 직전인 2001년 2월 28일, 블라디미르 푸틴 러시아 대통령을 초청해 회담했다. 김 대통령은 한러 정상회담에서 1972년 미러 간 체결된 탄도탄요격미사일ABM 제한 협정이 전략적 안정의 초석이며 핵무기 감축과 비확산에 대한 국제적 노력의 중요한 기반이라는데 동의했다. 한러 정상은 또 ABM 제한 협정을 보존하고 강화하는 가운데 전략무기감축협정IISTART II의 조기 발효와 완전한 이행, 조속한 체결을 희망한다고 밝혔다. 이는 러시아의 대외 전략에 찬동하는 것으로 해석됐다.

미국은 이 협정에서 발을 빼고, 미사일방어체제MD를 구축하는 중이었다. 김 대통령이 푸틴 대통령의 생각에 공감을 표시한 것은 미국의 세계적 지배 구상에 역행하는 것으로 비쳐졌다.

당시 한국 정부는 미국의 MD 가입 요구를 미루고 있었다. 9·11테러를 당했던 부시 정부는 MD 확산에 목을 매고 있었다. 김 대통령은 '미국의 MD에 찬성하지 않는다'는 입장을 표명했다가, 미국에 가서는 '유감스럽다'며 입장을 바꾸었다. 북한은 미국의 MD에 적극 반대했다. 따라서 한국이 MD를 거부하는 것은 북한에 대한 동조로 이해됐다. 이런 배경 때문에 부시 대통령이 김 대통령에 대한 내면의 불만을 '디스 맨'으로 표출했다는 분석이 설득력을 얻었다.

미국이 MD 구축에 어느 정도로 집착했는지 보여주는 일화가 있다. 백악관 안보좌관이던 콘돌리자 라이스가 2005년, 국무장관이 된 직후에 발생한 일이다. 라이스 장관은 예정됐던 캐나다 방문을 갑자기 취소했다. 캐나다가 미국의 MD에 가입하지 않았다는 것이 빌미가 됐다. 미국은 미사일방어체제를 통해 전 세계의 구도를 선과 악으로 구분하려는 구상을 하고 있었다Glenn Kessler, 《The Confidante》, 2쪽.

미 국무부는 미국이 계획한 세계 운영 구상에 방해되는 국가에 대해서는 친소를 따지지 않고 이 같은 경고 메시지를 보냈다.

미국 정부는 언론을 통해서 한국에 MD 가입을 압박하고 친 공화당계 싱크탱크에서도 여러 차례 컨퍼런스를 통해 미사일방어체제를 홍보했다.

노무현 정부도 미국의 MD 가입을 끝까지 거부했다. 김대중 정부에서 시작한 햇볕 정책미국에서는 Sunshine Policy라고 부른다을 계승한 참여 정부가 북한을 자극하기를 꺼렸기 때문이다. 미국은 9·11테러 이후 정책의 최우선 순위에 두었던 미사일방어체제에 가입하지 않는 한국을 우방국 리스트에서 후순위로 밀어냈다.

워싱턴 외교가의 이면을 잘 아는 한 전문가는 해석이 구구한 '디스 맨'이 나오게 된 배경을 이렇게 설명했다. 김 대통령은 외교의 문외한에 가까운 부시 대통령에게 한 수를 가르쳐주려고 작정했다고 한다. 그 전해 북한을 방문해 김정일 위원장을 만나고 노벨평화상을 수상한 김 대통령은 북한 문제 해법과 관련해 뚜렷한 주관과 식견을 확립하고 있었다. 김 대통령이 김정일에 대해 한참 설명을 늘어놓고 있는데, 부시 대통령이 말을 툭 끊으면서 질문을 던졌다.

"여보. 김 대통령. 당신이나 나나 정치 지도자인데, 지도자가 무엇 하는 사람입니까?"

김 대통령이 부시의 의중을 탐색하느라 우물쭈물하자 부시 대통령이 스스로 답을 했다.

"국민들을 굶주리지 않게 하는 게 지도자의 최우선 사명 아닙니까? 그런데 북한은 어떻습니까? 자기 국민을 굶주리게 하는 사람이 지도자 자격이 있습니까?"

실명을 밝히기 곤란한 외교부의 한 북한 전문가는 부시 대통령의 이 같은 말을 듣고, 두 정상 간의 대북 시각이 평행선을 달리고 있다고 생각했다고 말했다. 부시 대통령은 정상회담 뒤 가진 기자회견에서도 북한 지도자에 대해 회의적이라고 말했다. 김 대통령이 가르치려고 했던 '한 수'는 완전히 타깃에서 벗어나버렸다. 부시 대통령은 김 대통령과 "솔직한 대화를 했다"고 말했다. 이는 이견이 컸다는 뜻이다. 외교가에서는 협상에서 견해차가 좁혀지지 않았을 때 '솔직한 대화를 했다'는 수사를 사용한다.

스탠퍼드대 아시아태평양연구소의 신기욱 소장은 1994년부터 2004년까지 〈뉴욕타임스〉〈워싱턴포스트〉〈월스트리트저널〉 등 3개 일간지에 보도된 한국 관련 기사 5053건을 분석한 결과 DJ와 부시 대통령 집권 1기 2001, 2년 때 한미 관계가 최악이었다고 평가했다〈세계일보〉, 2010년 5월 15일자.

부시 대통령은 2002년 1월 연두교서를 통해 북한을 이라크 이란과 더불어 '악의 축'이라고 지목했다. 미국이 9·11테러를 당한 직후였다. 미국은 9·11테러로 인해 2976명을 잃었다. 대부분 희생자는 민간인이었다. 미 행정부 내 신보주의 세력 '네오콘'을 대변하던 존 볼턴 국무부 비확산 차관Undersecretary은 2003년 8월 김정일 위원장에 대해 "국민을 지옥과 같은 악몽에 빠뜨린 독재자^{Tyrannical dictator}"라고 맹비난했다. 부시 정부는 한국 정부와는 대척점에서 북한을 바라보고 있었다. 부시 대통령 입에서 '디스맨'이 그냥 툭 튀어나온 게 아니다. 부시 대통령은 참모들의 보고를 받고 전략가들과 대화를 하면서 한국 대통령들에 대한 캐릭터를 자기만의 말로 만들었던 것이다.

한국 대통령은
이지 맨easy man

"북한을 공격하지 않을 거죠?"

2003년 5월, 미국을 처음 방문한 노무현 대통령이 백악관에서 부시 대통령에게 던진 질문이었다.

2006년 2월 15일, 백악관 국가안보회의NSC 아시아문제 선임국장 자리에서 갓 물러난 마이클 그린은 펜타곤 인근에 있던 한식당 우래옥에서 한미 정상회담의 비화를 소개했다.

그는 곱슬곱슬한 수염을 만지면서 말을 이어갔다.

"부시 대통령과 백악관 참모들은 당황스럽기 짝이 없었다. 어떻게 만나자 마자 그런 첫 질문을 던질 수 있는지 어이가 없었다."

이 발언과 관련해 일부에서는 다르게 소개하고 있다. 노 대통령이 부시 대통령에게 "미국이 북한과 불가침 조약Non-aggression Pact을 체결해달라"고 직접 영어로 요청했다는 것이다김기삼, 《김대중과 대한민국을 말한다》, 408쪽.

그린의 발언이 나온 간담회는 코리아클럽이 주최했다. 이는 비정기적으로 모이는 한반도 전문가들의 모임이다. 코리아클럽은 워싱턴에서 특파원들과 대사관 관계자, 학자, 연구원, 전직 국방부·국무부 관리 등이 커

넉선이 돼 한반도 문제와 관련한 정보를 교류하는 모임이다. 미국 정부에 영향력 있는 연사가 등장하면 일본 특파원들과 현직 미국 공무원들, 로비스트 등도 참석한다.

오프더레코드Off−the−Record : 비보도를 전제로 하는 모임이기 때문에 연사들의 발언은 전혀 보도되지 않는다. 모임을 주도하는 사람은 미국 국방연구소 IDA 동아시아 책임연구원 오공단 씨다. 그린은 백악관에서 물러난 뒤 조지타운대에서 학생들을 가르치고 있었다. 그린의 말을 들은 참석자들은 박장대소했다.

그린은 노 대통령이 외교적 프로토콜을 지키지 않은 대해 조롱했다. 노 대통령은 당시 현직이었다.

일본에서 유학을 하고 일본 여성과 결혼한 그린은 한국의 386세대에 대해서도 거침없이 공격했다. 청와대를 장악한 386세대가 경험이 없고 나이브하다고 지적했다. 고이즈미 준이치로 전 일본 총리의 아들을 맡아 가르쳤던 그는 일본은 물론 한국을 종종 방문하고 있다.

이 에피소드는 노무현 대통령이 미국에서 어떠한 평가를 받았는지를 단적으로 보여주는 일화이다. 김대중 대통령을 언짢게 생각했던 부시 대통령은 노무현 대통령에 대해서도 예의를 지키지 않았다. 노 대통령의 조급함과 프로토콜에 맞지 않는 요구에 대한 미국의 반응은 싸늘했다.

직설적이고 표현에 거침이 없는 부시 대통령은 기자회견장에서 노 대통령을 '이지 맨쉬운 사람'이라고 불렀다. 우리 정부 관계자들은 '이지 맨'이 '대화하기 편한 상대'라고 설명했지만, 언론과 학계에서는 부시 대통령이 노 대통령을 '만만한 상대'로 본 것이라고 평가했다. 노 대통령의 대미 자

주노선 표방으로 껄끄러워진 한미 관계가 이렇게 단적으로 드러났다. 미국에 사진 찍으러 가지 않겠다던 노 대통령은 부시 대통령 앞에서 "만약 53년 전에 미국이 우리를 도와주지 않았다면 저는 지금쯤 (북한의) 정치범 수용소에 있을지도 모른다고 생각한다"고 말해 저자세 외교를 했다는 비난을 받았다.

2007년 9월, 호주에서 아시아태평양경제협력체APEC 정상회담이 열렸을 때 노 대통령이 부시 대통령에게 "(북한과의) 평화 조약에 대해 더 분명히 말해 달라"고 여러 차례 요구하자, 부시 대통령이 짜증내는 사태까지 발생했다. 워싱턴 정가의 소식을 전하는 〈넬슨리포트〉는 "노 대통령의 의전상 결례에 대해 부시 대통령뿐 아니라 현장의 (미국) 기자들도 놀란 것 같았다"고 전했다. 양국의 외교관들이 서둘러 진화에 나섰지만 이 사건은 두 정상 간의 껄끄러운 관계를 보여주는 상징적 사건이 되었다〈중앙일보〉 2008년 11월 7일자.

실무 회담과 기자 간담회로 격하된 대통령의 방미

한미 정상회담을 앞둔 2006년 8월 부시 대통령의 아버지 부시 전 대통령이 노 대통령을 가족 별장에 초대했다. 부시 전 대통령은 교포 기업인을 통해 노 대통령을 메인 주 남부 케네벙크포트에 있는 부시 가문의 가족 별장에 초청하고 싶다는 뜻을 전달했다고 한다. 청와대는 이 초청을 거절했다. 청와대 관계자는 "부시 전 대통령을 아는 인사를 통해 별장 방문을 제안받은 것은 사실"이라며 "그러나 다른 일정들이 빡빡한 점 등 여러 사정들을 감안해 정중하게 사양 의사를 전했다"고 말했다〈연합뉴스〉.

아버지 부시 대통령의 한국 대통령 초청은 이것이 처음이자 마지막이었다. 가족 초청은 미국식 친분 쌓기의 한 방법이다. 한미 관계가 추락하는 것을 막기 위해 주변에서 치유책의 일환으로 아버지 부시의 초청 카드를 만들었지만 초대 받은 사람의 거절로 불발됐다. 이에 대해 백악관 참모들뿐 만 아니라 국무부 관리들 사이에서도 한동안 설왕설래했다. 현직 대통령을 아들로 두고 있는 전직 대통령이 체면을 구긴 셈이 됐고, 한미 간 심정적 거리는 더욱 멀어지게 됐다. 부시 대통령도 한국의 거절 보고를 받고 유쾌했을 리 만무했다. 노 대통령은 전현직 두 대통령을 동시에 만나

가족적인 친밀감을 쌓을 기회를 차버린 것이다. 당시 노 대통령의 방미 계획은 이태식 대사가 2006년 6월, 청와대에서 한 미 관계가 악화된 상황에서 대통령이 방미할 필요가 있다고 권고해서 이뤄진 것으로 알려졌다.

노 대통령은 아버지 부시 대통령의 별장에 가지 않았지만, 블라디미르 푸틴 러시아 대통령은 2007년 7월 메인 주 케네벙크포트에 가서 전현직 부시 대통령과 함께 3명이 바다낚시를 즐기는 모습을 전 세계에 보여주었다. 그리곤 바로 콰테말라로 날아가서 평창을 대표한 노대통령을 제치고 2014년 동계올림픽 개최권을 따갔다.

노대통령은 푸틴이 케네벙크포트에 가기 전날7월 1일 시애틀에서 부시 대통령에게 전화를 걸어 평창 지원을 요청했다. 부시대통령은 "좋은 결과가 있을 것으로 기대한다"고 말했지만, 적극적으로 달려드는 푸틴에게 이미 마음을 준 뒤였다.

노 대통령의 미국 방문 프로세스는 지휘부와 외교 현장 간에 손발이 맞지 않아 우왕좌왕하는 모습을 여러 차례 노출했다. 노 대통령이 방미하기 직전 미국은 미사일을 실험 발사한 북한을 고립시키기 위해 BDA방코델타아시아은행의 북한 자금을 동결시킨 뒤 추가 제재 방안을 발표할 준비를 했다가 한국 측의 반대로 연기했다.

국무부 한국과장 자리에서 막 물러난 데이빗 스트라우브스탠포드대 아시아태평양연구센터 한국 연구 프로그램 부대표는 2006년 9월, 노 대통령의 방미 직전 워싱턴의 우드로 윌슨센터에서 열린 토론회에 참석해 미국이 대북 제재 추가 조치를 발표하려고 하자 한국이 꾹꾹 내리누르고 있다면서 당시 상황을 설명했다. 그는 불과 며칠 전까지 국무부에서 한국 업무를 담당했기에 막후에서 벌어지고 있는 이 같은 한미 간 외교적 충돌을 자세히 알고 있었다. 미국은 대북 제재 조치를 추가 발표하려고 했고, 한국은 이를 막기 바쁜 어처구니없는 상황이 벌어지고 있었던 것이다. 이 내용은 〈세계일보〉가 1면에 특종 보도했다.

노 대통령이 미국 땅을 밟기 전부터 달갑지 않은 시선을 보냈던 미국은 결국 노 대통령의 방문 성격을 국빈 방문State Visit, 또는 공식 방문Official Visit이 아닌 실무 방문Working Visit으로 격을 낮추었다. 경호나 예우 측면에서 한참 처지는 것으로 양국이 방문 형식을 놓고 논란을 벌이다 미국의 요구대로 결정된 것이다. 오비이락일까. 9월 14일 새벽한국 시간 노대통령이 워싱턴 DC에 있는 한국전 참전비에 헌화하러 가는 도중에 우리 수행 경호팀과 떨어져 고립된 사건이 발생했다. 미국인 운전자가 모는 대통령 승용차에는 노대통령이 타고 있었다. 김세옥 경호실장 등 한국 수행원 10여 명을 태운 차량 4대는 2차 대전 기념몰 입구에서 미국 경찰에 의해 저지당했다. 반기문 외교장관 등은 방향을 돌려 우회해 한국전 참전비 200미터 떨어진 곳부터 뛰기시작했다노대통령, 방미중 10분간 경호 공백… 이유는 〈SBS〉, 2006, 9, 20. 경호 공백에 대해 청와대는 부인했으며, 미국 측은 해명하지 않았다. 정상회담 뒤 결과 발표도 기자회견News Conference이 아니라 기자 간담회News Availability라는 형식으로 이뤄졌다. 국내 언론들은 노 대통령이 냉대를 받았다고 보도했다.

노 대통령은 또 헨리 폴슨 재무장관을 만나 BDA에 대한 미국의 조사가 6자회담 재개에 부정적 영향을 끼치고 있는 측면을 설명하면서 조속한 조사 완료를 요청했다. 노 대통령의 방미에 대해 부정적인 평가가 확산되자 청와대는 이태식 주미 대사에게 노 대통령의 순방 성과를 특파원들에게 브리핑하라고 지시했다. 노 대통령을 환송하기 위해 로스앤젤레스에 갔던 이 대사는 워싱턴으로 돌아오자마자 펜타곤 인근에 있던 한식당 우래옥에서 긴급 특파원 간담회를 요청했다. 그리고 노 대통령이 폴슨 재무장관을 만나 요구한 내용을 최우선 순위에 놓고 공개했다2006년 9월 19일.

이 대사는 노 대통령이 폴슨 장관을 만나 BDA 조사 진행 과정을 듣고 조사가 좀더 조속히 종결되었으면 좋겠다는 뜻을 피력했다고 말했다. 언론들은 노 대통령이 조속한 조사를 "요구했다"고 보도했다. 이 대사는 이 내용에 대해 '오프더레코드Off-the-Record'로 하자고 요청했다. 하지만 기자들이 수용하지 않았다. 대신 백그라운드 브리핑으로 하기로 합의가 됐다. '오프더레코드'는 사실 자체를 보도하지 않는 것이고, 백그라운드 브리핑은 내용을 보도하되 뉴스 출처를 밝히지 않는 것이다. 이 대사는 또 미국의 대북 추가 조치 발표를 지연시킨 것과 관련해서도 "우리가 많은 노력을 했다"며 "재무부, 국무부, 백악관 등 고위 수준에 있는 사람과 협의를 많이 했다"고 설명했다. 이 같은 노력으로 미국의 대북 추가 조치 발표가 한미 정상회담 이전에 발표되지 않았다는 것이다. 그는 유엔 대북 결의안 1695호의 연장선상에 있는 제재는 반대하지 않지만 6자회담 재개를 위해 노력 중인 상황에서 이를 어렵게 할 새로운 제재는 반대한다는 설명도 덧붙였다. 그는 메모한 수첩을 펴내 들고 노 대통령 발언을 확인해가며 구체적으로 설명했다.

이 대사의 간담회 뒤 특파원들은 내셔널프레스 빌딩으로 몰려갔다. 공교롭게도 이날 오후 성 김 국무부 한국과장과 약속이 잡혀 있었다. 갓 과장으로 임명된 성 김은 유엔 주재 북한 관계자들을 만나기 위해 뉴욕으로 출발하기 직전에 한국 특파원들과 만나 대북 문제에 대한 질의 시간을 갖기로 한 것이었다.

특파원들은 노 대통령이 BDA조사를 조기에 마치라고 요구했는지, 미국이 이를 수용할 것인지를 집중적으로 질문했다. 성 김 과장은 미국은 그럴 생각도 없고, 그럴 계획도 없다고 잘라 말했다. 심지어 그런 말을 듣지도 못했다고 덧붙였다. 성 김 과장의 발언은 '백그라운드 브리핑' 조건이었다. 노무현 대통령이 재무장관을 만나서 요구한 내용이 국무부에서는 전혀 검토 대상이 되지 못하고 있다는 사실이 성 김 과장의 발언으로 확인됐다.

현장에 있던 특파원들은 아연실색했다. 한국 대통령이 공항에서 비행기를 타고 떠나자마자 대통령의 요구를 국무부 과장이 무시해버린 것이다. 이 외교적 망신은 〈코리아타임스〉의 보도로 국민들에게 알려지게 됐다. 〈코리아타임스〉는 워싱턴에 특파원이 없었는데도 인터넷을 통해 첫 보도를 했다. 그리고 이어 〈CBS〉가 인터넷을 통해 뉴스 출처를 밝히고 보도했다. 이로 인해 백그라운드 보도 합의가 깨졌다. 국무부는 한국 언론들의 인터넷 보도 시간을 확인하며 뉴스 출처_{성 김}를 밝힌 언론사를 추적했다. 그리고 이후부터 한국 특파원들에게 백그라운드 브리핑을 하지 않겠다고 선언했다. 노 대통령의 BDA 수사 조기 종결 요구는 한국 외교부와 언론이 총체적으로 미국에서 망신당한 사건이 돼버렸다.

청와대는 성 김 과장의 부인 발언이 나오자마자 노대통령이 BDA 조사 조기 완결을 요구한 적이 없다고 발뺌했다. 윤태영 청와대 대변인은 "노 대통령은 폴슨 장관에게 BDA조사의 진행 과정과 상황에 대해 물어봤을 뿐 조기 종결을 요청한 적이 없다"고 말했다.

한국에 귀국한 송민순 청와대 통일외교안보실장은 프레스센터 18층 외신 기자클럽에 갔다. 한국언론재단이 주최한 'KPF포럼'에 참석한 언론사 정치부장들을 상대로 BDA 조사 중단 요구에 대해 설명했다.

그는 "BDA 조사 종결이 미국 재무장관을 접견하는 과정에서 나왔다고 하는 것 같은데, 대통령은 미국의 금융 관련 대북 조치가 6자회담을 통해서 북한 핵문제를 해결하려는 공동의 노력과 조화를 이루면서 진행되는 것이 바람직하다는 취지로 말하고, 그 다음에 현재 미국의 BDA 조사 상황에 대해 문의하면서, 현재의 상황이 어떻게 진행되고 있는지 거기에 대해서 문의를 하고, 속도는 어느 정도 진행되고 있느냐, 조사 상황과 진행 과정에 대해서 관심을 표시했다"고 말했다.

그는 "그런데 여기에 BDA를 조기에 종결하라는 뜻으로 이야기를 한 적은 없다"며 "우리가 보통 종결하라는 것은 '그 문제를 빨리 끝내고 해결하라', 이런 식으로 들릴 수가 있는데 그러한 내용으로 대통령께서 이야기하지 않았다"고 말했다.

청와대는 이 대사의 브리핑에 대한 반박 성명까지 발표했다. 순전히 대국민용이었다. 청와대에서 이렇게 나오자 나는 이날 밤 이 대사에게 확인 전화를 걸었다. 이 대사는 자신의 발언 중 표현이 잘못 전달된 측면이 있다고 말했다. 청와대를 의식한 수위 조절이었다. 이 대사는 "구체적 요구를 했다기보다는 미국이 오랫동안 조사해 왔고 6자회담 재개를 위해 조사를 가속화하는 게 좋겠다는 취지였다"고 말했다. 외교적 수사로 재포장됐지만 송민순 실장의 발언과는 여전히 동떨어진 말이었다.

윤태영 청와대 대변인은 미국의 추가 대북 제재 연기 요청과 관련해서도 "한국 정부가 정상회담 이후로 발표를 연기해 달라고 요청한 적이 없다"고 말했다. 하지만 그는 "이 대사가 현지에서 그런 기조를 갖고 노력했을지는 모르겠다"며 말을 흐렸다.

앞에서도 밝혔지만 스트라우브 전 한국과장의 당시 상황 설명 발언이 노 대통령의 방미 전에 나온 것이어서 청와대의 해명이 명쾌하지 않다는 것을 알 수 있다. 스트라우브의 말을 새겨보면 미국은 노 대통령 방미 전에 대북 추가 제재 조치를 발표하려고 준비했으며, 한국은 노 대통령의 방미를 앞두고 이런 것이 바람직하지 않다는 논리를 펴면서 막았던 것이다.

청와대가 발뺌하면서 대미 외교의 야전 사령관인 이태식 대사가 없던 말을 지어낸 사람이 됐다. 그러나 외교의 최전선에서 대통령의 말을 엉터리로 전달한 이 대사는 문책당하거나 소환되지 않았다. 현장 지휘자와 헤드쿼터 간 어처구니없는 불협화음은 이 대사가 망신당하는 것으로 종결됐다.

노 대통령은 2006년 9월 28일 〈MBC〉 '100분 토론'에 나가 방코델타아시아에 대한 수사의 조기 종결 요청으로 생긴 논란을 거론했다.

내가 그걸 따질 형편도 아니고 다만 그럼에도 불구하고 그것 때문에 6자 회담이 중단돼 있으니까 그런 조사가 빨리 마쳐졌으면 하는 희망이죠. 그래서 왜 그리 오래 걸리느냐, 언제쯤 끝날 것 같으냐, 이런 질문을 한 것이죠. 내 생각에는 우리나라 수사는 빠르잖아요.

그래서 그리 오래 걸리느냐, 하고 물었더니 그보다 더 오래 걸리는 사건들도 많이 있고 통상적인 것이니까 특별히 그것에 대해서 어떤 의도를, 악의를 짐작하거나 하지 말아달라고 그렇게 얘기해서 농담을 했죠. 우리나라 검찰에 맡기면 금방 해줄 텐데, 미국은 오래 걸리는 모양이라고. 그렇게 환담하고 넘어간 것입니다. 그래도 그쪽은 역시 그와 같은 조사가 손이 모자라고 시간이 많이 걸린다고 설명했고, 그런 정도의 얘기였는데 그걸 무슨 요청이라고 보긴 어렵겠죠.

진행자 손석희 씨가 주미 대사가 이 부분을 잘못 해석한 것으로 봐도 되느냐는 질문에 노 대통령은 "어떻든 내가 그 말을 했으니까 주미 대사로서는 그런 것을 빨리 끝내주면 좋겠다는 희망 사항을 말한 것으로 그렇게 느꼈겠죠. 그렇게 요청했다, 이렇게 표현할 수도 있지 않겠습니까"라고 말했다. 노 대통령이 자신의 발언이 듣는 사람에 따라 다르게 해석될 수 있다고 함으로써 이 대사에게는 책임이 없는 것으로 확인했다.

이와 관련해 송민순 의원그는 민주당 비례대표 의원이 됐다은 미국 내부의 의사 소통 문제로 치부했다2010년 6월 9일 간담회.

한나라당 김덕룡 의원은 그해 가을 주미 대사관 국정 감사장에서 이 대사에게 뼈아픈 질문을 던졌다.

"이 대사가 그 사건만 아니었다면, 외교부 장관이 되었을 것이라고 하는데, 어떻게 생각하시오."

이 대사는 아무 대답도 하지 않았다. 이 사건 직후 송민순 실장은 외교

장관으로 임명됐다. 이후 이 대사는 대미 문제와 관련해 송민순 장관에게 보고하지 않고 청와대에 직보했다고 주장했다. 주미 대사는 대통령 특명 대사이기 때문에 외교장관의 지휘를 받을 이유가 없다는 논리였다.

의문이 하나 남는다. 성 김 과장은 왜 한국의 대통령이 요구한 사실을 모른다고 말했을까. 북한과 협상을 앞두고 있었기 때문에? 이태식 대사는 성 김 과장이 한국 특파원들을 만날 때까지 노 대통령과 폴슨 장관 간 대화 내용을 전해 듣지 못했을 것이라고 추정했다.

나는 그런 이유보다는 국무부가 북한 문제와 관련해 한국 정부와 더 이상 협조할 것이 없다고 판단했기 때문이 아닌가 하는 생각이 든다. 그래서 북한에 대한 우호적인 환경 조성 요구를 무시하고 강공책으로 밀어부치고 나가기로 한 것이다. 그게 심지어 동맹국 대통령의 체면을 구기는 일일지라도. 〈워싱턴포스트〉의 외교 담당 기자 글렌 케슬러는 저서 《The Confidante》에서 국방부와 딕 체니 부통령실의 네오콘들은 동맹국들이 반발하더라도 세계를 재편하려는 거대한 비전을 갖고 있었다는 것이 당시 미국 권력 핵심부의 의중이라고 소개했다.

해외에서 국가를 대표하는 대통령이 상대국 대통령과 껄끄러운 관계가 되면 현지에 파견돼 있는 외교관들의 입지가 좁아질 수밖에 없다. 이런 상황이 되면 공식적인 외교 루트는 힘을 쓰지 못하게 된다. 이 같은 경우 로비가 상대적으로 힘을 발휘한다.

포괄적 접근의
왜   곡

노무현 대통령을 수행해 한미 정상회담을 한 뒤 귀국한 송민순 청와대 통일외교안보정책실장은 서울에서 거창한 발표를 했다.

> 북핵 문제와 6자회담 재개, 이런 방안 등 지금 한미 간에 공동으로 협의가 진행 중인 사안에 대해서 하나의 포괄적인 방안을 만들어서 추진하자는 데 양 정상이 합의를 했다. … 한미 양국에서 고위 실무선에서 추진 중에 있는 6자회담 재개와 작년 9.19공동성명을 이행하는 방안에 대해서 공동으로 어떻게 포괄적으로 해결할 수 있느냐 하는 것을 지금까지 추진된 상황을 양 정상이 보고받고 평가를 하고 이것을 구체적인 방안으로 만들어나가자고 합의를 한 것이다.

하지만 한미 두 정상은 워싱턴에서 가진 기자 간담회에서는 포괄적 접근에 대해 구체적으로 언급하지 않았다. 이와 관련해 노무현 대통령은 2006년 9월 28일 〈MBC〉 '100분 토론'에서 이렇게 말했다.

사실상 완전히 교착 상태에 빠져서 한국과 미국이 다른 길로 가는 것처럼, 각기 자기 길로 가는 것처럼, 이렇게 보이는 상황이 한참 동안 진행됐는데 이것은 매우 좋지 않은 상황이죠. 그래서 우리 외교팀하고 청와대 안보팀에서 이 상황을, 교착 상태를 타개하자, 이렇게 해서 여러 가지 구상을 한 다음에 제가 미국 가는 것까지를 함께 구상을 했습니다. 그래서 제 방문 일정을 잡아놓고 이 방문 시기에 적어도 한미 간에 있어서 손발을 맞추자 하는 것을 목표로 잡고 실무적으로 대화를 시작해서 미국 쪽의 실무선과 우리 쪽의 실무선이 논의를 하고 있죠. 그래서 그와 같은 노력을 정상 차원에서 공식화하자, 그것이 이번 정상회담의 목적이었고 그것을 공식화한 것이 공동의 포괄적 접근 방안을 마련한다는 합의였습니다.

노 대통령의 말을 들으면 공동의 포괄적 접근 방안은 한미 정상 간 논의됐으며 합의됐다는 것이지만 미국 측의 반응은 전혀 엉뚱했다.

빅터 차 백악관 아시아담당보좌관은 2006년 한미 정상회담 직후 '공동의 포괄적 접근 방안'에 합의했다는 송 실장의 발표에 대해 "정상회담 내용과는 전혀 다른 것"이라고 부인했다. 그는 "더 많은 논쟁이 야기될까봐 공개적으로 부인하지 않았다"고 말했다.

그러나 송 실장은 "공동의 포괄적 접근 방안이라는 것이 미국이라든지 다른 나라들이 지난번 유엔 안보리 결의안에 따른 제재 같은 것을 막는다든지 유예시킨다든지 하기 위해서 추진하는 것이 아니다"며 "이 두 가지_포 _{괄적 접근방안과 대북 제재}는 서로 별개의 트랙이다"고 규정했다. 포괄적 접근 방안에는 6자회담 재개와 9.19공동성명 이행 방안뿐만 아니라 대북 제재라는 3가지 문제가 모두 포괄된다고 하면서도 포괄적 접근 방안과 대북 제재는 서로 별개라는 모순을 드러낸 것이다.

〈중앙일보〉는 2년 뒤인 2008년 4월 15일자 보도를 통해서 포괄적 접근 방안에 대한 양국 간 마찰을 분석했다. 〈중앙일보〉는 "공동의 포괄적 접근 방안을 놓고 한미 간 불협화음은 상당했다. 이 말이 나온 지 1년 반이 된 지금 미국 측 실무자들이 입을 모아 부정적 평가를 내린다"고 보도했다. 〈중앙일보〉는 익명을 요구한 당시 미 행정부 관계자의 말을 빌어 "미국은 미국의 손에 수갑을 채울지 모르는 이 방안에 전혀 관심이 없었다"고 전했다. 이 관계자는 "송민순 당시 청와대 통일외교안보정책실장은 2006년 우리를 만나 무조건 대북 지원, 마카오의 방코델타아시아BDA 동결 해제, 북미 관계 정상화, 평화 조약 등 모든 인센티브를 테이블에 올려놓고 북한을 설득하자고만 요구했다"고 말했다. 그는 "북한이 금융 제재를 핑계로 대화를 거부하면서 미사일까지 발사하는 상황에서 미국으로선 도저히 받아들일 수 없는 요구였다"며 "백악관 관리들은 '미국은 한국 요구처럼 극도로 유연super flexible할 수 없다'고 일축했다"고 전했다. 그럼에도 한국이 같은 주장을 반복하자 당시 데니스 월더 국가안보회의NSC 선임보좌관과 빅터 차 백악관 아시아담당보좌관 등은 화가 났고 한때 송 실장 측에 "그만 하라stop it"고 말했을 정도였다고 한다. 국무부 관계자도 "공동의 포괄적 접근은 북핵 프로세스와는 무관한irrelevant 이슈였다"며 "한국이 2006년, 이 말을 공표한 이래 미국 관리 중 그 말을 쓴 사람이 없다"고 말했다.

미국은 중동 평화 협상에서 '포괄적comprehensive 해결'이라는 방식을 채택했다가 여러 번 실패로 돌아가자 이 말에 알레르기 반응을 보였다. '포괄적'이란 용어는 협상 원칙을 훼손하고, 협상 과정을 뒤죽박죽으로 만드는 주범이라는 것이다. 한국은 'comprehensive' 대신 'broad'를 내놓았고, '해결' 대신 '접근approach'으로 표현을 바꾸었지만 미국은 이를 수용하지 않았다고 한다.

이에 대해 송민순 의원은 비공개 모임에서 'Broad Approach'를 제시한 것을 확인하면서 이야기가 모두 합의된 것이라고 재차 강조했다. 그는 자신과 반기문 장관, 콘돌리자 라이스 장관, 해들리 보좌관 등 4명이 앉아서 백지 위에 그림을 그렸다고 말했다. 그래서 집어넣고 빼고 해서 나온 것이 포괄적 접근이며, 당시 그림을 그렸던 백지를 아직 보관중이라고 말했다. 송 의원은 〈중앙일보〉가 3일 연속으로 포괄적 접근에 대해 왜곡된 보도를 해 자신을 "죽였다"면서 "사람을 죽여도 이렇게 죽이는구나"라고 놀라웠다고 말했다. 그는 당시 반박하려고 했지만 그럴 가치가 없다고 판단해 입을 다물었다고 말했다_{송민순 의원 간담회, 2010년 6월 9일}.

국가 간 관계에서 지도부에서 한번 틀어지면 현장에서도 좀처럼 간극이 좁혀지지 않는 법이다.

미국이 포괄적 접근 합의에 대해서 공식적으로 이의를 제기하지 않아 이 문제가 수면 아래로 가라앉았지만 한미 간 갈등은 종종 노골적으로 불거지기도 했다. 외교통상부는 2006년 1월 25일 미 재무부 조사단이 '북한의 불법 금융 활동을 막기 위해 한국 정부에 필요한 조치를 요청했다'는 주한 미대사관의 보도 자료와 관련해 논평을 냈다. 논평은 "23일 한미 간 회의에서 논의된 내용을 일부 과장하는 등 정확하게 반영하고 있지 않다"

고 반박했다. 외교부는 "당시 회의에서 미 측은 우리 정부에 대해 구체적인 조치를 취해줄 것을 공식이든 비공식이든 요청한 바가 없다"면서 "협의 결과를 정확하게 반영하지 않은 보도 자료를 발표한 것은 한미 간 사전 양해에 비추어 볼 때 적절하지 않다"고 유감을 표명했다. 그러자 미 대사관의 오그번 공보관은 "미 대사관은 전날 배포한 보도 자료의 입장에 변함이 없으며, 추가로 언급할 것이 없다"고 반발했다. 주한 미대사관과 외교부의 이 같은 대립과 갈등을 보면 서로가 더 이상 대화할 가치가 없다고 생각하고 있는 것으로 받아들여진다.

함께 가는
한미 관계

한미 간 외교적 관계는 이명박 정부가 들어서면서 180도로 바뀌었다. 갈등이 발생하면 곧바로 조정 작업이 시작됐고, 양국 간 조율이 이뤄졌다.

조지 부시 대통령은 2008년 4월 19일, 이 대통령을 캠프 데이비드로 초청했다. 이 대통령은 한국 대통령으로서는 처음으로 이곳에서 묵었다. 캠프 데이비드는 메릴랜드 주에 있는 군 기지 내 조성된 대통령 별장이다. 미국 대통령들은 좀처럼 이곳에서 외국 지도자를 재우지 않는다. 헬기에서 내린 이 대통령은 마치 주인처럼 골프카트의 핸들을 잡았다. 앞에는 '골프카트 #1'이라고 쓰여 있었다. 미국 대통령 전용 카트라는 표시다. 부시 대통령이 자신의 자가용 카트를 이 대통령에게 내준 것이다. 이 카트의 핸들을 내준 상징적 의미는 상처 난 양국 간 관계를 복원하는 데 한국이 앞장서라는 것으로 해석됐다.

이 대통령이 2009년 9월 21일, G20 회의 참석차 뉴욕을 방문했을 때였다. 이 대통령은 "이제 6자회담을 통해 북핵 프로그램의 핵심 부분을 폐기하면서 동시에 북한에게 확실한 안전 보장을 제공하고 국제 지원을 본격화하는 일괄 타결, 즉 '그랜드바겐Grand Bargain'을 추진해야 한다"고 밝혔다.

이 대통령은 이날 미국 외교협회CFR, 코리아소사이어티KS, 아시아소사이어티AS 공동 주최 오찬에 참석, '차세대 한미 동맹의 비전과 과제'란 제목의 연설을 통해 이같이 말했다. 이 대통령의 그랜드바겐 제안은 청와대 기자실에 엠바고가 걸린 것으로, 기사 내용은 대통령 수행 기자단에 사전에 배포됐다. 기사 내용을 미리 배포했기 때문에 기자들은 양국 간 조율된 것으로 여겼다.

이 대통령은 이날 〈뉴욕타임스〉와의 단독 인터뷰에서도 그랜드바겐 필요성을 주장했다. 이 대통령은 이를 통해 대북 문제에 대해 주도권을 행사하려는 의지를 보였다.

유명환 외교통상부 장관은 이날 뉴욕 맨해튼 월도프 아스토리아 호텔에서 힐러리 클린턴 국무장관과 한미 외무장관 회담을 가진 뒤 "이명박 대통령이 밝힌 북핵 그랜드바겐에 대해서 5자 간 협의가 진행 중"이라고 밝혔다. 하지만 이날 오후 커트 캠벨 국무부 동아태차관보는 유명환 장관과 똑같은 장소에서 기자회견을 하면서 그랜드바겐을 전면 부인했다.

> **기자** 한국 대통령이 오늘 미국 외교협회CFR에서 한국이 북한에 그랜드바겐을 제시하길 바란다고 말했다. 이에 대해 말해달라.

> **캠벨** 사실, 나는 정말로 솔직히, 그에 대해 모른다. 한국의 카운트파트들과 가진 회의에서 그러한 것은 아무것도 나오지 않았다. 사실, 우리가 하려는 것은 이 시점에 우리의 접근법에 단합할 필요가 있다는 데 주의하는 것이다. 그리고 우리가 함께 움직일 경우, 북한

측의 책임 있는 조치들에 대응하는 것이어야 한다. 나는 (한국) 대통령이 강조한 것은 북한이 2005년과 2007년에 했던 모든 원칙들에 대한 책임 있는 약속을 하면 그때 미국 뿐 아니라 한국 일본 등 국제사회가 (여러 개를 묶은) 패키지를 준비하겠다는 말이라고 생각한다.

캠벨 차관보의 말은 한미 간 공조 체제를 갖춰 북한에 대응해야 하는데, 이 대통령이 엉뚱한 패키지 제안을 말함으로써 전선을 흐트리고 있다는 비난에 가깝게 들렸다.

이 대통령의 미 외교협회 연설과 한미 외교장관 회담은 21일 낮 12시쯤에 동시에 개최됐는데 이 대통령의 연설을 통해 내용이 공개될 때까지도 미국은 까맣게 몰랐다는 얘기다. 이에 대해 문태영 외교부 대변인은 "이 대통령 방미 전에 위성락 한반도 평화교섭본부장이 마크 도콜라 주한 미 차석 대사에게 그랜드바겐에 대해 설명했다"면서 "캠벨 차관보의 발언엔 뭔가 오해가 있는 것 같다"고 말했다.

이언 켈리 국무부 대변인은 이튿날 브리핑을 통해 이렇게 말했다.

"이 대통령의 CFR 연설과 관련해, 내가 상세하게 코멘트할 일이 아니다. 이는 그의 정책이다. 이는 그의 발언이다."

켈리의 말은 한미 양국이 그랜드바겐에 대해 정책적 조율을 제대로 하지 않았음을 의미했다. 기자들이 그랜드바겐을 한다는 게 단계별 대응을 하겠다는 이전 접근법에서 변화를 의미하느냐고 묻자 켈리 대변인은 "접근의 변화"인지 모르겠다고 말했다.

〈뉴욕타임스〉는 2009년 9월 22일자에서 이명박 대통령의 그랜드바겐 제안과 관련해, 대북 문제에 대해 한미 간 시각차를 보이고 있다고 보도했다. 이 대통령은 〈뉴욕타임스〉와의 인터뷰에서 북한이 핵을 비가역적으로 해체하면 그 대가로 인센티브를 전부 제공하는 방안을 설명하면서 "이는 원샷 딜one-shot deal"이라고 설명했다. 〈뉴욕타임스〉는 "이 대통령의 제안이 미국을 깜짝 놀라게 했다"며 "한 고위 관리가 북한 핵 문제를 한 번에 풀려고 하는 것은 당치도 않다far-fetched고 말했다"고 보도했다.

감정이 불쾌해진 이명박 대통령은 9월 30일 기자회견에서 "미국의 아무개가 자기는 (그랜드바겐을) 모르겠다고 했다. 미국의 아무개가 모르겠다고 하면 어떤가"라며 반격했다. 아무개는 캠벨 차관보를 지칭한다.

그러자 캠벨 차관보는 10월 11, 12일 일본과 중국을 방문하면서 한국을 건너뛰었다. 일각에서는 '그랜드바겐'으로 빚어진 앙금 때문이라고 해석했다〈한국일보〉 10월 9일자.

북한 문제와 관련해 미국은 좀처럼 노선을 급격하게 바꾸지 않는다. 월러스 그렉슨 미 국방부 아태 담당 차관보는 10월 14일현지시간, "우리는 지금 갑작스럽게 북한이 우호적으로 나오는 단계에 도달했다"며 "김정일 국방위원장이 이명박 대통령을 초청하고 원자바오 중국 총리가 북한을 방문했다"고 말했다. 소문으로 떠돌던 북한의 이 대통령 초청설을 처음으로 책임 있는 미 당국자가 확인한 것이다.

그렉슨 차관보는 로버트 게이츠 미 국방장관과 함께 한국, 일본, 슬로바키아를 동행 취재하는 기자들을 위한 비공개 브리핑에서 "북한이 다음에 취할 단계가 무엇이냐"는 질문에 답하면서 이같이 말했다. 이 내용은 10

월 18일한국시간까지 엠바고였다. 한국 정부는 미 국방부에 해명 브리핑을 요구했다. 이동관 청와대 홍보수석은 10월 16일, 청와대 출입 기자들에게 다음과 같이 브리핑했다.

> 내주 초에 한미안보협의회에 한미 국방장관이 참석하는데, 게이츠 국방장관이 한국에 오고, 아시아를 순방한다. 백브리핑을 미 국방 차관보가 했는데 그 과정에서 김정일이 이명박 대통령의 평양 방북을 초청했다고 말했다. 이런 내용이 전달되는 과정에서 그쪽미국도 내부에서 커뮤니케이션의 오해가 있었던 것 같다. 그래서 이런 얘기가 나왔던 것 같다. 적절한 경로로 미국 측이 수정 브리핑을 할 것이다.

우리 정부는 미국이 이 대통령의 방북 초청 브리핑을 취소할 것을 기대했지만 미국은 그렇게 하지 않았다. 워싱턴 특파원들은 일제히 북한의 한국 대통령 초청 기사를 송고했다.

언론에 이명박 대통령의 방북 초청 내용이 보도되자 청와대는 10월 18일한국 시간 "지난 한중 정상회담에서 '남북 관계 진전이 이뤄진다면 정상회담도 가능하지 않겠느냐'는 말이 오갔던 것은 사실이지만 이를 남북 정상회담 개최 문제로 받아들이는 것은 미 행정부 내부의 미스커뮤니케이션에 따른 오해"라고 밝혔다.

이동관 수석은 "미국 쪽에선 오해가 있었다는 것을 말할 것이다. 지난번도 사실은 캠벨이 얘기했던 것도, 커뮤니케이션 오해였다. 혼선인데,

'미스언더스탠드'가 있었다. 미국 정부라고 해서 시스템으로 이뤄지는 게 아니라 가끔은 이처럼 '삑사리'가 난다"고 꼬집었다.

백악관은 한국 언론이 보도한 지 하루 뒤인 18일현지 시간, "오해misunderstanding가 있었다"며 "우리가 말하려고 한 것은 최근 북한이 유화적인 태도를 보이고 있으며 그런 맥락context에서 김대중 전 대통령의 서거 당시에도 북한의 조문단이 이명박 대통령을 만난 자리에서 북한 방문을 얘기하기도 했다는 것"이라고 설명했다.

이 당국자는 '국방부가 잘못 브리핑했다는 것이냐'는 질문에 대해 "오해가 있었다"고 답변했다. 그는 이어 "백악관의 이 설명이 최종적인 것"이라고 덧붙였다. 이전과 달리 한국 정부의 체면을 살려주려고 배려한 측면이 보인다.

버락 오바마 대통령이 2009년 11월 중순, 아시아 순방에 나섰다. 오바마 대통령 순방에 동행한 캠벨 차관보는 한국에 오지 않을 계획이었다. 클린턴 국무장관을 수행한다는 게 이유였다. 클린턴 장관은 중국에서 아프간 대통령 취임식장으로 향했다. 한국에서 '이 아무개' 논란 때문에 캠벨이 오바마의 방한에 수행하지 않는다는 보도가 나오자 하루만에 캠벨은 한국을 방문하기로 일정을 변경했다.

이전 정부 때와 달라진 점이 있다면 양국이 서로 배려하면서 곡해될 사안에 대해서는 곧바로 시정하려고 노력한다는 것이다.

대미 로비의
필 요 성

이명박 대통령이 당선되자 미 의회는 2008년 2월, 당선 축하 결의안을 통과시켰다. 하원은 2월 7일, 상원은 2월 14일, 결의안을 채택했다.

상원 결의안은 민주당의 조셉 바이든 외교위원장이 주도하고 공화당 리사 머코스키, 척 헤이글 의원 등이 공동 발의했다. 하원에서는 에드 로이스공화, 캘리포니아와 다이앤 왓슨민주, 캘리포니아 의원이 결의안을 제출했다.

상원과 하원은 상임위 심의 과정을 거치지 않은 채 결의안을 본회의에 상정해 곧바로 만장일치로 처리했다.

미 의회에서 한국의 대통령 당선을 축하하는 결의안을 채택한 것은 처음이다. 1993년 김영삼 대통령 취임 때와 2003년 노무현 대통령 취임 때 결의안이 미 하원에 제출된 적이 있었지만 채택되지는 않았다.

이처럼 이례적인 일에 대해 당선자의 입장에서는 기분 나쁠 리 없다. 그런데 의문점이 하나 든다. 미 의회가 이 대통령의 당선 축하 결의안을 스스로 알아서 냈을까 하는 점이다. 물론 한국 외에 다른 국가에서 대통령이 당선됐을 때 미 의회는 종종 축하 결의안을 통과시킨다. 백악관이나 국무부도 축하 성명을 내지만 외교 관계를 한층 강화할 필요가 있을 때 의회 결의안이 채택된다. 당시 한국과 미국 간 외교 관계 복원 필요성이 제기됐다. 이 결의안 뒤에는 미국 의원들에 대한 로비 작업이 있었다.

이명박 대통령 정부 들어서 미국에 또 한가지 눈에 띄는 일이 벌어졌다. 2009년 7월 27일, 미 백악관에 조기가 걸린 사실이다. 백악관뿐만 아니라 연방 정부 기관들이 조기를 내걸었다. 이날은 한국전쟁이 휴전한 날이다. 버락 오바마 대통령은 이날을 한국전 참전 용사 휴전일로 정하고 연방 정부가 이를 기념토록 지시했다.

오바마 대통령이 한국전 휴전일에 백악관에 조기를 내걸도록 한 것은 한국 동포들의 로비 때문이었다. 김한나 한국전쟁화해연합회 대표가 이 활동의 중심에 있었다. 조지워싱턴대학에서 석사과정을 마치고 존스홉킨스대학에서 국제정치 석사과정을 밟고 있던 김씨는 한국전쟁 정전일7월 27일을 기념하고 한국전쟁참전용사인정법안Korean War Veterans Recognition Act을 통과시키기 위해 회원 435명과 함께 미 의회를 돌아다녔다. 그는 연방 하원 의원의 지지 서명을 받기 위해 일일이 사무실을 방문하여 참여를 호소하고 편지를 보냈다. 힐러리 클린턴 국무장관을 만나 법안 지지를 요청하기도 했다. 법안은 한국전 참전 용사 출신인 찰스 랭글 하원 세입위원장이 발의했다.

이 같은 김씨의 로비 활동 덕분에 한미 관계가 이전보다 더 부드러워지고 있는 것이다.

미국은 한국의
경　쟁　국

미국은 언제부터인가 우리가 무조건 믿고 따라야 할 동맹이라기보다는 예의 주시해야 할 경쟁자로 변하고 있다. 그리고 한국은 미국의 요구에 대해 무조건 '예스'라고 답하지 않는 '성장한' 나라가 됐다.

미국이 한국전에 참가해 공산 세력의 남하를 막으려고 한 이유는 뭔가. 소련과 중국 등이 북한을 앞세워 자신의 세력을 태평양으로 확장하는 것을 차단하기 위해서였다. 소련이 해체되고, 중국이 개방을 하면서 한국의 지정학적 의미는 퇴색되고 있다. 이 때문에 미국은 한국을 대하는 태도를 바꾸었다. 냉전 시대에 한국이 가지고 있었던 지정학적인 가치가 사라지고 있는 것이다.

워싱턴 싱크탱크가 주최하는 각종 세미나와 컨퍼런스에 가보면 미국의 학자와 전문가들이 한국에 대해 어떻게 생각하는지 잘 알 수 있다. 미국에 한국은 상품을 팔 교역국이고, 미국이 원하는 곳에 군대를 보내주는 나라다. 미국에서 한국을 더 이상 형제 국가라고 부르는 사람이 없으며, 한국을 도와주어야 한다고 열변을 토하는 목소리를 들을 수 없다.

2007년, 서너 차례 걸쳐서 인터뷰를 한 워싱턴한미포럼 박윤식 대표의 논리는 명쾌했다.

> 미국의 대외 관계는 이데올로기 중심 외교에서 실용주의 외교로 변했습니다. 미국이 옛 소련과 냉전을 벌이던 1970~80년대에는 이 편이냐 저편이냐로 따져서 미국 편이면 교역에서 경제적으로 손해를 보더라도 양보했습니다. 그래서 한국이 시장을 개방하지 않고도 미국에 수출을 잘할 수 있었던 거지요. 하지만 베를린 장벽이 무너지고 미국의 외교 노선이 경제 위주의 실용주의 경향으로 바뀌었습니다. 그 직격탄을 맞은 게 한국입니다. 한국에서는 왜 미국이 쌀쌀하게 구느냐고 하는데, 미국이 변한 것을 아직 느끼지 못하는 것입니다.

조지워싱턴대에서 경영학을 가르치고 있는 그는 미국의 '변절'을 계속 설명했다. 한국이 경제력으로 세계 10위권 수준이고 미국의 10대 교역국 중 하나인데 어떻게 한국만 봐주냐는 분위기가 미국 내에 팽배해 있다는 것이다. 이런 와중에 노무현 정부에서 '미국과 대등하게, 할 말을 하는' 외교를 내세우면서 한미 갈등이 증폭됐다는 것이다.

> 대등 외교도 좋지만 국익에 맞는 외교냐, 아니냐가 중요합니다. 경제협력개발기구OECD 회원국 가운데 지도층의 국제 감각이 떨어지는 나라는 우리나라뿐입니다. 노조 출신인 루이스 이나시우 룰라 다시우바 브라질 대통령도 바뀌지 않았습니까. 미국에 한마디하면 큰

일한 것으로 착각하는데, 안타깝습니다.

  그는 미국이 이렇게 변심하도록 촉진제 역할을 한 것이 한국의 권력자라고 설명했다. 그는 노무현 대통령이 두 차례 방미하면서도 부시 대통령으로부터 공식 만찬 대접을 받지 못한 것은 미국을 떨떠름하게 한 데 대한 반대급부라고 설명했다. 부시 대통령은 2003년 5월, 처음 미국을 방문한 노 대통령과 오찬을 했지만, 5일 뒤 글로리아 아로요 필리핀 대통령이 방문했을 때는 공식 만찬을 베풀었다. 한국의 경제적 지위나 전략적 중요성보다 훨씬 떨어지는 필리핀의 지도자에 대한 부시 대통령의 대접과 관련해 워싱턴 식자들 사이에서 한동안 한국의 위상에 대해 설왕설래했다.

  박윤식 대표는 김대중 대통령 이후 10년간 한미 관계가 눈에 띄게 냉랭해졌다고 분석했다. 김 대통령이 신군부에 의해 사형을 언도받자 로널드 레이건 대통령은 사면을 조건으로 취임 이후 첫 국빈 방문 티켓을 전두환 대통령에게 주었다. 미 공화당 정권의 이 같은 노력에도 불구하고 김 대통령은 취임 후 공화당 인사들과 우호적인 관계를 만들지 못했다. 전남 해남 출신인 박 대표는 김 대통령이 1980년대 초, 버지니아 주 알렉산드리아에서 망명 생활할 때 통역을 하거나 경제 가정교사를 해 DJ의 대미 관계 인식을 소상하게 알고 있다. 빌 클린턴 대통령 때는 한미 관계가 그나마 호전됐지만 부시 대통령 때는 더 악화됐다.

  김 대통령이 미국을 방문하기 직전 러시아 대통령을 만난 것도 탐탁지 않았는데, 방미 전 부시 대통령과 통화하면서 햇볕 정책을 지루하게 설명하자 부시 대통령이 수화기를 막고 "도대체 이 사람 누구냐"고 옆에 있던

박윤식 워싱턴 한미포럼대표. 조지워싱턴대 국
제경제학 교수이기도 한 그는 한미 관계에서 미
국이 한국을 보는 시각이 예전과 같지 않다고
말했다.

참모에게 물었을 정도였다는 것이다.

미국 핵심부가 어떤 생각을 하고 있는지 그 속내가 한국에 제대로 전달되지 않는 이유는 이렇다. 한국에 쓴소리를 하는 미국의 학자들을 한국 정부가 쓰지 않기 때문이라는 것이다.

박윤식 대표는 2005년 워싱턴에서 개최된 국제 세미나에서 전직 백악관 관리가 한국에 대해 솔직한 충고를 했다가 주최 기관이 청와대로부터 혹독한 문책을 받았다고 했다. 이 전직 관리는 다시는 한국 관련 세미나에 참석할수 없었다고 한다. 이런 분위기가 퍼지면서 소위 지한파들은 '밥줄' 때문에 진실을 말하지 않게 됐다고 한다.

> 한국 관련 국제회의에 참석하는 지한파를 보면 말조심하는 사람들만 초청합니다. 이들은 어느 정도 선을 그어놓고 더 이상 넘어가지 않습니다. 그들이 쓴소리를 하면 한국 정부가 싫어하고 다시는 불러주지 않기에 이런 현상이 생기고 있습니다.

박 대표는 한국 정부가 듣기 싫은 소리에 귀를 막기 때문에 (한미 관계) 실상에 대해 정확하게 이해하지 못하게 된다고 설명했다.

노무현 대통령이 임기 말에 미국을 방문했을 때 지한파 인사들을 초청해 식사를 하는 자리가 마련됐다. 당초 이 자리에 마이클 그린 전 NSC 아시아 담당 국장이 초청 대상이었지만 조율 과정에서 빠졌다. 그린 전 국장이 쓴소리를 많이 했기 때문이다. 이는 관료주의의 또 다른 폐해가 아닌가 싶다.

유엔 대사를 지냈던 김현종 전 통상교섭본부장은 "유엔 대사로서의 경험을 비추어볼 때 미국은 분명한 외교 순위를 갖고 있으며, 동맹국의 요청이 있더라도 자국의 국익과 주어진 상황에 합치할 때만 움직이는 경향이 있다"고 지적했다 김현종, 《김현종, 한미 FTA를 말하다》, 388쪽.

퓨리서치센터의 2009년 12월 조사를 보면 한국은 미국에게 덜 중요해지는 국가 8위에 올랐다. 중요해질 국가 10개국에는 아예 이름조차 올리지 못했다. 이 조사는 외교관계협회CFR 회원들을 상대로 실시됐다.

향후에 미국에 중요해질 국가 1위는 중국이었으며, 인도·브라질·EU·일본·러시아·터키·영국·독일·멕시코 순이었다. 덜 중요해질 국가 1순위는 프랑스였으며, 그 다음이 영국·일본·EU·독일·이탈리아·이스라엘·한국·러시아·사우디아라비아였다.

재미 로비스트 박동선 씨는 40년간의 미 의회 로비스트 생활을 회고하면서 주미 특파원들에게 자신이 관찰한 미국인들의 속내를 전달해주었다.

"미국의 보수 정치인들은 한국을 더 이상 동맹국으로 생각하지 않는 것 같다!"

미국에 대한 한국의 접근은 이제 새로운 방식을 진지하게 모색해야 할 때다. 과거처럼 "예스"를 외쳐놓고 미 행정부의 선처에 운명을 맡길 수 없는 상황이 됐다. 미국이 그렇게 한국을 대하지 않고 있을 뿐만 아니라 국제 정세가 바뀌었다. 수뇌부끼리는 부닥치고 있더라도 손과 발은 대안을 모색하고 있어야 한다. 한국 대통령이 미국 대통령에게 자존심을 세우면서 충돌하더라도 교포 사회에서는 최악의 상황을 막을 수 있는 채널을 마

련해놓고 있어야 한다. 그래서 로비에 대한 인식 전환과 이의 활용을 검토
해야 한다는 목소리가 나오고 있는 것이다.

미국의 대표적
로비스캔들

2006년 워싱턴은 최악의 로비스캔들이 터져 휘청거렸다. 로비스트와 의원 보좌관들이 조직적으로 팀을 이루어 공화당과 백악관, 행정부를 손에 쥐고 주물렀다. 정치인들은 돈의 노예였다. 정권을 창출하기 위해 돈이 필요했고, 정권을 쥔 뒤 권력을 유지하기 위해 돈을 끌어들였다. 이러한 역할을 충실하게 한 로비스트가 잭 아브라모프였다. 이 로비스캔들을 겪은 미국은 백인 정치에 염증을 느껴 사상 첫 흑인 대통령을 배출했다. 한화그룹 김승연 회장이 만든 한미교류협회도 직격탄을 맞았다. 아브라모프 스캔들의 기록에 한국도 불명예 기록을 남긴 셈이 됐다.

아브라모프 로비스캔들

워싱턴 DC에 있는 조지타운대 로_{Law}센터에 다녔던 잭 아브라모프는 1981년부터 1985년까지 공화당 전국대학위원회 위원장을 지냈다. 그는 이때 향후 운명을 함께하게 될 세금 반대 운동가 그로버 노퀴스트, 기독연맹 Christian Coalition의 대표 랄프 리드, 매트리스 사업가 애덤 키던을 만나 친분을 쌓는다. 인적 커넥션을 만들기 시작한 것이다.

노퀴스트는 80년대 미 상무부에서 연설문 작성가로 활동했다. 그는 선거 때 로널드 레이건 대통령의 업적을 확대재생산하는 일을 했다. 리드는 1995년 뉴트 깅그리치 하원 의장 진영에 들어가 정치 활동을 시작했으며, 이후 아브라모프를 돕는 일을 했다.

아브라모프는 조지 부시 대통령이 대선 후보로 처음 출마했던 2000년 선거에서 정치자금을 모금하는 역할을 맡았다. 부시가 당선되자 정권인수위에 합류했다. 그는 내무부 자문위에서 팀원으로 활동했다. 이를 계기로 그는 내무부 부장관이 된 제임스 스티븐 그릴스와 매우 가까운 관계를 형성했다. 아브라모프는 부시 대통령의 핵심 참모였던 선거 전략가 칼 로브와도 알게 됐다. 아브라모프는 칼 로브를 포함해 백악관 관리들과 수백

여 차례 만나 로비 활동을 펼쳤다.

아브라모프는 부모의 만류를 뿌리치고 13세때 유태정교Orthdox Judaism에 빠져들었다. 미국에서 로비를 가장 잘하는 집단은 유태인이다. 그는 메릴랜드에 유태인 학교를 세웠으며, 유태계 레스토랑을 운영했다. 그는 또 국제자유재단IFF을 창립했으며 보수 싱크탱크인 전국공공정책연구센터NCPPR의 소장으로 활동했다. 그가 로비스트로 처음 활동했던 회사는 프리스턴 게이츠-엘리스였다. 그는 이 회사의 직원들과 사이가 벌어지자 2001년 로펌 그린버그 트로릭 LLP로 옮겨 수석 로비스트로 활동했다.

아브라모프의 로비 의혹은 미 일간 〈워싱턴포스트〉가 2004년 불법 로비 활동과 관련한 시리즈 기사를 처음 보도하면서 알려졌다. 아브라모프는 인디언 부족들의 카지노 로비에 개입하면서 수천만 달러를 받아 챙겼고, 공화당 의원들과 행정부 고위 관리들과 유착했다.

언론의 보도로 파문이 커지자 미 연방 법원과 주 법원, 상원 인디언문제 위원회 등이 연쇄 조사에 나섰다. 인디언 부족 로비 사건의 이면을 들추어 내자 아브라모프가 카지노 도박선을 구입할 때 허위 송금증을 발행하는 등 또 다른 불법행위가 드러났다. 백악관, 행정부, 의회 등 아브라모프가 접촉했던 고위 인사들의 부당한 행위가 잇따라 공개되면서 여론 몰이가 시작됐다.

사건이 공화당 핵심으로 파고들자 킹그리치 전 하원 의장은 즉각 공화당 하원 원내 대표를 교체하라고 요구했다. 당시 공화당 하원 원내 대표는 토머스 딜레이였다. 그는 스캔들이 발생하기 전 한 모임에서 아브라모프에 대해 "나와 가장 가깝고, 내가 가장 아끼는 친구 중 한 명"이라고 자랑

했는데 이 발언이 자신을 죽이는 화살이 돼 되돌아온 것이다. 딜레이는 미의회에서 가장 큰 영향력을 행사하는 자리 중 하나였던 원내 대표직에서 물러났다. 그리고 2006년 11월, 치러진 선거에는 출마조차 하지 못했다. 이후 텍사스에서 자금 세탁 등 혐의로 기소되면서 정치적으로 완전히 몰락했다. 아브라모프 스캔들로 인해 집권 여당이었던 공화당의 하원 조직이 붕괴됐다. 백악관과 상·하원 공화당 정치인 중에서 아브라모프와 직간접적으로 연루되지 않은 인물이 없을 정도로 파문이 컸다.

공화당 장기 집권 음모의 하나인 'K 스트리트 프로젝트'가 백일하에 드러나 지탄을 받았다. K 스트리트 프로젝트는 딜레이가 1990년대 중반에 착수한 것으로 로비 회사에 공화당 출신 보좌관을 채용토록 압력을 넣고 입법 활동 때 로비 회사의 요청을 선별적으로 수리해주고 지속적으로 정치자금을 챙긴 것이다. '로비-돈-의회 장악'을 핵심 연결 고리로 하는 정권 창출 프로그램이다. K 스트리트 프로젝트로 인해 로비스트가 보좌관이 됐다가 행정부 관리로 영전하는 회전문Revolving Door 현상이 발생했다. 이 회전문 현상으로 인해 정치권과 로비업계 간 물고 물리는 커넥션이 만들어진 것이다. 공화당 집권기에 워싱턴에서 '제4부'는 언론이 아니라 로비 집단이었다. 아브라모프 사건이 폭로되면서 로널드 레이건 대통령 이후 20년간 다져진 공화당의 정치자금줄이 와해됐다.

선크루즈
카지노선
사기 사건

아브라모프가 쇠고랑을 차게 된 직접적인 계기는 카지노 도박선을 정치권의 힘을 이용해 빼앗으려다가 선주가 살해된 사건 때문이었다. 플로리다에서 선크루즈 카지노선단을 운영하던 그리스 이민자 콘스탄티노스 구스 불리스는 카지노선단을 매각하기 위해 협상을 벌이던 중에 의문의 살해를 당했다.

그는 아브라모프와 뉴욕 사업가 애덤 키던 등에게 카지노 사업권 90퍼센트를 판 직후 2001년 2월, 한밤중에 플로리다 주 포트 로더데일에서 BMW를 몰고 귀가하다가 총격을 받아 죽었다. 그는 10대 때 캐나다 행 그리스 화물선에 뛰어올라 밀입국했다. 접시닦이로 출발한 그는 샌드위치 가게를 열어 자금을 마련한 뒤 30세 때 플로리다 키스Keys로 이주했다. 마이애미 섭스 체인레스토랑을 운영해 큰돈을 벌었다. 이어 크루즈 카지노 사업에 손을 댔다.

불리스가 연간 3000만 달러를 벌어들이는 선크루즈 도박 사업을 매각했던 이유는 연방 검찰이 1999년 선박법 위반 혐의로 그를 기소했기 때문이다. 중형 크루즈선 11척으로 구성된 선크루즈는 매일 관광객과 도박꾼,

노인 고객 등을 태우고 플로리다의 9개 항구에서 동시에 출발해 도박금지법의 영향을 받지 않는 공해상으로 나가 도박장을 운영했다. 하지만 배가 플로리다로 귀항할 때 술 취한 도박꾼들이 바다에 오줌을 함부로 누거나 소란을 피워 주민들의 민원이 끊이지 않았다.

미 법무부는 불리스가 미국 시민권을 취득하기 전에 선박을 사들인 위법 사실을 찾아내 매각 압력을 가했다. 불리스는 벌금 100만 달러를 내고 선박을 매각키로 합의했다.

불리스는 법률 자문을 받으러 법률 회사 프레스턴 게이츠 – 엘리스를 찾아갔는데 이곳에서 아브라모프를 만났다. 아브라모프는 뉴욕에서 매트리스 체인점을 운영하던 키던을 끌어들여 50대 50 지분으로 카지노선단을 인수키로 했다. 아브라모프는 키던이 돈을 대고 자신은 선박 구입 승인과 사업 확장을 위한 로비를 맡을 생각이었다. 키던은 아브라모프가 조지타운 로센터에 다닐 때 공화당 대학위 간사 자리를 물려줄 만큼 가까운 사이였다. 키던은 한때 아브라모프에게 매트리스 사업으로 벌어들인 수천만 달러를 투자할 곳을 찾고 있다고 허풍을 떨었다. 하지만 그는 배를 구입할 당시 재정 상태가 엉망이었다. 그는 이미 1996년 개인 파산을 선언했으며 사업체도 파산절차가 진행 중이었다.

그럼에도 불리스는 2000년 1월, 선크루즈를 이들에게 1억 4500만 달러에 팔겠다는 의향서에 합의했다. 그는 합의를 한 뒤 컨설팅 거래를 포함해 추가 요구 사항을 제시하면서 최종 서명을 미뤘다.

그러자 공화당 소속 하원 운영위원장이던 로버트 네이 의원이 불리스를 압박하는 발언을 했다. 그의 발언은 의회 속기록에 남았다.

"의장님, 선크루즈 카지노와 구스 불리스가 취하고 있는 행동은 플로리다 법률을 매우 당혹스럽게 하는 일입니다. 플로리다의 한 썩은 사과의 행위로 인해 카지노 사업이 영향을 받거나 후원자가 더 이상 상처를 받는 것을 보고 싶지 않습니다."

이 같은 압박 발언이 나온 것은 딜레이 원내 대표의 공보 비서 출신으로 아브라모프 로비팀에 합류한 마이클 스캔론이 막후에서 작업을 했기 때문이었다. 연방 의원의 압박은 이민자이자 불법행위로 코너에 몰린 불리스가 감당할 수 없는 부담이 됐다.

아브라모프는 딜레이 의원을 스코틀랜드의 한 고급 골프장으로 초대했다. 딜레이 의원과 토니 루디 비서실장은 골프 여행을 다녀온 뒤 불리스에게 미 의사당에 게양됐던 성조기를 보냈다. 불리스는 아브라모프의 배후에 거물 정치인이 있다는 것을 깨달았다. 의사당에 꽂혔던 성조기는 권력의 상징이자 받는 사람에게는 의미있는 선물이 되기도 한다. 미국 의원들은 이를 달라는 요청을 많이 받는다.

아브라모프는 또 루디 비서실장 및 키던과 함께 선크루즈 소속 제트기를 타고 캘리포니아 주 페블피치로 날아가 US 오픈 골프 대회를 즐겼다. 이 여행에는 불리스의 재정 총책임자인 조앤 와그너가 동행했다. 불리스 측은 아브라모프의 정치적 힘을 알게 됐다. 미 의회 직원들은 사적인 여행 외에는 초대받은 모든 활동을 보고해야 할 의무가 있는데 루디는 이 여행을 의회에 보고하지 않아 나중에 처벌받게 된다.

페블비치 여행 뒤 불리스는 선크루즈를 아브라모프와 키던에게 팔겠다고 공식 합의를 했다. 아브라모프는 웰스파고은행 소속 풋힐 캐피털에서 돈을 빌리기로 하고 접촉을 시작했다. 이때 〈월스트리트저널〉에는 아브라모프가 공화당에 인디언 부족의 정치 헌금을 끌어들여주었으며 그가 딜레이 등 공화당 지도급 인사들과 가깝다는 기사가 실렸다. 이 기사는 아브라모프가 은행에서 돈을 빌리는 데 도움이 됐다. 아브라모프는 풋힐 캐피털에 재정 신고를 하면서 자신의 순자산이 1300만 달러라고 보고했다. 그는 자신의 로비 사업이 750만 달러이고 가족 사업이 300만달러, 아틀랜틱 시에 부친이 갖고 있는 주차장 관리 회사가 140만 달러라고 설명했다. 그는 루디 비서실장과 플로리다가 지역구인 데이나 로라바커 하원 의원의 추천서를 첨부했다.

키던도 풋힐 캐피털에 재정 보고서를 제출했다. 그는 자신의 재산이 2600만 달러라고 신고했다. 하지만 그의 백그라운드 첨부 보고서에는 소송, 재판, 저당권설정, 파산 신고 등 부정적인 기록들로 가득 차 있었다. 그는 또 의붓아버지가 제기한 소송에서 패배해 변호사 자격을 박탈당한 상태였다. 이런 상황인데도 풋힐 캐피털과 '시터델 이쿼티 펀드'는 아브라모프와 키던이 선크루즈를 구입할 수 있도록 6000만 달러를 빌려주기로 결정했다. 대신 두 사람에게 개인적으로 대출 보증을 요구했으며, 개인 돈으로 2300만 달러를 선박 구입에 투자할 것을 주문했다. 아브라모프는 풋힐 캐피털의 부사장 그레그 워크를 워싱턴에 초청해 미식축구장 페덱스 필드의 스카이 박스에서 파티를 열었다. 이날 딜레이 의원은 아브라모프가 장기 임대해놓은 이곳을 사용하고 있었는데, 워크는 딜레이 의원을 소개받고는 아브라모프가 거물 정치인을 상대하는 인물이라는 것을 알았다고 한다.

미식축구장 파티가 열린 지 9일 뒤 최종 계약이 성사됐다. 아브라모프와 키던이 2300만 달러를 현금으로 투입해야 하고, 풋힐 캐피털과 시터델이 6000만 달러를 빌려주는 조건이었다. 그리고 불리스는 아브라모프와 키던으로로부터 6750만 달러의 약식 차용증서를 받기로 합의했다. 불리스는 이 회사에 컨설턴트의 자격으로 10퍼센트의 지분을 유지하기로 했다.

계약이 완료된 뒤 키던은 선크루즈를 경영하기 위해 플로리다로 이사했고 아브라모프는 로비 활동을 위해 워싱턴에 남았다.

두 사람은 각각 연봉으로 50만 달러씩 챙기기 시작했다. 키던은 선크루즈가 지불하는 월 4300달러짜리 고급 콘도에 입주한 뒤 불리스의 친구와 친척 등 기존 직원들을 해고했다. 키던은 선박들이 너무 낡았고, 체불 영수증이 있다면서 불리스에게 부채 지불을 거절했다.

불리스는 분개했다. 불리스는 2000년 10월, 키던에게 잔금 지불을 요구하는 편지를 보냈으며, 은행과 아브라모프에게 키던이 약속을 이행하지 않으려는 속셈을 갖고 있다며 폭로하겠다고 밝혔다. 그러자 아브라모프는 스캔론을 시켜서 밥 네이 의원이 다시 한 번 의회에서 아브라모프를 압박하는 발언을 하도록 했다. 스캔론은 딜레이 의원실에서 나와서 선크루즈 홍보 담당 컨설턴트로 채용된 상태였다.

네이 의원은 "선크루즈 카지노가 이제 새로운 소유주를 찾은 것을 알게 됐다. 시민이자 사업가인 키던이 선크루즈를 문제 많은 업체에서 책임감 있는 기업으로 손쉽게 변화시킬 것으로 믿는다"며 선크루즈의 소유주가 바뀌었음을 선포했다.

하지만 키던은 불리스에게 2300만 달러를 주지 않았다. 키던이 너무 비

싸다며 거래를 포기하려고 하니깐 불리스가 현금 대신 2000만 달러짜리 차용증을 받기로 비밀리에 구두 합의했다는 게 키딘의 설명이다. 이는 불리스가 살해된 뒤 검찰 조사 과정에서 나온 키딘의 주장이다. 이 같은 뒷거래를 입증해줄 수 있는 서류는 전혀 없었다.

풋힐 캐피털은 키딘과 아브라모프에게 2300만 달러를 불리스에게 지불했다는 증거를 요구했다. 키딘은 가짜 전신환 서류 사본을 보냈다. 이 서류는 키딘의 요구로 체비체이스은행에서 2300만 달러를 불리스의 오션은행으로 전신환으로 보낸다는 내용이다. 하지만 키딘의 체비체이스은행 계좌는 오래 전에 거래 중지됐으며 잔고는 10만 달러에 불과했다.

불리스는 2000년 11월 아브라모프를 만나서 키딘이 회사를 훔치려고 한다고 비난했다. 아브라모프는 이때 처음으로 키딘이 불리스에게 2300만 달러를 지불하지 않은 사실을 알고 놀랐다고 조사 과정에서 진술했다. 하지만 키딘이 불리스에게 2300만 달러를 지불했다고 확인하는 가짜 서류에는 아브라모프도 공동 서명했다.

불리스의 동료들이 키딘이 마피아와 연관돼 있다고 떠들어대자, 키딘은 고발하겠다고 위협하는 등 양측 간 긴장이 고조됐다. 불리스의 재정 책임자 조앤 와그너가 선크루즈 매매 관계자들을 소집한 회의에서 결국 양측은 정면충돌했다. 앙금을 풀기 위해 모인 것인데, 주먹다짐이 벌어졌다. 키딘은 불리스가 뾰족한 펜으로 자신을 위협했다고 경찰에서 진술했다. 그는 또 불리스가 얼굴과 목을 치고 발로 차다가 직원들이 말려서 폭력 행위가 중단됐다고 주장했다. 경찰은 매트리스 장사꾼 키딘이 먼저 와그너에게 욕하고 위협하자 그리스인 불리스가 화를 낸 것이라고 상황 전개 과정을 바로잡았다. 불리스가 욕을 그만하라고 말렸지만 키던이 계속 욕을 퍼부었다. 그러자 불리스가 키던을 두들겨 패기 시작했다는 것이다. 아브라모프는 이 모임에 참석하지 않았다. 와그너는 아브라모프에게 이메일을 보내 플로리다로 날아와서 양측의 싸움을 중재해달라고 요청했다.

와그너는 "불리스와 키던이 싸워서 선크루즈가 위기에 빠졌다"며 "돈이 새고 있으며, 당신이 이 문제를 즉각 풀지 않으면 키던이 미쳐서 물불 가리지 않게 될 것"이라고 썼다. 그러면서 와그너는 키던이 선크루즈 사업에서 손을 떼도록 이사회에서 결정하라고 덧붙였다. 와그너는 불리스가 키던에 대한 채권자로서 선크루즈 매각 취소 등 거래를 거절할 수 있다는 내용의 편지를 추가로 보냈다.

아브라모프는 이 편지를 키던에게 전했다. 키던은 아브라모프에게 "그년 입을 닥치도록 해야겠다"며 날뛰었다. 그러면서 그는 "뉴욕에 있는 친구가 내 신변 문제가 걱정이 돼 움직이기 시작했다"며 "그 친구가 보디가드들을 보냈는데, 사태를 악화시킬지 모른다. 위험천만한 상황"이라고 설명했다. 키던은 아브라모프에게 불리스에 대한 압박전을 공동으로 펼치자고 말했다.

키던은 뉴욕의 옛날 친구들을 플로리다에 집결시켰다. 뉴욕에서 주문 음식점을 운영하는 앤소니 모스카티엘로에게 식음료 컨설턴트 일을 맡겼다. 모스카티엘로는 마약 거래 혐의로 기소되기도 했으며 뉴욕 조폭 감비노의 회계 책임자였다. 키던은 보디가드 3명에 둘러싸여 방탄 메르세데스 벤츠를 타고 다녔다. 키던은 무력 금지 명령restraining order을 신청했다. 선크루즈는 모스카티엘로에게 14만 5000달러를 지불했다. 식음료와 컨설팅,

현장 검사비 명목이었지만 음식물 음료 컨설팅 등을 제공했다는 서류는 하나도 없었다. 사실 보디가드 비용이었다.

1주일 뒤 아브라모프는 제트기를 빌려서 슈퍼볼 게임이 열리는 템파로 의회 참모들을 실어 날랐다. 그는 이들이 슈퍼볼 게임을 본 뒤 선크루즈에서 도박을 하도록 주선했다. 나중에 딜레이 의원의 비서실장이 된 팀 베리와 콘라드 번즈 상원 의원의 참모 두 명도 이 여행에 끼어 있었다. 딜레이 의원의 전 비서실장이었던 토니 루디도 이들과 함께 갔다. 베리는 이 여행을 의회에 보고하지 않았다. 그는 이 여행이 의회 규정이 허용하는 공화당의 정치자금 모금 행사인 것으로 생각했다고 말했다.

끝내 돈이 들어오지 않자 화가 머리까지 치솟은 불리스는 2001년 1월, 법원에 키딘이 선박 운영을 하지 못하도록 하는 가처분 신청을 내고, 자신에게 진 채무를 갚도록 법정 명령을 내려줄 것을 요청했다. 키딘과 불리스의 알력이 플로리다에서 발행되는 〈선 – 센티넬the Sun-Sentinel〉 신문의 1면을 장식했다. 키딘은 이 신문에서 불리스가 "너를 고소하지 않고 죽이겠다"고 협박했다고 주장했다.

아브라모프는 당시 소속 회사 프리스턴 게이츠에서 그린버그 트로릭 LLP로 자리를 옮겼다. 그는 자신이 로비를 대행했던 인디언 부족 사업을 포함해 상당수 고객들을 함께 끌고 갔다. 그리고 프리스턴 소속 로비스트 10여 명도 동반 이적시켰다. 아브라모프가 회사를 옮긴 것은 그의 업무 스타일이 다른 사람들과 마찰을 일으켰기 때문이었다. 프리스턴 게이츠의 인사들은 아브라모프가 부주의하고 일을 조급하게 처리한다고 생각했다. 프리스턴의 설립 파트너 중 한 명은 아브라모프에게 "주의하지 않으면 사망하거나, 개망신 당하거나, 감옥소에 갈 것"이라고 경고했다. 그린 버그로 옮긴 아브라모프는 의회 참모 중에서 토니 루디를 스카웃하는 등 의원 보좌관들을 잇따라 영입했다.

2001년 2월, 아브라모프와 키던이 홍콩에 새로운 사업을 알아보기 위해 영국에서 비행기 트랩에 오를 때였다. 휴대전화가 울렸다. 키던의 보디가드로부터 걸려온 전화였다. 다급한 목소리가 터져 나왔다.

"불리스가 죽었습니다."

키던은 곧바로 미국으로 날아갔다. 그는 경찰에서 불리스의 살해 사건에 대해 전혀 아는 바 없다고 말했다. 하지만 플로리다 언론에는 키던과 모스카티엘로 연루설 기사가 실렸다.

불리스가 살해된 이후 아브라모프와 키던은 풋힐 캐피털에서 돈을 더 빌렸다. 그리고 북 마리나 섬으로 카지노 사업을 확대하는 작업에 착수했다. 이곳 정부는 아브라모프의 고객이었다. 이들은 또 그린버그 트로릭을 자신들의 로비 회사로 고용했다.

아브라모프와 키던은 2001년 3월, 워싱턴 MCI센터에 있는 스카이박스에서 네이 의원을 위한 정치자금 모금 파티를 열었다. 그 다음 달 키던은 자신의 포트 로더데일 아파트에서 피터 더쉬 하원 의원을 위한 정치자금 모금 파티를 열었다.

불리스 살해 사건은 4년이 지나도록 해결되지 않고 미궁에 빠졌다.

하지만 FBI는 키던과 불리스가 카지노 사업 매매 거래를 하면서 은행에 대해 사기를 쳤는지 조사하기 시작했다.

코너에 몰린 아브라모프와 키던, 불리스 측조앤 와그너이 선크루즈를 부도

내기로 합의했다. 이들은 타협책의 일환으로 아브라모프와 키던이 부채와 각종 채무를 면제받는 대신 모든 이해 관련 사안을 불리스 측에 넘겨주기로 했다.

2003년 4월, 항소법원Court of Appeals은 이 화해를 수용할 수 없다며 거부했다. 이해가 충돌될 뿐만 아니라 부도 판사가 승인을 거부했다는 게 주된 이유였다.

풋힐 캐피털은 이 화해가 최종 거래에 감춰진 사기극을 덮으려는 의도라고 주장했다. 풋힐 캐피털은 대출금을 되찾기 위한 소송을 제기했다. 아브라모프와 키던은 풋힐 캐피털과의 6000만 달러 소송에 휘말렸다. 풋힐 캐피털은 키던과 불리스가 체결한 이면 합의가 사기라면서 양측이 비밀 합의를 감추려 했다고 주장했다. 불리스의 재정 총책인 조앤 와그너가 키던의 사무실로 보낸 팩스에는 두 장의 약속어음 사본과 지시문이 붙어 있었다. 손으로 쓴 지시문에는 "검토한 뒤 OK이면, 밀봉해서 지미에게 보낼 것"이라고 적혀 있었다. 지미는 불리스의 또 다른 변호사다. 풋힐 캐피털은 이 지시문이 대출 회사로부터 약속어음의 존재를 감추기 위한 명백한 사기의 증거라고 주장했다.

하지만 키던의 변호사는 고발장을 낸 풋힐 캐피털이 정직하지 못하다고 비난했다. 풋힐 캐피털이 키던과 비밀 합의문을 작성한 게 있는데, 키던이 45일 이내에 개인 파산을 초래한 빚을 갚기로 약속했다는 것이다. 이는 풋힐 캐피털이 키던의 재정 상태를 알고 있었으며, 그럼에도 위험을 감수하고 융자를 결정했다는 설명이다.

도박 자금에서 가장 많은 정치자금을 받았던 딜레이 공화당 하원 원내 대표는 선크루즈 사고가 터지자 마자 "아브라모프가 이번 사건에 관여된 것을 전혀 몰랐고, 이를 알고 나서 충격을 받았다"며 발을 빼려 했다. 그는 즉각 아브라모프를 사무실로 불러서 더 이상 거래를 하지 않겠다고 선언했다고 한다.

선크루즈는 부도 경매 과정을 거친 뒤 새로운 주인에게 넘어갔다.

불리스 살해 사건 뒤 존 매케인 상원 의원이 "정말 황당한 갈취와 사기의 사례"로 낙인찍은 인디언 부족 로비 사건이 터졌다. 매케인 의원은 상원에서 인디언 사기 사건에 대한 조사를 총지휘했다.

인디언 부족
사 기 사 건

아브라모프가 사기 행각을 벌였던 인디언 부족은 미시건 주의 새기노 치피와, 캘리포니아 주의 아구아 칼리엔테, 미시시피 주의 촉토, 루이지애나 주의 쿠샤타 등이었다. 아브라모프는 자신과 관련이 있는 보수 시민 단체를 동원해 인디언 카지노에 대한 규제를 강화하라고 정부에 압력을 넣은 뒤 인디언 부족에 접근해 이를 막아주겠다며 로비 계약을 따냈다. 아브라모프와 딜레이 의원의 공보비서 출신 스캔론은 3년 동안 6개 인디언 부족으로부터 로비와 홍보 자금으로 무려 8200만 달러를 뜯어냈다.

공화당은 1994년 이른바 '공화당 혁명'이라고 불리는 선거를 통해 의회를 장악했다. 미시시피의 촉토 부족은 이 선거에서 자신들의 뒤를 봐주었던 의원들이 대거 낙선하자 새로운 로비스트를 찾았다. 촉토 부족의 고문이던 닐 로저스는 아브라모프를 소개해주었다. 첫 로비 사업은 1995년 촉토 인디언의 카지노에 세금을 부과하려는 법안을 무산시키는 일이었다. 아브라모프는 공화당 대학위 활동 때 알게 된 그로버 노퀴스트와 그가 이끄는 시민 단체 '세금 개혁을 위한 미국인ATR'을 동원해 이 법안을 상원에서 부결시켰다. 촉토 부족은 ATR에 6만 달러를 제공했다. 이 과정에서 공화당 하원 원내 대표 톰 딜레이가 적극 도와주었으며 이후부터 딜레이 의원과 아브라모프는 공동 운명체가 됐다.

촉토 인디언은 또 개 경주 트랙 도박 허용 법안을 무산시킬 로비를 아브 라모프에게 의뢰했다. 이 법은 앨라배마 주 의회에 상정돼 있었다. 개 도 박 게임이 허용되면 카지노 사업과 경쟁하게 되므로 촉토 부족은 손해를 보게 된다. 아브라모프는 공화당 대학위의 또 다른 동료 랄프 리드를 로비 의 도급계약자로 끌여들였다. '센추리 스트래티지스' 대표인 리드는 앨라 배마기독연맹과 앨라배마가족연맹, 앨라배마이글포럼, 기독가족연합 등 과도 연결돼 있었다. 그는 촉토 인디언으로부터 130만 달러를 받았다.

루이지애나 쿠샤타 인디언은 2001년 루이지애나 주 정부와 25년간 장 기 카지노장 운영 계약을 추진하면서 아브라모프 및 스캔론과 동시에 로 비 계약을 했다. 스캔론은 '캠페인 캐피털 스트래티지스'라는 홍보 회사 를 만들어 운영 중이었는데 쿠샤타 부족의 로비 업무를 대행하는 조건으 로 수익금 절반을 아브라모프와 나누기로 했다. 그러나 아브라모프는 이 부족으로부터 별도의 돈을 더 받았다. 인디언 부족은 그야말로 봉이었다.

텍사스 주에 터를 잡고 있는 티구아 부족티구아 푸에블로은 1993년 텍사스 주 엘파소 인근에 '말하는 돌 카지노'를 열어 운영했다. 텍사스 주는 1999년 연방 정부가 티구아 부족을 인디언으로 공인해주자 '부족부흥법'에 의거 해 이 부족이 운영하는 카지노를 폐쇄하겠다고 선언하고 나섰다. 부족부 흥법에는 텍사스 주법에 의해 금지된 모든 게임 행위는 인디언 보호구역 및 인디언 지역에서도 금지된다고 규정하고 있다. 이 사건은 주 정부와 인 디언 부족 간 법정 다툼으로 번졌다.

아브라모프는 루이지애나 쿠샤타 인디언 부족을 찾아갔다. 그는 티구아 부족이 법정에서 이기게 되면 텍사스 주가 앨라배마 쿠샤타 인디언에게도 도박장 개설 허가를 내주어야 할 것이라며 위기감을 조장했다. 앨라배마 쿠샤타 부족은 루이지애나 쿠샤타 부족과 경쟁 관계에 있었는데 2001년 텍사스 동부에 카지노를 열 계획을 세우고 있었다.

루이지애나 쿠샤타 카지노의 손님 중에는 텍사스 동부에서 주 경계선을 넘어 루이지애나까지 차를 몰고 가는 사람들이 많았다. 텍사스 주 경계선에 또 다른 도박장이 설립될 경우 루이지애나 쿠샤타 부족의 생계가 위협받을 수 있었다. 스캔론은 텍사스에서 풀뿌리 운동을 벌여서 티구아 부족의 도박장 운영 의지를 꺾자고 제안했다.

아브라모프와 스캔론은 텍사스에서 게임장 확산을 저지하기 위해 보수 기독교 복음주의자들을 지원해야 한다고 루이지애나 쿠샤타 부족에게 말했다. 특히 랄프 리드를 동원해야 한다고 강조했다. 아브라모프는 리드에게 자금을 은밀히 지원해주면서 미국 패밀리네트워크, 기독연맹, 포커스 온더패밀리 등과 연합해 도박 반대 캠페인을 벌이도록 했다. 리드는 인디언 카지노 도박과 앨라배마의 복권 사업인 교육 로터리 사업을 반대하는 캠페인을 벌였다. 기독연맹 앨라배마 지부도 카지노 자금을 기부받는 등 사건에 개입한 것으로 드러났다. 도박 반대 캠페인은 인디언 부족에게 로비의 필요성을 인식시켰고 결과적으로 많은 돈을 아브라모프에게 몰아주는 계기가 됐다.

풀뿌리 운동과 아브라모프의 로비 때문에 티구아 부족의 도박장은 폐쇄됐다. 이른바 로비 자금을 5대5로 나누는 '기브 미 5Gimme 5' 작전이 성공했다. 아브라모프와 스캔론은 이 '루이지애나 프로그램'을 통해 400만 달러를 챙겼다.

1차 작전에 성공한 아브라모프는 이번에는 텍사스 티구아 부족의 홍보 책임자를 만나서 법이 불공정하다면서 환심을 샀다. 그는 카지노 문을 다시 열 수 있도록 티구아 부족을 대리해서 일을 맡아주겠다고 제안했다. 대신 스캔론에게 500만 달러를 지불하라고 요구했다. 그리고 스캔론이 딜레이 의원의 참모였으며, 공화당 윗선에 줄이 있다면서 정치자금 기부 대상자 명단을 제시했다. 아브라모프는 티구아 부족의 도박장을 다시 개장시키도록 하는 법이 통과되더라도 이를 취소하려는 법안이 상정될 텐데, 스캔론이 갖고 있는 전국적인 풀뿌리 조직을 이용해 이를 막아주겠다고 설명했다. 그는 티구아 부족으로부터 420만 달러 로비 계약을 따냈다. 아브라모프는 인디언 부족 간 경쟁심을 자극하고 이간질을 통해 로비 자금을 벌어들였다.

2001년 5월, 텍사스 인디언 부족인 키카푸 추장 라울 가르자가 부시 대통령을 만나서 사진을 찍었다. 사진 뒤에 아브라모프가 찍혔으며, 노퀴스트도 이 모임에 참석했다. 이 부족은 노퀴스트가 만든 '세금 개혁을 위한 미국인ATR'에 2만 5000달러를 냈다. 또 루이지애나 쿠샤타 족장도 부시 대통령을 만났는데 ATR에 2만 5000달러를 냈다. ATR은 대통령과 만나는 행사를 기획해 이 모임에 참석하는 부족 대표들로부터 자금을 받아냈다.

2005년 텍사스의 3개 단체들이 리드가 2001, 2년 로비 등록을 하지 않고 아브라모프를 위해 일했다고 고발했지만 검찰은 공소시효가 지났다며 사건 종결을 선언했다.

e로터리
로   비

인터넷 게임업체 e로터리는 2000년 인터넷도박금지법을 저지하기 위해 아브라모프와 계약했다. 1993년 설립된 e로터리는 온라인상에서 복권을 판매했는데, 1998년 미 법무부가 당시 법에 근거해 e로터리가 온라인 복권 사업을 못하도록 규제했다. 이후 상원은 1999년 정부가 온라인 복권 사업에 대한 단속을 더욱 수월하게 할 수 있도록 인터넷도박금지법을 통과시켰다. 2000년 하원에서도 비슷한 법안이 발의되자 코너에 몰린 e로터리는 법안을 막기 위해 부동산을 처분해가며 로비 자금을 마련했다.

아브라모프는 e로터리에 수십만 달러를 각종 단체에 기부하도록 지시했다. 기부금을 받은 단체들은 노퀴스트의 ATR, 루이 P 셀던 목사의 전통 가치연합TVC, 랄프 리드가 만든 정치 컨설팅 회사 센추리 스트래티지스, 그리고 시애틀 유태정교 재단인 '투워드 트래디션' 등이었다. 아브라모프는 한때 투워드 트래디션의 이사회 의장을 지냈다. e로터리의 자금은 노퀴스트의 ATR에 들어갔다가 버지니아비치에 있는 '신념과 가족 연합'이라는 단체를 통해 리드의 센추리 스트래티지스로 넘어갔다. 이 과정에서 ATR이 일정 부분을 챙겼다How a Lobbyist Staked the Deck, 〈워싱턴포스트〉, 2005년 10월 16일.

e로터리는 2000년 공화당 하원 원내 대표인 톰 딜레이 의원과 보좌관 토니 루디가 스코틀랜드로 골프 여행을 갈 때 경비를 대주었다. 또 아브라모프가 이사로 있는 '전국공공정책연구센터NCPPR'에 2만 5000달러를 냈는데 이 돈이 골프 여행 경비로 사용됐다.

골프 여행 뒤 딜레이 의원은 도박에 반대하던 입장을 바꿔 인터넷도박금지법안을 저지하는 역할을 했다. 그의 비서실장 루디는 아내가 운영하는 회사를 통해 아브라모프로부터 5만 달러를 받아 챙긴 뒤 인터넷도박금지법이 부결되도록 하는 전략을 짜냈다. 루디를 포함한 보좌관 및 로비스트로 구성된 그 유명한 '아브라모프팀'이 본격 가동됐다. 루디는 현직 의원의 보좌관이면서도 아브라모프와 주고받은 이메일에서 '우리'라는 표현을 사용하면서 아브라모프에게 로비 지침을 제시했다. 의원 보좌관과 로비스트가 한통속이 돼 법률을 주무르게 됐다.

e로터리 로비팀은 인터넷도박금지법이 개별 주가 온라인 복권을 팔 수 있는 권리를 침해하는 부당한 면이 있다면서 여론 몰이에 나섰다. 이 같은 논리를 전파하는 편지가 의회에 돌아다녔다. 조지 부시 대통령의 동생이자 플로리다 주지사 젭 부시의 서명이 편지에 들어가 있었다. 젭은 편지에서 "내가 도박 팬은 아니지만, 이 법이 주의 권리를 위반하고 있는 것으로 보여 나는 이 권리 침해를 막을 것이다"라고 밝혔다.

편지의 효과는 대단했다. 의회에서 법안에 대한 투표가 있기 하루 전날 의원들이 동요했다. 법안을 발의한 의원은 원안 수정에 대한 압박을 받았다. 이 의원은 법안을 수정하는 대신 표결 연기를 통해 수정 없이 원안을 통과시키는 데 합의했다. 이른바 '서스펜션 캘린더suspension calendar'에 법안을 올려놓은 것이다.

법안을 서스펜션 캘린더에 올려놓으면 수정이 금지되고 토론이 제한되는 등 통상적인 절차를 거치지 않고 재적의원 3분의 2 찬성으로 법이 만들어지게 되는데 10건중 9건이 통과된다. 아브라모프는 루디의 조언을 받아 3분의 2라는 숫자를 역이용키로 했다. 아브라모프는 의원들이 표결에 불참하도록 유도했다.

이 법안에 대해 40여 분간 토론이 벌어지는 중간에 젭 부시 주지사의 편지에 대한 루머가 계속 확산됐다. 일부 의원들이 법안에 대해 혼란을 느꼈다. 그 결과 30명이 투표에 불참했다. 표결 결과 찬성 245, 반대 159로 법 통과에 필요한 절대수에서 25표가 부족했다. 법이 무산됐다. 로비스트의 힘이 입증되는 순간이었다. 딜레이 대표는 법안이 표결에 붙여지자 당론을 따르지 않고 반대표를 던졌다. 그는 동료 의원들에게 또다시 이 같은 법이 상정되면 공화당이 선거에서 패배할 것이라고 위기감을 조성했다. 공화당 선거 캠프에 투입되는 정치자금을 끌어대는 큰손이 아브라모프였기 때문에 이 같은 주장이 가능했던 것이다.

또 다른 로비스트 패트릭 피졸라는 투표장에서 셸던 목사가 다른 로비스트와 하이파이브하면서 법안 부결을 축하하고 있다고 아브라모프에게 블랙베리휴대폰의 일종를 통해 이메일을 보냈다. 로비팀은 의사당 건너편 토티야 코스트라는 레스토랑에서 축배를 들었다.

인터넷도박금지법을 부결시키는 데 결정적인 역할을 했던 젭 부시 편지의 서명은 위조된 것이었다. 젭의 편지를 받아내는 일을 맡았던 아브라모프 로비팀의 일원이 여의치 않자 그의 서명을 위조해 편지를 만든 것이다.

피졸라는 그 다음해에 노동부 차관보_{assistant secretary}로 임명됐다. 법안이 부결되자 보수 단체들이 공화당 의원들에게 다시 법안을 발의하라고 압박하고 나섰다.

그러자 아브라모프는 랄프가 이용하고 있는 아메리칸마케팅사와 셸던 목사의 조직을 이용해 재선이 불확실한 의원들에게 편지와 전화로 공세를 퍼부었다. 일부 의원들이 인터넷도박금지법안에 소극적으로 대응했는데, 이번에는 아예 표결을 하지 말라고 압박한 것이다. 그렇지 않으면 재선 반대 운동을 펼치겠다고 협박했다. 아브라모프의 로비팀은 자신들이 짜놓은 정치판에 의원들을 집어넣고 갖고 놀다시피 했다.

루디의 아내 리자도 아브라모프의 로비 활동 선상에 포함돼 있었다. 리자는 시애틀에 근거지를 두고 있는 투워드 트래디션으로부터 활동비를 받았다. 투워드 트래디션은 아브라모프의 오랜 친구인 랍비 대니얼 라핀이 이끌고 있었으며, 아브라모프가 운영위 의장을 지냈다. 리자는 '리버티 컨설팅'이라는 정치 컨설팅 회사를 만들어 운영했는데 투워드 트래디션이 2000년 9월, 워싱턴에서 수주간 개최했던 종교 간 컨퍼런스의 기초 작업을 맡는 등 10개월간 투워드 트래디션과 함께 사업을 했다. 종교 간 컨퍼런스에는 딜레이 의원과 셸던 목사, 노퀴스트가 연사로 참가했다. 종교 간 컨퍼런스 뒤 하원 공화당 의원들이 연말 전략을 논의하기 위해 모였는데 딜레이 대표는 "그 법_{인터넷도박금지법}을 통과시키면 하원 의석 4자리가 날아갈 것"이라고 경고했다. 그러자 법을 통과시켜야 한다고 주장했던 강경파 의원들이 한마디도 하지 못하고 침묵을 지켰다.

데이빗 사파비언은 "안심해도 됨. 전략이 정치를 또다시 눌렀음. 굿가 이스가 승리함"이라고 이메일을 날렸다. 사파비언은 백악관에서 정부 조달 문제를 책임지는 서열 두 번째 실력자였다. 아브라모프의 로비 그물망에는 백악관의 핵심 인사도 포함돼 있었던 것이다.

아브라모프의 로비 활동은 미국 내에서만 국한되지 않았다. 그는 자신의 연줄을 필요로 하는 모든 국가에 로비 서비스를 제공하고 돈을 받아 챙겼다.

태평양 서부 미크로네시아에 있는 미국 자치령 북마리아나제도연방사이판 심을 포함한 군도은 아브라모프의 로비 덕택에 미국의 노동법과 최소 임금 규정을 지키지 않으면서도 생산 제품에 대해 'Made in U.S.A' 라벨을 붙일 수 있는 특혜를 받았다. 아브라모프는 기업체로부터 로비 자금을 받고 자치 당국이 최저임금법을 만들지 못하도록 하는 일에 간여했다. 돈을 받고 노동 착취를 법률적으로 지원한 것이다. 아브라모프는 딜레이 의원과 보좌관들이 이곳을 방문할 때 여행 경비를 댔으며, 이 지역이 이민법과 연방 노동법 등 특혜를 계속 누릴 수 있도록 했다.

제임스 클라이번, 버니 톰슨 의원도 아브라모프의 은밀한 후원을 받아여행을 했다. 데이나 로라바커, 존 두리틀, 켄 칼버트 의원과 보좌관 8명도 아브라모프의 돈으로 이 지역을 여행했다. 로라바커 의원은 아브라모프가 선크루즈 카지노를 매입하기 위해 은행 융자를 신청할 때 추천서를 써준 인물이다.

러시아 에너지 회사 나프타시브Naftasib는 1997~2005년 국제통화기금IMF 구제금융을 지원받기 위해 아브라모프와 에드 버컴에게 340만 달러를 제공했다. 버컴은 돈을 받고 자신이 운영하는 조직 '미국 패밀리 네트워크'

를 움직여 딜레이 의원이 하원 표결 때 이 에너지 회사에 유리한 찬성표를 던지도록 했다.

아브라모프는 타이코 인터내셔널에 접근, 버뮤다에서 세금 면제 혜택을 받을 수 있도록 로비해주겠다고 속여 170만 달러를 받아냈다. 그는 또 미국과의 관계 개선을 위해 로비하겠다며 말레이시아 정부와도 계약했다. 다르푸르 사태 때문에 비난을 받고 있던 수단 정부와 계약해 미국 내 수단 이미지를 개선하는 캠페인을 벌이겠다고 약속했다.

아브라모프는 아프리카 가봉의 오마르 봉고 대통령에게 부시 대통령을 만나도록 주선해주겠다면서 900만 달러를 요구했다. 봉고 대통령은 2004년 5월, 백악관에서 부시 대통령을 만났다. 하지만 아브라모프가 어느 정도 역할을 했는지, 돈을 받았는지 여부를 확인할 수 있는 문서는 발견되지 않고 있다.

아브라모프는 이스라엘 통신 회사가 2002년 하원 빌딩에 안테나를 설치하는 면허를 받도록 해주고 28만 달러를 로비 자금으로 받았다. 당시 하원 운영위원장은 네이 의원이었다.

아브라모프 로비팀은 하원 의원들의 연설문을 작성하는 데도 여러차례 관여했다. 아브라모프는 보수 단체 기독연맹의 대표였던 랄프 리드의 마케팅 회사를 통해 보수 유권자들에게 우편물을 발송토록 하고 내무부 관리 로저 스틸웰에게는 뇌물을 제공했다.

검찰 수사에서 아브라모프는 2006년 1월, 유죄 인정서에 '의원 #1' 등 공무원들에게 뇌물을 제공했다고 시인했다. 〈워싱턴포스트〉는 스코틀랜드의 고급 골프장에서 아브라모프와 네이 의원이 함께 찍은 사진을 입수해 '#1'이 봅 네이라고 특종 보도했다. 아브라모프는 2000년부터 2003년까지 딜레이 의원, 네이 의원, 톰 피니 하원 의원_{공화당, 플로리다}, 데이빗 사파비언_{백악관 예산국 부국장} 등을 스코틀랜드의 고급 골프장으로 초청해 함께 운동하면서 인적 커넥션을 유지했다.

〈ABC〉 뉴스는 해리 리드 상원 의원이 아브라모프의 고객들로부터 3만 달러를 기부받고 인디언 카지노와 관련된 문제들을 도와주기로 합의했다고 보도했다.

〈워싱턴포스트〉는 아브라모프의 등장으로 전통적으로 민주당 로비스트들이 장악하고 있던 K 스트리트의 판도가 바뀌었다고 보도했다. 아브라모프는 로비 자금을 긁어모아 공화당에 대주는 돈줄 역할을 했다. 그는 또 워싱턴에 있던 고급 음식점 '시그니처스 레스토랑'을 구입해 로비 장소로 활용했다. 그는 연간 100만 달러를 내고 미식축구 경기장 등 주요 경기장의 스카이박스를 임대해 정치인들에게 무료로 이용토록 제공하는 등 타의 추종을 불허하는 방법으로 로비했다.

존 매케인 의원이 이끌었던 미 상원의 인디언문제위원회는 2006년 6월, 로비스캔들에 대한 최종 보고서를 발표했다. 보고서는 랄프 리드가 도박과 이해관계가 얽혀 있는 부족으로부터 직접 돈을 받기를 꺼리자 미시시피 촉타우 부족이 자금을 세탁했다고 밝혔다. 또 리드가 자금의 출처를 감추기 위한 중간 기착지를 그로버 노퀴스트의 ATR과 같은 공익단체를 활용했다고 설명했다. 이는 리드가 정치적으로 고민하자 아브라모프가 제시한 편법이었다.

한미교류
협   회

아브라모프 로비스캔들로 당시 랭킹 21위〈내셔널저널〉의 2005년 로비리스트였던 로비 회사 '알렉산더 스트래티지 그룹ASG'이 문을 닫았다. 딜레이 의원의 비서 출신 에드윈 버컴이 1998년 설립하고, 딜레이 의원의 또 다른 비서 토니 루디가 합류해 이끌고 있던 회사였다. ASG는 패니 매, 프레디 맥, 마이크로소프트 등 A급 70여 기업과 단체를 고객으로 확보한 로비 회사로 그야말로 잘나갔다. 공화당 핵심 의원들과 밀접한 관계를 유지하면서 절대적인 영향력을 행사했다.

ASG는 로비 활동을 위한 연결 고리를 만들기 위해 의원 부인들을 직원으로 채용했다. 딜레이 의원의 아내 크리스틴 딜레이는 4년간 이곳에서 월급을 받았다. 존 T 두리틀 하원 의원공화, 캘리포니아의 아내 줄리 두리틀도 이곳에서 급료를 받았다. 줄리의 업무는 한미교류협회Korea-U.S.Exchange Council의 회계였다. ASG는 줄리 두리틀에게 약 3만 달러를 지급했다. 아브라모프 스캔들이 불거지고 두리틀 의원의 선거 자금 모금 등을 둘러싼 각종 의혹이 증폭되면서 그 파장이 한미교류협회까지 미쳤다. 줄리 두리틀은 남편 선거 자금 모금을 돕는 회사를 차린 뒤 커미션을 챙겼는데 과다한

수수료가 문제가 됐다. 그러면서 한미교류협회에서 흘러간 돈까지 탈이 났다. 그러다 보니 미국연방수사국FBI이 한미교류협회에 대해 조사하기 시작했다.

한미교류협회는 2001년 1월, 조지 부시 대통령의 취임식 기간에 헤리티지재단이 주최한 한 행사에서 아이디어가 나와 발족했다고 한다. 미 대통령의 취임식을 전후해 워싱턴에서는 수많은 축하 행사가 열린다. 이런 행사들은 백악관이 기획하는 것이 아니라 로비 회사와 싱크탱크, 정치 후원 단체 등이 마련한다. 이러한 이벤트를 통해 각종 단체는 존재감을 과시하고 정치권과의 교류를 확대한다. 한화그룹 김승연 회장은 미치 맥코넬 상원 의원공화의 초대 손님으로 헤리티지재단 행사에 참석했다.

한미교류협회 발족 제안을 받은 김 회장은 설립 및 운영을 ASG에 맡겼다. 한미교류협회의 필요성을 김 회장 측에서 먼저 제안했는지 여부는 확인되지 않고 있다. 전후 맥락으로 봐서는 ASG의 설립자 버컴과 헤리티지재단이 제안한 것으로 보인다. 돈줄이 필요한 버컴이 한미교류협회와 동시에 미국말레이시아교류연합U.S.-Malaysia Exchange Association도 발족했기 때문이다.

ASG가 2001년 1월 작성해 김 회장에게 보고한 한미교류협회 실행 계획서를 보면 협회는 워싱턴DC에 설립하고, 면세 지위를 받기 위해 미 국세청IRS에 신고하는 것으로 돼 있다. 미 의원들과 보좌관들의 한국 방문주선을 통해 미국 정계에 한국에 대한 이해를 증진시키는 것이 대외적인 설립 목적이었다. 한미교류협회는 ASG의 워싱턴 조지타운 본부에 사무실을 내고 임대료로 매월 5000달러를 지불했다.

FARA 보고서에 따르면 ASG는 한화와 한화의 미국 자회사 유니버설 베어링스UBI를 대리해 한미 간 정치계의 연결 고리 역할과 대외 관계 업무를 맡았다. ASG는 김대중평화재단이 2001년 2월 22일 김 대통령의 취임을 기념하기 위해 후원하는 컨퍼런스에서 헤리티지재단의 에드윈 풀너 회장이 김 대통령에 이어 연설토록 하고 미국 관계자들이 참석하는 것을 주선하는 것을 기획했다. 또 김 대통령이 2001년 3월 미국을 방문해 조지 부시 대통령과 정상회담을 할 때 김승연 회장이 수행단에서 핵심 역할을 하도록 하고, 의원들을 만나도록 주선하는 계획도 세웠다. ASG는 이와 함께 김 회장이 한화의 미국 자회사들이 위치한 지역구의 하원 의원들에게 전화하도록 권유하는 등 다양한 조언을 했다.

한미교류협회의 이사진은 양국의 정치·외교계 거물들로 포진되고, 워싱턴 정계의 최고위층 인사들과 내부적으로 연결될 수 있도록 인선됐다. 헨리 키신저 전 국무장관, 리처드 워커 전 주한 미국 대사, 박수길 전 유엔 대사, 헤리티지재단 회장 에드윈 풀너Edwin Feulner 등이 참여했다. 헤리티지 재단 회장 보좌관 켄 쉐퍼는 자문역을 맡았다. 쉐퍼는 알렉산더 스트래티지 그룹의 자문역이기도 했다.

한미교류협회는 2001년 6월 출범했다. 출범식에는 공화당의 실력자인 하원 원내 대표 딜레이 의원 부부 및 보좌관들이 참석했다. 한미교류협회는 빌 클린턴 전 대통령을 비롯해 미국 정계 거물들이 참석하는 행사를 주최하면서 영향력을 키워갔다. 협회는 헤리티지재단 및 한국국방연구원KIDA과 공동으로 컨퍼런스를 주최하기도 했다. 컨퍼런스에서 토머스 허바드 주한 미 대사와 레온 라포트 한미연합사령관, 에드윈 풀너가 연설했다.

김승연 회장은 노무현 대통령이 미국을 방문할 때 수행해 딜레이 대표와 상원 군사위원장 존 워너 의원을 만났다. 김 회장은 또 헤리티지재단에서 딕 체니 부통령을 만나는 등 네트워크를 강화해나갔다.

한미교류협회는 2001년 8월 22일, 외국인로비신고법에 따라 등록 신고를 하면서 한국의 기업 한화그룹으로부터 운영 자금의 일부를 받는다고 보고했다. 등록지는 서울 중구 장교동 1번지로 돼 있었다. 로비신고법에 따라 신고를 하고 자금 출처까지 명시했으므로 등록 절차상 문제는 없는 것으로 보인다. 하지만 로비에 대한 부정적인 여론 몰이에 휩쓸리면서 한미교류협회는 부도덕한 외국 단체로 낙인찍혔다. 미국 법을 제대로 파악하지 못했던 탓으로 빚어진 실수도 발견됐다.

〈워싱턴포스트〉는 2006년 1월 10일, 김승연 회장이 미국 정치인들을 접촉하기 위해 로비를 맡긴 ASG가 딜레이 원내 대표의 낙마와 아브라모프 스캔들의 연루에 따른 부정적 여론을 견디지 못하고 문을 닫았다고 보도했다. ASG가 문을 닫으면서 한미교류협회도 공중 분해됐다.

〈워싱턴포스트〉는 2006년 11월 3일, '비영리로 분장한 외국 로비Foreign Lobbies Took the Guise Of Nonprofits'라는 기사를 보도했다. 이 신문은 김승연 회장이 2005년 클린턴 전 미국 대통령과 골프를 쳤는데 이 같은 친분 관계를 대한생명 인수 의혹 수사에 대한 방패막이로 활용했다고 비판했다. 신문은 또 한화그룹의 미국 법인이 ASG에 로비 자금으로 지원했으며, 한화그룹이 미국 의원들의 동남아시아 여행 경비를 댔다고 전했다. 한미교류협회와 함께 미국말레이시아교류연합은 2001년부터 의원 12명과 보좌관 31명, 그리고 이들 인척들의 해외 여행 경비 50만여 달러를 댔다. 이에 대해 FBI

U.S. Department of Justice
Washington, DC 20530

To Registration Statement
Pursuant to the Foreign Agents Registration Act of 1938, an amended

OMB NO 1105-0007

INSTRUCTIONS: A registrant must furnish as an Exhibit B copies of each written agreement and the terms and conditions of each oral agreement with his foreign principal, including all modifications of such agreements, or, where no contract exists, a full statement of all the circumstances by reason of which the registrant is acting as an agent of a foreign principal. One original and two legible photocopies of this form shall be filed for each foreign principal named in the registration statement and must be signed by or on behalf of the registrant.

Privacy Act Statement. Every registration statement, short form registration statement, supplemental statement, exhibit, amendment, copy of informational materials or other document or information filed with the Attorney General under this Act is a public record open to public examination, inspection and copying during the posted business hours of the Registration Unit in Washington, D.C. One copy of every such document, other than informational materials, is automatically provided to the Secretary of State pursuant to Section 6(b) of the Act, and copies of any and all documents are routinely made available to other agencies, departments and Congress pursuant to Section 6(c) of the Act. The Attorney General also transmits a semi-annual report to Congress on the Administration of the Act which lists the names of all agents registered under the Act and the foreign principals they represent. This report is available to the public. Finally, the Attorney General intends, at the earliest possible opportunity, to make these public documents available on the Internet on the Department of Justice World Wide Web site.

Public Reporting Burden. Public reporting burden for this collection of information is estimated to average .33 hours per response, including the time for reviewing instructions, searching existing data sources, gathering and maintaining the data needed, and completing and reviewing the collection of information. Send comments regarding this burden estimate or any other aspect of this collection of information, including suggestions for reducing this burden to Chief, Registration Unit, Criminal Division, U.S. Department of Justice, Washington, DC 20530; and to the Office of Information and Regulatory Affairs, Office of Management and Budget, Washington, DC 20503.

1. Name of Registrant	2. Registration No.
Edward B. Stewart	5453

3. Name of Foreign Principal

KOREA-UNITED STATES EXCHANGE COUNCIL

Check Appropriate Boxes:

4. ☐ The agreement between the registrant and the above-named foreign principal is a formal written contract. If this box is checked, attach a copy of the contract to this exhibit.

5. ☑ There is no formal written contract between the registrant and the foreign principal. The agreement with the above-named foreign principal has resulted from an exchange of correspondence. If this box is checked, attach a copy of all pertinent correspondence, including a copy of any initial proposal which has been adopted by reference in such correspondence. (attached)

6. ☐ The agreement or understanding between the registrant and the foreign principal is the result of neither a formal written contract nor an exchange of correspondence between the parties. If this box is checked, give a complete description below of the terms and conditions of the oral agreement or understanding, its duration, the fees and expenses, if any, to be received.

Workplan

7. Describe fully the nature and method of performance of the above indicated agreement or understanding.

Workplan

CRM/ISS/REGISTRATION UNIT
2004 JUN -6 PM 12: 10

Formerly OBD-65

Form CRM-155
JUNE 1998

미 공화당 의원 보좌관들이 설립한 로비 회사 알렉산더 스트래티지 그룹(ASG)이 2001년 외국에이전트등록법에 따라 미 법무부에 신고한 한미교류협회와의 로비 계약 신고서 및 로비 계획서. ASG가 김승연 한화 회장에게 보고한 업무 일정 계획이 자세히 드러나 있다. 이 자료를 토대로 〈워싱턴포스트〉가 한미교류협회를 앞세운 한화의 대미 로비 의혹을 보도했으며 이후 협회는 문을 닫았다. (출처 FARA)

a-2

8. Describe fully the activities the registrant engages in or proposes to engage in on behalf of the above foreign principal.

Work plan

9. Will the activities on behalf of the above foreign principal include political activities as defined in Section 1(o) of the Act and in the footnote below?   Yes ☐   No ☒

If yes, describe all such political activities indicating, among other things, the relations, interests or policies to be influenced together with the means to be employed to achieve this purpose.

Date of Exhibit B	Name and Title	Signature
6/23/04	EDWARD R. STEWART ASST. SECRETARY	

a-3

initial proposal /workplan.
on which agreement was made

Workplan for 2001
Prepared for

Kim, Seung Youn

Chairman
The Hanwha Group
Seoul, Korea

From:
Alexander Strategy Group

Ed Buckham, President
Edward Stewart, Senior Vice President
Linda L. Feulner, Senior Advisor
Kenneth E. Sheffer, Jr., Counselor

February 2001

a-4

INTRODUCTION

The opening phase of the program of Alexander Strategy Group is to define Chairman Kim of the Hanwha Group as the leading Korean business statesman in U.S.-Korean relations.

The Chairman's visit to Washington in January 2001, culminating with his public announcement of the establishment of the Korean - United States Exchange Council, has laid the basis for future leadership by the Chairman in this critical area.

Additional administrative work regarding the Council has been undertaken. The Articles of Incorporation for the Council have been filed with the Government of the District of Columbia, and the organizer has now been legally established.

Additionally, these completed articles of incorporation for the Korea -U. S. Exchange Council have now been filed with the U.S. Internal Revenue Service to obtain tax-deductible status. (Estimated time of processing by the IRS will be 4-6 months.)

A comprehensive program of Washington visits by the Chairman, exposure to U.S. policymakers, public appearances and the inaugural program of the Exchange Council will further develop the Chairman's leadership role in the months ahead.

TIME SCHEDULE

February 2001 --The next phase in the program will be a familiarization visit to Seoul by Edwin Buckham, President of Alexander Strategy Group, Edward Stewart, Senior Vice President of Alexander Strategy Group and Kenneth E. Sheffer, Jr., Counselor to Alexander Strategy Group.

During this trip, Messrs. Buckham, Stewart and Sheffer will visit Seoul and meet with Chairman Kim and colleagues and discuss plans for the future. Dr. Edwin Feulner, President of The Heritage Foundation, will also be in Seoul at this time, and will meet with the Chairman.

These discussions should specifically deal with:

* Review of Chairman Kim's successful January visit to Washington.

* Chairman Kim's vision for the Exchange Council

a-5

Page 2

* Planned Exchange Council activities for 2001

* Review and approval of 2001 Workplan

* Hanwha/UBI lobbying in Washington

* Next Washington visit of Chairman Kim

* Development of a clear and substantive message for Chairman Kim's visits

Additionally, on this trip, Messrs. Stewart and Buckham will make preliminary site-specific plans for future visits of Members of the U.S. House of Representatives and Senate as well as senior Congressional staff under the sponsorship of the Korea-U.S. Exchange Council. Their advance visits will include the Hanwha facilities, the DMZ, and other sites and individuals near Seoul. In addition, they will visit Hong Kong and Taipei, which will be additional stops on future trips sponsored by the Korea - U.S. Exchange Council.

During this trip, Messrs. Stewart, Sheffer and Buckham will accompany Dr. Feulner to meetings with various governmental officials and members of the Korean National Assembly.

The entire delegation will attend Dr. Feulner's keynote address on February 22, 2001, at the conference sponsored by the Kim Dae Jung Peace Foundation, commemorating the third anniversary of the President's accession to the position of President of the Republic of Korea. Dr. Feulner's address will follow President Kim's opening address to the conference.

March 2001 --Chairman Kim will play a prominent role in the delegation accompanying His Excellency Kim, D.J., President of the Republic of Korea to the historic Washington meeting with U.S. President George W. Bush. During his brief visit to the U.S. capital, ASG will arrange courtesy meetings with selected Members of the U.S Congress.

Also during this visit, senior Hanwha staff and the ASG leadership will interview final candidates for the Washington Representative position of the Korea-U.S. Exchange Council. This person should be hired and posted by April 1, 2001.

May-June 2001--A second 2001 visit by Chairman Kim to Washington should occur in May or June. Both Houses of Congress will be in session during most of this period, providing an excellent opportunity to meet new Members of Congress and deepen his relationship with those with whom he has met in the past.

a-6

Page 3

ASG recommends that during this trip every effort should be made to visit with the following key decision-makers.

Representative Phil Crane (R-IL)
Chairman, Subcommittee on Trade
Committee on Ways and Means

Representative Ed Royce (R-CA)
Chairman, House Korea Caucus
Member, Committee on International Relations

Representative Henry Hyde (R-IL)
Chairman, International Relations Committee

Representative Doug Bereuter (R-NE)

Representative Chris Cox (R-CA)
Chairman, House Policy Committee (Fifth ranking position in the House)

Representative Jim Leach (R-IA)
Chairman, Subcommittee on Asia and the Pacific
Committee on International Relations

Former Speaker of the House Rep. Newt Gingrich

Senator Craig Thomas (R-WY)
Chairman, Subcommittee on Asia
Committee on Foreign Relations

Senator Hagel (R-NE)
Member, Committee on Foreign Relations

ASG also recommends that Chairman Kim pay calls on those Members of the House who represent districts where Hanwha's U.S. subsidiaries are located.

During all of his Congressional meetings, Chairman Kim should explain the Korea-United States Exchange Council, extend invitations to visit Korea under the auspices of the Council and engage in a substantive dialogue with the Members on the latest developments in North Korea-South Korea relations and South Korea- U.S. bilateral relations.

a-7

Page 4

July-August 2001—First Congressional Delegation visits the Republic of Korea under the sponsorship of the Korea-U.S. Exchange Council. This delegation should number approximately four to five Members of Congress and their spouses for a total of no more than ten persons.

Illustrative Congressional Delegation Schedule:

Day 1:   Arrival in Seoul

Day 2:   Meeting with U.S. Ambassador to Korea/Country team briefing
           Meeting with senior members of National Assembly
           Meeting with Korea-U.S. Chamber of Commerce or other business organization
           Free time for shopping, touring, golf

Day 3:   Tour of DMZ
           Meeting with President of the Republic of Korea
           Free time for shopping, touring, golf
           Hanwha presentation
           Dinner hosted by Chairman Kim

Day 4:   Free time for shopping, touring, golf
           Depart for Hong Kong or Taiwan

Day 5:   Hong Kong or Taiwan

Day 6:   Hong Kong or Taiwan

Day 7:   Hong Kong or Taiwan
           Depart for U.S.

September 2001— Chairman Kim should be designated as the Honorary Chairman of the US-ROK Security Studies Conference to be held in suburban Washington. Because the Chairman hosted the dinner for the conference's participants in October 2000, he should continue to play a significant leadership role in this conference.

November-December 2001 – Second Congressional Delegation (primarily senior staff aides) visits the Republic of Korea under the sponsorship of the Korea-U.S. Exchange Council. The itinerary for this group will be similar in scope to that for the first trip. The delegation will consist of seven to ten persons.

a-8

Page 5

At the conclusion of calendar year 2001, it is anticipated that Chairman Kim will have traveled to Washington for high-level discussions on at least four occasions. He will have had meetings in Washington and Seoul with approximately twenty Members of Congress and numerous senior staff members. Hanwha's Seoul operations will have been highlighted to U.S. policy makers and Chairman Kim will have been responsible for introducing these policy makers to key leaders of the ROK. He will have attended the Inauguration of the President of the United States, given a policy address at a respected Washington foundation and provided leadership on a major academic conference on ROK-U.S. relations.

As a result, Chairman Kim will be well-positioned to be the premier business statesman in Korea and Hanwha's global position will be strengthened.

a-8

b-1

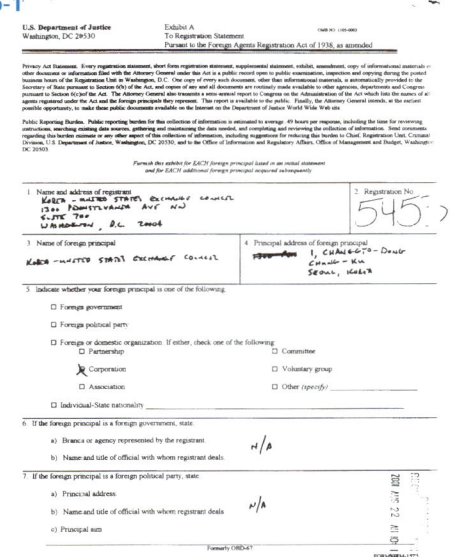

U.S. Department of Justice
Washington, DC 20530

Exhibit A
To Registration Statement
Pursuant to the Foreign Agents Registration Act of 1938, as amended

OMB NO. 1105-0003

*Furnish this exhibit for EACH foreign principal listed in an initial statement
and for EACH additional foreign principal acquired subsequently.*

1. Name and address of registrant
KOREA – UNITED STATES EXCHANGE COUNCIL
1300 PENNSYLVANIA AVE NW
SUITE 700
WASHINGTON, D.C. 20004

2. Registration No.
5457

3. Name of foreign principal
KOREA – UNITED STATES EXCHANGE COUNCIL

4. Principal address of foreign principal
1, CHANGGYO – DONG
CHUNG – KU
SEOUL, KOREA

5. Indicate whether your foreign principal is one of the following:

☐ Foreign government

☐ Foreign political party

☐ Foreign or domestic organization: If either, check one of the following:
   ☐ Partnership   ☐ Committee
   ☒ Corporation   ☐ Voluntary group
   ☐ Association   ☐ Other *(specify)* _____

☐ Individual-State nationality _____

6. If the foreign principal is a foreign government, state:
a) Branch or agency represented by the registrant   N/A
b) Name and title of official with whom registrant deals

7. If the foreign principal is a foreign political party, state:
a) Principal address   N/A
b) Name and title of official with whom registrant deals
c) Principal aim

Formerly OBD-67

FORM NSD-1575
SEP. 1996

b-2

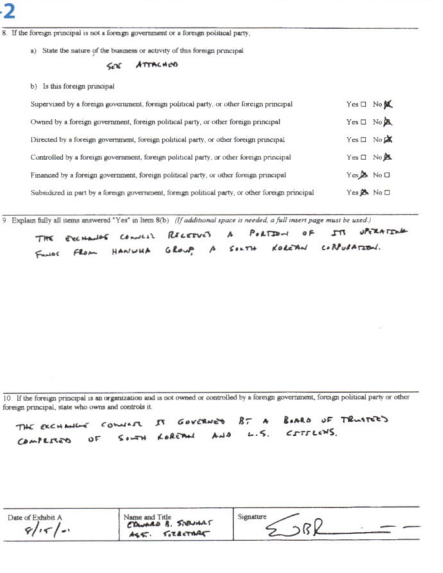

8. If the foreign principal is not a foreign government or a foreign political party:

a) State the nature of the business or activity of this foreign principal
SEE ATTACHED

b) Is this foreign principal

Supervised by a foreign government, foreign political party, or other foreign principal	Yes ☐	No ☒
Owned by a foreign government, foreign political party, or other foreign principal	Yes ☐	No ☒
Directed by a foreign government, foreign political party, or other foreign principal	Yes ☐	No ☒
Controlled by a foreign government, foreign political party, or other foreign principal	Yes ☐	No ☒
Financed by a foreign government, foreign political party, or other foreign principal	Yes ☒	No ☐
Subsidized in part by a foreign government, foreign political party, or other foreign principal	Yes ☒	No ☐

9. Explain fully all items answered "Yes" in Item 8(b). *(If additional space is needed, a full insert page must be used.)*
THE EXCHANGE COUNCIL RECEIVES A PORTION OF ITS OPERATING
FUNDS FROM HANHWA GROUP, A SOUTH KOREAN CORPORATION.

10. If the foreign principal is an organization and is not owned or controlled by a foreign government, foreign political party or other foreign principal, state who owns and controls it.
THE EXCHANGE COUNCIL IS GOVERNED BY A BOARD OF TRUSTEES
COMPRISED OF SOUTH KOREAN AND U.S. CITIZENS.

Date of Exhibit A	Name and Title	Signature
8/15/01	EDWARD B. SHURMAT ASST. SECRETARY	SBR

b-3

KOREA – UNITED STATES EXCHANGE COUNCIL.
EXHIBIT A 9(a)

Purpose of the Korea-United States Exchange Council

To help guarantee a permanent peace on the Korean Peninsula.

To build stronger ties between U.S. and Korean leaders, opinion-makers, and policy experts. These ties will foster resolution of any issues that may come between our two sides.

To foster a dialogue where both sides can share ideas and developments in all fields – not just policy and politics.

To establish a new 21st Century framework for U.S.-Korean relations. This would mean taking into account new world political, economic, and technological developments that affect our mutual concerns.

To remind both U.S. and Korean leaders of the sacrifices made to ensure that democracy and freedom prevail in South Korea. And to remind the new generation in Korea and the U.S. about the importance of this alliance and the need for vigilance and dedication.

To ultimately assist in a permanent, peaceful and democratic resolution of the division on the Korean Peninsula.

의 수사가 착수된 것은 물론이다. 〈워싱턴포스트〉의 기사를 살펴보자.

한미교류협회는 한화그룹이 자금을 댄 것으로 서류에서 밝혀졌다. 김승연 회장의 영향력을 확대하는 게 목적이었다. 그는 실버스타 스탤론의 할리우드 맨션을 구입하면서 한국의 금융법을 위반해 투옥되는 등 논란을 일으킨 인물이었다.

한미교류협회는 지난 5년간 세금을 환급받기 위한 보고서를 제출하면서 로비와 관련이 없는 교육 단체라고 보고했다. 하지만 법무부에는 다르게 보고돼 있었다. 법무부에는 한화그룹이 자금을 지원하고 김승연 회장이 이사장으로 있는 외국 에이전트foreign agent라고 등록했다. 또 ASG는 김 회장을 위해 로비를 펼치고 의원 및 정책 입안자들과 광범위하게 접촉토록 약속을 잡는 등 자세한 계획을 보고했다. 계획서에는 김 회장을 한미 관계에서 선도적인 한국의 비즈니스 정치인으로 자리 매김시키고, 한화의 글로벌 위치를 강화하는 게 목적이라고 밝혔다.

회계 기업 '젤만, 로젠버그, 프리드맨'이 2002년 실시한 회계 감사 결과 한미교류협회의 수입금 99.9퍼센트가 한 단체한화그룹로부터 나온 것으로 나타났다. 한미교류협회가 법무부에 외국 에이전트로 등록했으면서도 로비스트들은 미 국세청IRS에 한미교류협회가 특별한 외국의 소유주가 없다고 밝혔다.

세금 변호사 마커스 오웬스는 "법무부에 말한 것과 미 국세청에 말한 것을 보면 어느 한쪽의 서류를 믿을 수 없다는 것을 알게 된다"

면서 "실제로는 한미교류협회가 영향력의 통로를 제공하기 위해 고안된 것"이라고 말했다.

ASG와 하버그룹의 로비스트들은 의원들과 보좌관들을 꾸준히 서울로 실어 날랐다. 하버그룹은 ASG가 민주당에 대한 로비를 하기 위해 전략적으로 계약한 회사이다. 김 회장은 한국 정부의 고위 관리들과 만나는 모임에 이들을 대동했다. 김 회장은 여러 번 워싱턴을 방문해 저명한 정치인과 의원들을 만났다.

빌 클린턴 전 대통령은 한미교류협회의 초청을 받아 서울과 베이징을 방문했다. 클린턴은 2003년 11월 10일, 중국 베이징 켐핀스키 호텔에서 열린 대한생명의 베이징 주재 사무소 개소식에 김 회장과 함께 나타났다. 그런 뒤 클린턴은 서울경기도 용인 한화리조트에서 김 회장과 함께 골프를 치고 정치 지도자들을 만났다. 김 회장과 한화그룹 간부들은 클린턴의 방문 직전까지 여러 주 동안 출국이 금지돼 있었다. 이들은 한화가 2002년 대한생명을 인수할 때 정치인들에게 뇌물을 제공했다는 혐의로 조사를 받고 있었다. 한 명은 후에 뇌물 공여죄로 유죄판결을 받았다. 김 회장은 2005년 2월 검찰 조사를 받았지만 기소되지는 않았다.

한미교류협회와 미국말레이시아교류연합은 모두 2001년에 설립됐다. 두 기관의 예산은 250만 달러 이상이다. 이 기관들의 회계 및 운영은 ASG가 맡았다. ASG는 말레이시아 측으로부터 62만 달러를 받았다. 한화의 유니버설 베어링스는 ASG에 94만 달러를 지불했다. 미국말레이시아교류연합의 로비스트들은 자금이 말레이시아

에너지 기업에서 나왔으며 말레이시아 정부를 대리해 일했다고 보고했다.

이 두 단체는 딜레이, 두리틀 의원을 비롯해 플로리다가 지역구인 일리아나 로스-레티넌, 앤더 크렌쇼, 톰 피니, 존 카터 의원 및 스캇 가렛_{뉴저지}의원, 로저 위커_{미시시피} 의원의 해외여행 경비를 댔다.

하버그룹은 ASG와 함께 K 스트리트의 한 빌딩을 사용했다. 하버그룹은 두 단체로부터 50만 달러를 받았다. 하버그룹은 얼 포메로이_{노스 다코타}, 짐 맥더못_{워싱턴}, 마이클 혼다_{캘리포니아}, 에니 팔레오마바에영가_{사모아제도} 등 민주당 의원들의 여행을 주선했다. 하버그룹은 또 빌 클린턴 전 대통령이 아시아 국가를 여행할 때 서울 및 베이징에서 한화 관계자들을 만나도록 알선했다.

여행을 했던 일부 의원들은 ASG의 고객들을 돕는 일을 하기도 했다. 하원 세출위에 속한 두리틀 의원은 2002~2005년 ASG의 핵심 고객이 관여한 기업에 3700만 달러가 지원되도록 예산지출법에 이어마크_{earmark}를 했다고 말했다.

미 연방법은 의원들이 외국 정부가 제공하는 줄 알면서도 해외여행을 가는 것을 금지하고 있다. 다만 국무부에서 인정하는 문화 교류 프로그램의 일환으로 가는 것은 예외이다. 그런데 한미교류협회와 미국말레이시아교류연합이 후원한 의원들의 동남아 여행은 문화 교류 프로그램의 일환이 아니었다고 정부 관리가 지적했다. 하원 규정 역시 의원들이 로비스트 또는 외국 에이전트가 비용을 지불하는 여행을 가는 것을 금지하고 있다. 미 연방세금법은 비영리단체들이 개별적인 상업적 이득을 위해 자선 기관을 이용하지 못하도록 하고 있다.

2002년 로비스트를 통해 말레이시아와 랑카위를 방문한 의원들은 데니스 해스터트일리노이, 리처드 아미텍사스, 그레고리 믹스뉴욕, 피트 세선스텍사스 하원 의원과 해리 리드네바다 상원 의원 등이었다.

존 두리틀 의원은 2005년 2월 아시아를 여행했는데 얼 포메로이 의원, 로저 위커 의원과 그의 부인, 보좌관 등이 동반했다. 경비는 8만 달러가 소요됐다. 이들은 4일간 한국에서 보내고, 쿠알라룸푸르로 날아가 이틀을 지냈다. 포메로이 의원은 말레이시아 총리를 만난 뒤 귀국했으나, 두리틀과 그의 딸, 위커와 아내, 참모는 랑카위 리조트호텔에서 사흘을 더 보냈다. 랑카위는 〈내셔널지오그래픽〉에서 세계 10대 해변으로 선정한 곳이다. 이들은 쓰나미지진 해일 피해와 관련한 현장 조사를 하기 위해 랑카위에 갔다고 기록을 남겨놓았다.

두리틀 의원 가족은 랑카위 섬에 있는 '베르자야 비치 & 스파 리조트'에 묵었다. 이들은 전용 요리사가 딸린 해안가 샬레에 숙박했으며, 마사지를 받고 워터스쿠터를 탔다. 여행 경비는 2만 9400달러. 의원들이 외부 지원을 받아서 간 여행 중에서 가장 호화판이었다고 한다.

이 여행 경비를 실질적으로 부담한 벨 헤이븐이라는 회사의 대리인들과 말레이시아 정치인, 로비스트 3명이 의원들을 수행했다. 이중 한 명은 하버 그룹에서 ASG로 옮겼는데 나중에는 글러버 파크 그룹으로 다시 옮겼다.

두리틀, 위커, 포메로이 의원은 이 여행에 대해 사전에 윤리위에서 승인을 받았다고 말했지만, 하원 윤리 규칙은 여행이 공무 기준에 합당한지는 의원 개개인이 결정하도록 맡겨놓고 있다.

문제가 불거지자 포메로이 의원은 성명을 발표하고 "여행에서 돌아온 뒤 의혹이 일고 있는 이 단체들이 지위를 정확히 신고하지 않은 것을 알고 실망했다"면서 "이제 알았으므로 이러한 여행을 다시는 가지 않을 것"이라고 말했다.

두리틀 의원의 대변인은 첫 6일간은 공무적인 미팅 및 브리핑이 있었으며, 주말 여가 활동비는 두리틀 의원이 지불했다고 말했다. 하지만 〈워싱턴포스트〉는 두리틀 의원이 캘리포니아에서 선거운동 중이어서 워싱턴 사무실에 있는 영수증을 확인하지 못했다고 덧붙였다. 두리틀 의원 측은 한국에서 받은 수제 정장 한 벌과 쿠알라룸푸르의 로얄폴로클럽이 딸에게 선물한 마구 장비 등을 되돌려주었다고 밝혔다. 이들이 방문하기 두 달 전 남태평양은 쓰나미로 많은 인명 피해를 봤지만 랑카위는 상대적으로 피해가 적었다.

다른 의원들은 한미교류협회 등 두 기관의 자금 출처를 몰랐다고 말했다. 맥더못 의원의 대변인은 맥더못 의원이 알았더라면 여행을 하지 않았을 것이라고 말했다.

랑카위 방문 목적은 쓰나미 피해 지역을 살피는 것이었지만 여가를 갖는 것이기도 했다고 위커 의원이 솔직하게 말했다. 쓰나미 지역을 방문하는 것은 안전상의 문제가 됐고, 그래서 여러 날을 쉬게 됐다는 것이다.

한미교류협회가 '등록된 외국 에이전트'라는 사실은 〈워싱턴포스트〉가

2005년 3월 보도하면서 알려져 파문이 커졌다. 여행 경비를 지원받았던 일부 의원들과 의회 참모들은 '등록된 단체'라는 사실을 몰랐다고 말했다. 헨리 키신저 전 국무장관은 한미교류협회 이사진에서 사퇴하겠다고 선언했다. 그의 보좌관은 한미교류협회가 로비 단체라는 사실을 전혀 눈치채지 못했다고 말했다. 한미교류협회의 지원으로 아시아 여행을 했던 의원들과 참모들은 여행이 비영리단체의 합법적인 활동 중 하나라고 믿고 있었다며 발뺌했다.

ASG는 아브라모프 스캔들에 휘말리면서 2006년 초 한미교류협회와 미국말레이시아교류연합을 폐쇄하고 로비 사업 중단을 발표했다. 아브라모프 로비 사건과 연루된 ASG가 공화당 로비에 깊숙이 개입한 사실이 드러나면서 한미교류협회는 미 언론 보도 한방에 공중분해됐다. 미국 관계자들은 서로 발 빼기에 바빴다. 하지만 헤리티지재단은 여전히 건재하다.

한미교류협회 로비 사건을 보면서 아직도 한국이 미국의 주류 사회에서 이용만 당하고 있다는 생각이 들었다. 그리고 이용당한 뒤 내쳐질 때를 대비한 방비책을 세울 줄 모른다는 아쉬움이 남았다.

만약 한미교류협회가 미국 투표권이 있는 미국 동포들을 다수 끌어들여 하부 조직을 탄탄하게 했더라면 미 의원들이 완전히 등을 돌리지 못했을 것이라는 게 나의 생각이다. 그리고 그리 쉽게 무너지지 않았을 것이다.

아브라모프
사건 결말

하원 운영위원장이던 네이 의원은 재출마를 포기한 뒤 뇌물수수, 공모, 허위 증언 등 혐의를 시인하고 2007년 1월 30개월 형을 선고받았다. 내부무부장관 제임스 스티븐 그릴스, 백악관 예산관리국 부국장 데이빗 사파비언 등 정부 핵심 인사들은 구속됐다. 탄광 회사 로비스트 출신인 그릴스는 임명될 때부터 환경보호 단체와 내부무 감찰실에서 적격성 여부를 두고 논란이 일었다. 아브라모프는 그릴스의 여자 친구 이탈리아 페데리치를 통해서 내무부의 내부 정보를 빼냈다. 페데리치는 내무부 장관 게일 노톤과 친밀했는데, 노톤이 콜로라도에서 선거를 치를 때 참모로 일했다. 아브라모프에게 내무부는 자신의 최대 고객인 인디언 부족 업무를 다루는 부서였기 때문에 매우 중요한 로비 대상이었다. 그는 인디언 부족에게 페데리치가 대표로 있는 환경보호공화위원회CREA에 기부금을 낼 것을 지시하기도 했다.

공화당 의회보좌관 및 로비스트 9명이 기소됐다. 네이 의원의 비서실장이자 하원 운영위 스태프국장이던 닐 볼즈는 하원 윤리 규정 위반, 공모, 전신환 사기 등 혐의를 인정했다. 그는 현직에 재직하면서 로비 활동을 펼친 '아브라모프 로비팀'의 일원이었다. 그는 아브라모프의 로비 회사에 취직하기도 했다.

아브라모프는 2006년 3월, 선크루즈 카지노선단의 구입과 관련한 대출 사기 혐의로 5년 10개월 형을 선고받았다. 2008년 9월에는 정치인들에 대한 고가 선물, 식사 접대, 스포츠 여행 제공 등 혐의로 4년 실형을 선고받았다. 그는 메릴랜드 주 컴버랜드에 있는 연방교정국FCI에 수감됐다.

아브라모프의 로비 활동이 낱낱이 보도되고 여론이 악화되자 정치인들은 받았던 후원금을 토해냈다. 하원 의장이던 데니스 해스터트 의원은 아브라모프가 운영하던 레스토랑에서 정치자금 모금 행사를 열었는데, 아브라모프 로비 회사와 인디언 부족들로부터 2만 1500달러를 거두었다가 전액 자선단체에 내놓겠다고 선언했다. 상원 세출위원회 소위 위원장이던 콘라드 번즈 의원공화은 5년간 아브라모프와 인디언 부족 등으로부터 받은 정치자금 15만 달러를 토해냈다. 그는 내무부 공무원들의 반대에도 불구하고 아브라모프의 고객인 미시건 주의 새기노 치파와 인디언 부족에게 300만 달러를 지원토록 결정했다. 그의 보좌관 두 명은 아브라모프의 로비팀에 합류했다. 바이런 도건 상원 의원민주도 아브라모프가 로비했던 인디언 부족으로부터 받은 6만 7000달러를 되돌려 주었다.

아브라모프는 로펌 그린버그 트로릭 LLP에서 로비스트 20여 명으로 구성된 팀을 이끌었다. 대부분 로비 활동은 집권당인 공화당 위주로 이뤄졌다. 하지만 이들은 민주당 의원들도 관리했다. 민주당 토머스 대슐 상원 의원, 상원 소수당 대표 해리 리드 의원, 하원 민주당선거위 위원장을 지냈던 패트릭 케네디 하원 의원 등 거물 민주당 정치인들도 아브라모프의 덫에 걸려들었다.

아브라모프 스캔들로 망한 사람들도 많지만 일어선 사람도 있었다. 무명에 가까웠던 존 매케인 상원 의원공화당이 스타덤에 올랐다. 그는 상원 인디언문제 위원장을 맡아 불법행위 조사를 지시하고 청문회를 주도했다. 청문회에서 백악관 및 내무부 고위 관리들이 거짓 증언을 했다가 나중에 FBI수사로 위증 사실이 드러났다. 매케인 위원장은 이 청문회를 통해 워싱턴 정치판이 부패해 있다는 것을 만천하에 드러내면서 정치자금 개혁을 이끄는 혁명가로 부상했다. 공화당 내에서 잦은 돌출 행동으로 매버릭으로 불리던 그는 워싱턴 개혁을 캐치프레이즈로 내걸어 2008년 공화당 대선후보가 됐다. 하지만 그는 아브라모프 로비 자금의 가장 큰 수혜자였던 공화당에서 완전히 자유로울 수 없었다.

그는 '워싱턴 정치 = 공화당 부패'로 연결시켜 맹공을 퍼부은 민주당 후보에게 패했다. 그 민주당 후보가 흑인 출신 버락 오바마 대통령이다. 오바마 후보는 워싱턴의 정치를 청산하겠다는 캐치프레이즈를 내걸었고, 이러한 개혁 정신이 유권자들에게 어필했다.

〈워싱턴포스트〉와 〈뉴욕타임스〉 등 언론들은 불법 로비 활동을 비판하면서 강력한 로비 규제책을 마련하라고 요구했다. 민주당이 다수당이 된 뒤 로비 활동 규제를 강화하는 법이 마련됐다. 이로 인해 백악관 뒤 K 스트리트는 초상집처럼 처참한 모습이 됐다. 관련자들이 처벌되고 규제 법이 마련됨으로써 아브라모프 스캔들은 일단락됐다.

그러나 전혀 다른 시각에서 아브라모프 스캔들을 보는 언론인도 있었다. 일간 〈보스턴글로브〉 기자 출신 개리 차페츠는 아브라모프가 구속되기 직전 그를 인터뷰했다. 그는 《완벽한 악당 : 존 매케인 그리고 로비스트 잭 아브라모프의 악마화》라는 책을 저술했다. 그는 이 책에서 아브라모프가 〈워싱턴포스트〉의 센세이셔널한 보도 태도와 존 매케인 상원 의원의 배신 및 거짓말, 법무부의 강압 등이 복합적으로 작용해 만들어낸 오도된 희생자라고 주장했다.

아브라모프는 3년 6개월간 복역한 뒤 2010년 6월 8일 출소했다. 그가 출소 후 메릴랜드 주 볼티모어에 있는 볼품없는 유태계 식당 '토브피자'에서 시간당 7.5~10달러를 받고 일하고 있다는 사실이 〈뉴욕타임스〉를 통해 보도됐다. 그는 〈뉴욕타임스〉의 인터뷰 요청을 거절했으며, 기다리고 있던 기자를 피해 뒷문으로 내뺐다고 한다〈뉴욕타임스〉 2010년 6월 23일자.

이스라엘 로비를 배우자

중동의 조그만 나라, 이스라엘. 전 세계로 부터 손가락질을 받고 있는 국민들. 그렇지만 미국에서는 가장 뚜렷하게 영향력을 행사하고 있다. 미국이 중동의 다른 국가사우디아라비아에 무기를 판매할 때 사전에 이스라엘과 조율한다. 수출해도 되는지 물어보고, 이스라엘 정부가 거부감을 느끼지 않도록 취지를 설명해준다. 미국 대통령은 무기 판매가 결정되면 이스라엘 정부가 동의했다는 사실도 공개한다.

왜 그런가. 미국에 살고 있는 이스라엘 인사들의 반감을 사지 않기 위해서다. 미국의 유태인들은 강력한 응집력과 돈의 힘으로 미국의 정치권을 쥐고 흔들고 있다. 미 대선 후보들은 이스라엘 로비 단체가 자신들을 제1의 대선 후보로 인정하고 지원해주길 바라고 있다.

남북한을 구분하지 못하는 미국 정치인들

북한이 태평양을 향해 미사일을 발사한 직후인 2006년 7월 5일, 미국 메릴랜드 주 고위 선출직 이사회 회의실. 윌리엄 도널드 쉐퍼(85) 감사원장이 흥분해서 소리치고 있었다.

> 돈 같은 것은 걱정할 필요 없습니다. 국경을 넘는 불법 이민자들도 문제가 안 됩니다. 그런 것은 아무것도 아닙니다. 어차피 일어나는 일입니다. 그런데, 이것 보세요. 한국은 다른 문제입니다. 우리의 친구이기도 한 그들이 갑자기 우리를 향해 미사일을 발사했습니다.

주지사를 포함해 메릴랜드 주 선출직 고위 간부들이 영어를 제2외국어로 가르치는 교육프로그램ESOL 시험 계약 건에 대해 논의하기 위해 모인 자리였다. 쉐퍼 감사원장은 주 정부 소속 교육 공무원들을 향해 다그쳤다. "한국계 학생들도 주 정부 예산이 투입된 영어교육 혜택을 받습니까?" 이를 지켜보던 한국 교민 대표는 어이가 없었다. 그는 벌떡 일어서서 항의했다. 그러자 쉐퍼 감사원장은 그를 향해 "작은 놈little fellow, 가치 없는 인간zero"이라고 조롱했다.

쉐퍼는 메릴랜드 주지사와 볼티모어 시장을 지냈다. 메릴랜드 주를 쥐락펴락했던 인물이다. 그랬던 정치인이 한국과 북한을 구분하지 못하고 있었다. 이 장면은 미국 내부를 움직이는 정치인들이 한국에 대해 어느 정도로 왜곡된 시각을 갖고 있는지 보여주는 단면이다. 어이없이 당했던 이 한국 교민 대표는 미 연방 특허청의 박충기 특허 행정 판사였다. 그는 쉐퍼 감사원장의 발언에 대해 공개적인 사과를 요구했다. 하지만 사과 대신 돌아온 것은 4차례 걸친 협박 전화였다. 〈워싱턴타임스〉에는 박 판사를 비방하는 기고문이 실렸다박충기 판사 인터뷰, 2007년 12월.

쉐퍼 감사원장의 편견이 도를 넘었다는 판단을 한 박 판사는 쉐퍼의 낙선 운동을 펼쳤다. 그리고 메릴랜드 주 법무장관 산하에 '아시아자문위원회'를 발족시켰다. 메릴랜드 주 정치인들의 편견을 바로잡기 위한 직접적인 시도였다. 2007년 12월 5일 출범한 자문위는 26명으로 구성됐으며 이중 11명이 한국계로 충원됐다.

박 판사는 또 2007년 12월 17일, 메릴랜드 주에서 가장 부촌인 몽고메리카운티의 검찰총장 산하에 아시아자문위원회를 발족했다. 자문위원 21명 중 8명이 한국계였다. 한국계 변호사 엘렉스 김이 몽고메리카운티 검사로 임명됐다.

박 판사는 자문위를 먼저 만들어 교두보를 구축한 뒤 이를 이용해 검사 등 임명직에 한국계를 임용하라는 압력을 넣었다. 한국계의 정치세력화를 꾀한 것이다. 박 판사 등 한인 사회가 이제 2세들의 정·관계 입문을 위해 발로 뛰고 있다. 이들은 지방 하급직에서 교두보를 구축하고 세력화 작업을 하고 있다.

내가 2008년 말 미국 자동차의 본고장 디트로이트에서 미국 정부의 자동차업계에 대한 긴급 구제 금융 지원 문제를 취재할 때였다. 크라이슬러 박물관에서 자원봉사를 하고 있던 한 미국 노인이 갖고 있었던 한국에 대한 편견은 어이가 없었다. 나는 경영 위기에 처한 미국 자동차 회사들이 은퇴한 자동차 노조원들에게 거액의 보조금을 지원하고 있는데, 이러한 회사에 정부가 구제 금융이 지원하는 게 타당하냐고 질문했다.

당시는 서브프라임모기지_{비우량주택담보대출}로 촉발된 금융 위기로 인해 미국 경제가 전체적으로 휘청거리고 있었다. 미국 정부는 심각한 타격을 받은

크라이슬러와 GM 등 자동차업계에 긴급 구제 금융을 지원하고 있었다. 그런데 이 지원금이 회사를 살리는 데 투입되지 않고 상당 부분이 은퇴자들의 주머니로 들어가고 있었다. 이들 회사가 금융 위기 사태 이전에 경기가 좋을 때 노조와 협상을 하면서 은퇴한 근로자들에게 일정 부분 지원을 하겠다고 한 약속 때문이었다.

이 노인은 나에게 어디서 왔느냐고 묻더니, 한국에서 왔다고 답하니깐 한국 정부도 IMF 구제금융 사태 때 자동차 회사들에 현금을 지원해 주지 않았느냐며 따졌다. 미국인들이 한국을 몰라도 너무 모른다는 생각이 들었다. 어디서 그런 말을 들었느냐고 물었더니 그는 그 지역에 살고 있는 사람들이 전부다 그렇게 알고 있다며 언성을 높였다. 거의 화를 내는 수준이었다.

조지워싱턴대 박윤식 교수는 한인 동포들이 미국 중심축에 들어가도록 하기 위해 뛰고 있는 사람이다. 그는 2007년 2월 1일, 워싱턴에서 워싱턴 한미포럼를 창립하는 선포식을 했다.

그는 기자회견에서 "워싱턴에서 37년간 살았는데 고국을 위해서 무엇을 했느냐고 물으면 할 말이 없다"며 입을 열었다. 워싱턴한미포럼은 이른 바 미국에서 성공한 이민 1세대들이 후손들을 미국의 기득권층에 진입시키기 위해 발족한 단체이다.

박 교수가 대표를 맡고, 김창준 전 연방 하원 의원이 이사장을 맡고 있다. 렉산제약회사 안창호 회장, 연방준비제도이사회FRB 박종안 선임 이코노미스트, 노동부 백순 선임 이코노미스트, 경제 컨설팅 회사 LECG 신동준 파트너, PTC인터내셔널 이태영 대표, 국무부 산하 국제개발처USAID 이

윤주 이코노미스트, 셰퍼드대 이항렬 교수, 박해찬 특허 변호사 등 10여 명이 가세했다. 빌 클린턴 행정부 때 백악관 보안 컨설팅을 맡아 유명해진 보안업체 STG 이수동 회장이 자금을 대고 있다.

워싱턴한미포럼은 교포 2세 5~10명을 뽑아 연방 정부에서 인턴 등으로 일할 수 있도록 재정적인 지원을 하는 방안을 모색하고 있다. 박 대표는 "교포 2세들이 월가의 애널리스트, 의사, 변호사 등 전문직으로 진출해 성공을 거두고 있지만 공공 부문에도 관심을 가질 필요가 있다"며 정치력 신장에 주력하겠다고 설명했다.

워싱턴한미포럼은 미 하원에서 일본군 위안부 결의안이 채택될 때 상원 의원 100명에게 편지를 보내고 중국과 네덜란드 대사에게도 서한을 보내 지원을 요청했다. 한인 동포 2세 조승희 씨가 벌인 버지니아공대 총기난사 사건 때는 중·고교 및 대학 교육 관계자들과 토론회를 갖고 동포 2세들의 교육 문제를 진단했다.

조지 부시 대통령의 백악관에서 NSC 국장을 지냈던 한국계 빅터 차는 중간에 뛰쳐나왔다. 학교조지워싱턴대 교수로 복귀하기 위한 것이 대외적인 명분이었지만 그는 핵심적 의사 결정에 접근할 수 없어서 좌절감을 느꼈던 것으로 알려졌다.

부시 행정부 때 테러범에 대한 고문이 합법적이라는 논리를 제공했던 캘리포니아 주립 버클리대 존 유 교수도 한국계이다. 그는 〈워싱턴포스트〉가 그의 역할에 대해 부정적인 보도를 한 뒤 네거티브 이미지가 덧칠해져 어려움을 겪었다. 〈CNN〉은 2009년 7월, 그의 강의실에 시위대가 들어가 강의를 방해하는 장면을 내보내기도 했다.

버락 오바마 행정부에서 일본계에릭 신세키 보훈장관와 중국계게리 로크 상무장관, 스티븐 추 에너지장관 장관들이 배출됐다. 백악관의 초대 최고기술책임자CTO 애니쉬 초프라는 인도계다. 한국계 장관은 한 명도 없다. 재미 언론인 손충무 씨는 2009년 10월 26일, 백악관에서 개최된 National Advisory Board대통령 고문단 회의에서 한국계 이홍범Hen Dong Rhee 박사가 참석했다면서 한국계 장관급 배출을 보도했다. 이 고문단 멤버는 Kitchen Cabinet명예장관으로 대통령의 측근으로 분류된다. 하지만 대외적으로 인정되는 장관이 아니다. 오바마 정부에서 한국계 차관보급 인물은 백악관 및 국무부, 법무부에 각각 2명이 근무하고 있으며 국방부와 보건부에 각각 한 명씩 모두 8명이 있다. 고경주하워드 고 박사가 보건부 보건 담당 차관보로 재직 중이며, 고홍주헤럴드 고 전 예일대 로스쿨 학장이 국무부 법률 고문차관보급으로 일하고 있다.

의회도 거물 정치인이 없기는 마찬가지다. 연방의회에 한국계 의원은 한 명도 없다. 반면 일본은 마이클 혼다하원, 다니엘 이노에상원 등 2, 3세 의원을 배출하고 있다. 중국계는 하원에서 주디 추와 데이비드 우가 활동하고 있다. 한국계 정치인들은 캘리포니아 주 소속 의원들과 작은 시를 대표하는 시장 정도이다.

지난 2010년 11월 2일, 치러진 미국 중간 선거에서 인도계 출신 2명이 주지사로 당선됐다. 주지사는 미국 대권으로 가는 중요한 길목 중 하나이다. 로널드 레이건 대통령, 빌 클린턴 대통령, 조지 부시 대통령 등 최근 행정부의 수장이 된 인물들이 모두 주지사 출신이다.

인도계 출신 주지사가 미 대선 후보로 출마하는 것은 쉽지 않은 일이지만 가능성을 열어두었다는 점에서 주목을 끈다. 이들 주지사들은 그들만의 노력으로 탄생하지 않았다. 인도계 유력 인사들이 끌어주고 밀어주었기 때문에 이들의 탄생이 가능했다. 오바마 행정부에 진입한 인도계 출신 각료 및 참모들도 주변의 도움을 받고 미 행정부에 들어갈 수 있었다. 한국 교포들은 이러한 점을 눈여겨 볼 필요가 있다.

위안부 결의안의 하원 통과 과정과 비자면제프로그램 가입 로비 과정을 보면서 미 의회에 한국계 의원이 있으면 얼마나 일을 수월하게 할 수 있을까 하는 생각이 들었다.

미국에서 한국을 제대로 아는 사람들은 얼마나 될까. 나이가 든 미국인들 중에서 6·25전쟁에 참전했던 사람들은 종종 나를 만나면 폐허가 된 서울에 대한 기억을 더듬곤 했다. 젊은 미국인들은 핵실험을 하고 캘리포니아를 사거리에 포함시키는 미사일을 시험 발사한 북한을 알고 있는 정도다. 그러다 보니 이 두 가지 인식이 오버랩 돼 한국이 곧 북한이고, 서울이 북한의 수도로 오인되는 등 미국인들의 한국에 대한 인식은 뒤죽박죽 돼 있다.

KORUSPAC 발족이 필요한 이유

미국 사회에 한국을 이해시키고, 한국 교포들의 주장을 미국 정치에 반영하기 위해 '코러스공공정책위원회KORUSPAC, Korea U.S. Public Affairs Committee'를 발족할 필요가 있다. 이는 미국 내 한국 관련 각종 단체들이 연합하고 힘을 합쳐서 단합된 목소리를 내는 조직이다. 정치인들의 모임에 가서 기부금을 내고, 친한파 정치인에게는 정치자금을 모아주는 데 앞장서는 단체이다. KORUSPAC은 정식 정치 조직으로 등록하고 활동해야 하는 조직이다. 이스라엘은 이미 오래전에 이 같은 조직을 만들어 공개적으로 활동하고 있다.

이스라엘 출신 인사들의 정치 조직체인 AIPACAmerican Israel Public Affairs Committee, 미국이스라엘공공정책위원회은 매년 3월쯤 워싱턴컨벤션센터에서 대대적인 규모의 행사를 연다. AIPAC은 언론계, 금융계, 여행업계, 렌트업계, 보험업계, 학계, 연구소 등에서 미국을 쥐락펴락하는 인물들이 참여하고 있다. 연례행사는 선거가 있는 해에는 5월, 대선 때는 유동적이다. 이 행사가 열리면 미 의회는 3일간 문을 닫는다. 만찬장은 10명이 앉을 수 있는 라운드 테이블 800개가 준비된다. 홀 가운데에는 435개의 테이블이 배치된다. 이는 미 하원 지역구 수와 동일하다. 중앙에 배치된 테이블에는 미 하원 의원들이 각각 한 명씩 앉는다. 미 대통령과 대통령 후보들은 이곳에서 연설한다. 이스라엘 총리를 비롯해 내각이 전부 이 행사에 참석한다.

이곳에 참석하는 유태계 사업가들과 초청 인사들은 수만 달러씩 기부금을 내놓는다. 이스라엘 출신 사업가들은 이 자리에서 의원들에게 안면을 터고 로비 활동을 벌인다. 주최 측이 마련하는 홍보 책자에는 100만 달러 이상 기부한 사람들의 명단만 기록된다. 이 돈은 초청 연사들의 정치 후원금으로 들어간다. 유태인들은 이 자리에서 향후 지지자 등 정치 활동의 방향을 밝힌다.

AIPAC은 최근에는 후원금의 60퍼센트 이상을 Campus AIPAC에 사용하고 있다고 한다. 젊은 유태계 학생들이 정치적으로 활동하고 성장할 수 있도록 교육 예산을 대폭 확대한 것이다.

대선이 치러지는 해에 이곳에 초청돼 연설하는 후보가 많은 유태계 유권자들의 지지를 받는다고 보면 될 정도로 유태인들의 정치 감각은 뛰어나다. 빌 클린턴, 버락 오바마 등도 후보 때 이곳에서 연설했다. 오바마 대통령은 민주당 후보 시절인 2008년 6월 4일, AIPAC 연례 총회에 참석해 이스라엘의 동예루살렘 점령을 지지했고 대통령 당선 후 AIPAC의 핵심 멤버인 람 이매뉴얼을 비서실장으로 임명했다. 이스라엘 국적을 갖고 있는 이매뉴얼은 유태계 네트워크를 이용해 오바마 선거 캠프에 거액의 정치자금을 끌어들였다. 유태계 미국인은 전체 미국 인구의 3퍼센트 미만에 불과하지만 막강한 재력을 갖추고 있다. 민주당과 공화당의 선거 자금 중 각각 40~60퍼센트, 20~40퍼센트를 대고 있는 것으로 알려져 있다. 이 단체는 선거뒤 정권을 잡은 후보와 함께 갈 것으로 생각하고 정치 후원금을 베팅할 후보자를 선정한다. 그리고 천문학적인 액수의 돈을 지원한다.

AIPAC의 영향력이 어느 정도로 막강한 지는 고든 토머스가 쓴《기드온의 스파이》에서도 잘 드러난다. 이 책에는 이스라엘의 정보 기관 모사드가 미국에 영향력을 행사하기 위해 로비를 활용하는 대목이 나온다.

1997년 1월 FBI가 클린턴 행정부에 깊숙이 침투해 있던 모사드 공작원 '메가'를 체포하려고 했는데, 모사드에서 이에 대한 대책 회의가 열렸다. 당시 모사드 지휘관은 51세의 대니 야톰이었다. 그는 다른 정보 기관장에게 직설적으로 말했다. 강력한 이스라엘 로비를 동원하여 FBI가 조사하지 못하도록 압력을 행사하는 것이 대책이라고 말했다. 이 같은 작전에 따라 백악관 디너에 참석한 유태인 유명인 인사, 할리우드 스타, 변호사, 편집인 등 모두가 대통령에게 이 조사가 잘못되면 큰 부작용을 초래할 수 있다고 조언했다. 섹스스 캔들로 이미 궁지에 몰린 클린턴 대통령은 경청하지 않을 수 없었다. 6개월 후 야톰은 FBI가 메가 추적을 그만두었다는 소식을 접할 수 있었다.

— 고든 토머스, 《기드온의 스파이 2》, 67쪽

이 책에서 묘사하고 있는 이스라엘 로비는 AIPAC의 로비를 말한다. AIPAC은 미 국방부에서도 정보를 제공받고 있을 정도이다.

2005년 1월 첫 째 주부터 FBI가 워싱턴 고위층에 침투해 있는 모사드의 공작원 메가의 정체를 다시 추적하기 시작했다. 부시 대통령이 재선되자 FBI의 뮬러 국장은 라이스 안보보좌관에서 메가가 미국의 대중동 정책 관련 중요 정보를 이스라엘에 넘겨주고 있다고 보고했다. FBI는 지난 1년간 국방부 고위 관리인 래리 프랭클린을 감시하고 있었다. 그는 과거 DIA국방정보국에 근무한 적이 있는데 당시 중동 문제 담당 선임 분석관이었다. 국방부는 그에 대한 FBI의 수사 사실을 공식적으로 확인하면서 그가 럼스펠드 장관의 측근인 더글러스 페이스 정책차관의 사무실에게 근무하고 있다고 밝혔다. FBI는 프랭클린이 미 행정부의 이란 관련 기밀 문서를 AIPAC에 제공했는지 여부가 조사의 초점이라고 공개적으로 발표했다. AIPAC은 이스라엘의 국익을 위해 미국에서 활동하고 있는 로비 단체들

중에서 가장 막강한 영향력을 행사하고 있었다. 이 단체는 프랭클린과 마찬가지로 신속하게 '아무런 범죄 행위가 없다'라고 부인했다.

— 《기드온의 스파이 2》, 132~133쪽

미국과 이스라엘이 유난히 가까운 이유는 AIPAC의 로비력 때문이라는 분석이 있다. 특히 최근 수십 년간 미 대선에서 대통령에 당선된 후보가 AIPAC의 정치자금을 받지 않은 경우가 없었다고 한다.

아랍 국가들은 미국이 친이스라엘 정책 일변도로 나가는 것은 미국과 이스라엘 양국이 전략적 이해를 공유하고 있는 것 이외에도 미국 국내에서의 강력한 이스라엘 로비 때문이라고 보고 있었다.

— 《기드온의 스파이 2》, 257쪽

존 미어샤이머 시카고대 교수와 스티븐 월튼 하버드대 교수가 공동 집필한 《이스라엘 로비》도 미국의 친이스라엘 정책 이유를 AIPAC을 통한 로비에서 찾고 있다. 미국이 매년 이스라엘에 직접 지원하는 금액은 30억 달러에 달하는데, 이는 미국의 대외 직접 지원 예산의 6분의 1이며 이스라엘 국내총생산GDP의 2퍼센트와 맞먹는다. 무기 개발을 통한 군수산업 지원, 차관 보증 등의 실질적 원조에다 국제 무대에서 이스라엘을 싸고도는 외교적 지원까지, 미국의 이스라엘 지원은 수치로 환산하기 힘들다. 이 같은 이스라엘에 대한 전폭적 지원은 이스라엘의 전략적 가치 때문이 아니라 이스라엘의 로비 때문이라는 게 저자들의 주장이다.

애킨 검프의 시니어 파트너인 김석한 변호사는 미국을 움직이기 위해서는 의원들의 선거구에서 기업을 움직여야 한다고 주장하고 있다. 그는 이렇게 설명한다.

> 한국이 미국에 자동차 50만 대를 팔려고 하는데 한미 FTA가 미 의회에서 인준을 받지 못해 자동차 수출이 어려운 상황을 가정해보자. 자동차가 수입되지 못했을 때 항구 도시인 오레곤 주의 포틀랜드가 타격을 받아 부두 노동자들의 일거리가 줄어든다. 그리고 자동차를 전국으로 실어 나를 화물운송업체들의 일감이 줄어들게 된다. 한국 자동차 50만 대가 수출되지 못할 경우 5만 개의 일거리가 줄어든다. 이를 분석해 포틀랜드의 항만청과 화물운송조합에 정보를 제공하고 이들이 지역 의원들을 설득하도록 해야 한다. 한미 FTA를 조속히 통과시키라고.

김 변호사는 조직적이고 분석적인 로비를 강조한다. 미국 의원들을 직접 움직일 수 있는 거대 기업 및 단체를 찾아내고, 이들이 불이익 당하는 상황을 분석해 전해주면서 의원들에게 로비하도록 해야 한다는 것이다.

김동석 한인유권자센터 소장은 풀뿌리 운동을 통한 정치력 확대를 강조한다. 그는 미국에 사는 한국계 젊은 층들의 투표율이 점차 낮아지고 있다고 걱정한다. 젊은 층이 정치를 기피하기 시작하면서 유권자의 권리를 포기하는 경향이 심각해지고 있다는 것이다. 표를 찍지 않는데 이들을 위해 정책을 만들어줄 정치인은 어디에도 없다는 것. 미국 정치인은 표가 있는 곳을 향해 정책을 만들고, 표를 몰고 오는 사람들의 목소리를 경청한다. 김 소장은 한인들이 뭉쳐서 공동의 목소리를 내고, 힘을 합쳐서 영향력을 키우는 노력이 필요하다고 강조한다.

　한국 유권자들을 결집시키고, 한국 동포의 목소리를 낼 수 있는 전위 조직체가 KORUSPAC이다. 이를 만들기 위해서는 기존에 미국에서 활동하는 각종 한인 단체들을 엮을 필요가 있다. 이제, 이를 엮는 구심점을 만들 시점이다.

supplement

미국에서 정치 활동하는 한국계 인사와 단체

참고 문헌과 인터넷사이트

index

미국에서 정치 활동하는 한국계 인사와 단체

박동선 로비스트
김창준 전 연방하원의원
로비스트 토머스 김
한인유권자센터Korean American Voters' Council
    201-242-4201. 718-961-4117
    www.koreanvoter.com
    dongsukkim58@hotmail.com
    1562 Lemoine Ave. Fort Lee, NJ 07024
워싱톤지구한인연합회The Korean-American Association of Washington Metropolitan Area
    703-354-3900
    washingtonkorea@msn.com
    7004-L Little River Turnpike Annandale, VA 22003
미주동포전국협회National Association of Korean American
    703-395-4160
    www.naka.org
    3885 Plaza dr, Fairfax, VA. 22030
수도권메릴랜드한인회The Korean Association of the State of Maryland
    301- 434-6898
    10207 New Hampshire Ave Silver Spring, MD 20903
메릴랜드한인시민협회League of Korean-Americans of Meryland
    301-803-9812
    loka_maryland@yahoo.com
    4303 Cedar Tree Ln. Burtonsville Maryland 20866
워싱턴정신대문제대책위
워싱톤독도수호특별대책위원회Washington Coalition for Dokdo Island
    301-468-0093
    PO Box 2345. Merrifield, VA 22116
버지니아미주한인상공회의소Korean-American Chamber of Commerce
    703-941-4044
    6924 C Little River Tnpk Annandale, VA 22003
미주한인민주당총연합회Korean American Democratic National Committee
    703-573-9111
    www.kadnc.org
    3141 Fairview Park Drive Suite R-10 Falls Church, VA 22042
버지니아한인민주당The Korean American Democrats of Virginia
    703-333-3100
    7008 Little River Tnpk Suite K/L Annandale, VA 22003
KOAMCOKorean Ameican Community Corps 아나벨 소현 박
    703-944-9661
    www.koamco.org

1952 Gallows Road,Suite 307 Vienna, VA 22182

한국역사보존협회Korean Historical Preservation Society 사무총장 윤기원

703-658-5455

khistoricalps@hotmail.com

7601 Little River Tnpk. #202 Annandale, VA 22003

워싱턴한미포럼 박윤식 대표조지 워싱턴대 교수

ICAS Liberty Foundation부회장 김상주

484-231-8604

icas@icasinc.org

www.icasinc.org

965 Clover Court, Blue Bell, PA 19422

박충기 연방특허청판사

워싱턴대한체육회회장 홍일송

703-625-6990

dns525@hotmail.com

P.O. Box 197, Annandale, VA 22003

Jun H. Choi, 에디슨시장

732-248-7234

mayorchoi@edisonnj.org

Township of Edison. 100 Municipal Blvd Edison, NJ 08817

유진 강백악관의 버락 오바마 대통령 참모

김성훈Thomas S. Kim 토머스 캐피털 파트너스 회장

202-393-4884

tom@scribeus.com

1660 L. Street, NW Suite 504 Washington, DC 20036

영 킴 에드 로이스 하원의원 보좌관, 평통위원

세계국제결혼여성총연합회, 회장 김예자Lea J. Armstrong

1-253-678-9090

leaarmstrong94@gmail.com

747 Saint Helens Ave. Suite #400 Tacoma, WA. 98402 USA

마이클 혼다 하원의원

408-558-8085

MIKE.HONDA@mail.house.gov

1999 S. Bascom Ave. Suite #815 Campbell, CA 95008

토머스 허바드Thomas C. Hubbard, Akin Gump Strauss Hauer & Feld LLP, Senior
Advisor

202-887-4305

thubbard@akingump.com

Robert S. Strauss Building 1333 New Hampshire Ave. N.W. Washington, DC
20036-1564

참고 문헌과 인터넷사이트

John J. Mearsheimer and Stephen M. Walt, "The Israel Lobby and U.S. foreign policy"
CRS, "Japan-U.S. Relations : Issues for Cogress", 2008. 12. 30
Alexis Duden, "The Asian-Pacific Journal : Japan Focus"
Van Fleet, "Report of the Van Fleet Mission", 1954. 8.
김기삼, 《김대중과 대한민국을 말한다》
김현종, 《김현종, 한미FTA를 말하다》
Glenn Kessler, "The Confidente"
도요다 에이지, 《결단》
The Washington Post, "Foreign Lobbies Took the Guise of Nonprofits", 2006. 11. 3
The Washington Post, "How a Lobbyst Staked the Deck", 2005. 10. 16
The Sun-Sentinel
The NewYork Times
Roll Call
The Hill
FARA.gov
welcome-korea.org
polamcon.org
Propublica.org
geonames.nga.mil
geocities.com/MLOVMO
publicinteqrity.org
Pew Research Center
〈세계일보〉
〈조선일보〉
〈중앙일보〉
〈동아일보〉
〈서울신문〉
〈경향신문〉
〈기독교방송CBS〉
〈SBS〉

index

색인